广东外语外贸大学出版资助

政治文明与政治发展研究丛书
ZHENGZHI WENMING YU ZHENGZHI FAZHAN YANJIU CONGSHU

和谐社会之政治文明建设

张静 著

武汉大学出版社

图书在版编目(CIP)数据

和谐社会之政治文明建设/张静著. —武汉：武汉大学出版社，2010.4
政治文明与政治发展研究丛书
 ISBN 978-7-307-07654-9

Ⅰ. 和… Ⅱ. 张… Ⅲ. 社会主义政治学—研究—中国 Ⅳ. D6

中国版本图书馆 CIP 数据核字(2010)第 040235 号

责任编辑：王雅红　　　责任校对：黄添生　　　版式设计：詹锦玲

出版发行：**武汉大学出版社**　　(430072　武昌　珞珈山)
　　　　　(电子邮件：cbs22@whu.edu.cn　网址：www.wdp.com.cn)
印刷：武汉中远印务有限公司
开本：720×980　1/16　　印张：14.5　　字数：205 千字　　插页：3
版次：2010 年 4 月第 1 版　　2010 年 4 月第 1 次印刷
ISBN 978-7-307-07654-9/D·987　　定价：28.00 元

版权所有，不得翻印；凡购我社的图书，如有缺页、倒页、脱页等质量问题，请与当地图书销售部门联系调换。

张 静

1978年4月生，湖北钟祥人。现为广东外语外贸大学政管学院讲师，武汉大学政治与公共管理学院博士后。2000年毕业于武汉大学外语系，获文学学士学位；2003年毕业于武汉大学政治与公共管理学院，研究方向为心理健康教育，获法学硕士学位；2007年毕业于中山大学教育学院，研究方向为思想政治教育，获法学博士学位。

在攻读博士学位和工作的近五年内，在《高等教育研究》、《思想理论教育》、《思想教育研究》、《探索》等刊物上发表文章20余篇；参编（著）《中国化马克思主义理论——"三个代表"重要思想概论》、《德育功能论》、《大学生思想教育与管理比较研究》等。先后参与和承担了教育部人文社会科学重大课题"高校学生思想政治工作热点问题研究"、全国"十五"教育规划、教育部重点项目"德育功能发展研究"、广东省教育厅思想政治理论课课题"以中国传统文化为载体的思想政治理论教育可行性问题研究"、广州市哲学社会科学规划2006年课题"警察职业价值观研究"、广东省教育厅2009年思想政治教育重点课题"当代大学生道德观调查研究"等多项课题。

内·容·提·要

党的十七大报告在十六大确立的全面建设小康社会目标的基础上对中国的发展提出了新的更高要求。构建和谐社会和发展社会主义民主政治是小康社会的两大重要内容和两项重要条件。建设社会主义政治文明，是全面建设小康社会的重要目标，也是构建社会主义和谐社会的根本保障。

本书正是选取了我国和谐社会进程中的政治文明建设这一问题进行了系统的理论研究，它立足于我国和谐社会建构的进程中，从历史和现实的角度阐释了政治文明建设的走向，分析了当前政治文明建设的国际环境和现实状况，指出了政治文明建设的机遇和面临的挑战，从而揭示了在现代社会条件下，和谐政治演进中的政治文明建设的逻辑归属。以期为我国和谐社会进程中的政治文明建设提供一定的参考。本书可供各专业的学生、教师和党政干部阅读和参考。

目 录

导 论 …………………………………………………………… 1
  一、问题的提出 ………………………………………………… 1
  二、选题的研究意义 …………………………………………… 4
  三、研究现状 …………………………………………………… 7
  四、研究思路与方法 ………………………………………… 12

第一章　阐释与考量：和谐社会与政治文明 ……………… 16
  第一节　社会主义和谐社会阐释 …………………………… 16
  第二节　政治文明的历史考量 ……………………………… 32
  第三节　马克思主义关于政治文明的理论梳理 …………… 48

第二章　主导与保证：政治文明建设在和谐
　　　　社会进程中的地位与作用 ………………………… 63
  第一节　政治文明建设在我国和谐社会进程中的地位 …… 63
  第二节　政治文明建设在我国和谐社会进程中的作用 …… 70
  第三节　和谐社会与政治文明建设的关系解读 …………… 80

第三章　机遇与挑战：和谐社会对政治文明建设的要求 … 92
  第一节　市场经济背景下的政治文明建设的机遇与挑战 …… 92
  第二节　全球化背景下的政治文明建设的机遇与挑战 …… 104
  第三节　科技发展给政治文明建设带来的机遇与挑战 …… 111
  第四节　多元文化环境中政治文明建设的机遇与挑战 …… 118

第四章 滞后与阻抗：和谐社会进程中的政治不文明……… 128
 第一节 政治腐败现象的存在是政治不文明的首要因素…… 128
 第二节 封建政治残余是政治不文明的遗毒……………… 143
 第三节 民主政治的理性选择……………………………… 158

第五章 协同与共进：以和谐政治建设推进社会发展……… 171
 第一节 和谐政治建设是和谐社会的保证………………… 171
 第二节 继承与借鉴人类政治文明建设的优秀成果……… 183
 第三节 在制度创新中强化政治文明建设………………… 191
 第四节 推进社会的全面发展……………………………… 206

参考文献 ……………………………………………………… 215

后　记 ………………………………………………………… 223

再后记 ………………………………………………………… 225

导　论

政治文明是人类社会文明的标志之一，和谐社会进程中的政治文明建设是一个划时代的课题。它既是一个理论问题，又是一个实践性的课题。和谐社会是人类社会追求的理想目标，侧重于人类社会各种关系的和谐良性运行，政治文明在社会主义和谐社会建构中居于主导地位。政治文明建设与和谐社会的价值指向是一致的。因此，研究和谐社会进程中的政治文明建设，具有一定的理论意义，也有一定的实践价值。

一、问题的提出

中国共产党在全国执政和建立社会主义基本制度以后，一直在努力探索社会主义现代化建设的规律。通过总结正反两方面的经验，党的十三大正式确立了"一个中心、两个基本点"的基本路线。这条基本路线明确规定，我们的奋斗目标是建设一个富强、民主、文明的社会主义现代化国家。十四大作出了建立社会主义市场经济体制的战略决策，为生产力的发展开辟了广阔的天地。十五大又提出了党在社会主义初级阶段经济、政治、文化建设的基本纲领。

党在理论上提出社会主义物质文明建设和精神文明建设，强调要加强民主与法制建设已经有 20 多年了，而明确提出政治文明则是近几年的事。江泽民首先提出这一科学概念，在 2001 年 1 月 10 日与出席全国宣传部长会议的同志座谈时，他指出："法治属于政治建设、属于政治文明；德治属于思想建设、属于精神文明。"2002 年 5 月 31 日在中共中央党校省部级干部进修班毕业典礼上发表的重要讲话中，他又明确提出："发展社会主义民主政治，建设社会主义政治文明，是社会主义现代化建设的重要目标。"同年7月16日，江泽民在考察中国社会科学院时发表的讲话中又明确指出："建设有中国特色社会主义，应是我国经济、政治、文化全面发展的进程，是我国物质文明、政治文明、精神文明全面建设的进程。""政治文明"的提出反映了中国共产党在理论上的进步。"建设社会主义政治文明"这一命题丰富了中国特色社会主义理论，是全面建设小康社会的重要内容，也表明我党已将现代化视为一个全面、完整的指标体系，有利于把握发展社会主义民主的根本性质和正确方向，有利于更广泛、更深刻、更具体地推动社会主义民主政治的发展，使社会主义民主制度化、规范化、程序化，是增强我国综合国力的重要途径。

党的十六大报告在阐述全面建设小康社会的宏伟目标时强调，要努力形成全体人民各尽其能、各得其所而又和谐相处的局面，巩固和发展民主团结、生动活泼、安定和谐的政治局面。把社会更加和谐作为我们党要为之奋斗的一个重要目标明确提出来，这在我们党历次代表大会的报告中是第一次。党的十六届四中全会进一步提出了构建社会主义和谐社会的任务，强调形成全体人民各尽其能、各得其所而又和谐相处的社会是巩固党执政的社会基础、实现党执政的历史任务的必然要求，要适应我国社会的深刻变化，把和谐社会建设摆在重要位置，并明确了构建社会主义和谐社会的主要内容。这是我们党对我国社会发展规律的科学认识和总结，符合马克思主义的基本原理和马克思主义关于社会主义社会的科学设想，更是对马克思主义的新发展，从而使中国特色社会主义的理论和实践更加走向成熟和完善。十六届六中全会通过的《中共中央关于构建社会主义和谐社会若干重大问题的决定》是对构建社会主义和谐社会具有重大指导意义的纲领性文件。

党的十七大报告在十六大确立的全面建设小康社会目标的基础上对中国发展提出新的更高要求："增强发展协调性，努力实现经济又好又快发展；扩大社会主义民主，更好保障人民权益和社会公平正义；加快发展社会事业，全面改善人民生活；建设生态文明，基本形成节约能源资源和保护生态环境的产业结构、增长方式、消费模式。"很显然，构建和谐社会和发展社会主义民主政治是小康社会的两大重要内容和两项重要条件，即政治建设和社会建设。十七大的召开，体现了全党全国各族人民要求建设富强民主、文明和谐的社会主义现代化国家的共同愿望，开辟了中国特色社会主义事业的新境界。

"三个文明"与社会和谐的本质、价值指向和最终归宿是一致的。建设好物质文明、政治文明与精神文明，坚持"三个文明"一起抓，是构建社会主义和谐社会的内在要求。马克思主义认为，任何社会形态都是一定经济、政治和思想文化的统一体。社会主义文明是物质文明、政治文明和精神文明的有机统一。"三个文明"互相协调、互相促进、和谐发展，推动着社会主义文明的不断发展与进步，其中，物质文明是基础；政治文明是保证，它提供正确的政治方向和稳定的社会环境；以思想道德建设和科学文化建设为主要内容的社会主义精神文明提供精神动力和智力支持。"三个文明"建设与构建社会主义和谐社会之间的内在联系，要求我们在继续推进"三个文明"建设中构建社会主义和谐社会，将"三个文明"建设所取得的伟大成果作为构建社会主义和谐社会的物质基础、政治保障和精神支撑。反过来，和谐社会能为"三个文明"建设提供良好的社会环境和基础条件，构建社会主义和谐社会对"三个文明"建设提出了更高的要求。

本书的选题正是在认识到"三个文明"之一的政治文明在社会主义和谐社会建构中的重要地位和作用而确立的。建设社会主义政治文明是时代和历史发展的必然要求，具有重大而深远的意义。在社会主义和谐社会构建中，政治文明建设是一项艰巨的时代任务，关乎小康社会的实现，关乎中国现代化进程的推进。我们党明确提出构建社会主义和谐社会的重大任务，就是要求全党同志在建设中国特色社会主义的伟大实践中更加自觉地加强社会主义和谐社会建设，使"三个文明"的建设更加协调、全面地发展。

二、选题的研究意义

社会主义政治文明建设的思想,丰富和发展了马克思主义关于人类文明的论述和社会主义民主政治建设的理论,是我们党在社会主义政治建设问题上的巨大理论创新,也是我们党不断走向成熟的重要标志。

(一)研究的理论价值

一是对社会文明构成的新认识。关于社会结构的划分,马克思在《〈政治经济学批判〉序言》中有一段经典论述:"人们在自己生活的社会生产中发生一定的、必然的、不以他们的意志为转移的关系,即同他们的物质生产力的一定发展阶段相适合的生产关系。这些生产关系的总和构成社会的经济结构,即有法律的和政治的上层建筑竖立其上并有一定的社会意识形式与之相适应的现实基础。物质生活的生产方式制约着整个社会生活、政治生活和精神生活的过程。"①任何社会形态都是一定的经济、政治和以一定的意识形态为导向的文化的统一体。既然社会的结构分为经济、政治和文化三个基本结构,与此相应,社会文明的结构也应分为三个部分,即物质文明、政治文明和精神文明。以往,我们对"政治文明"缺乏足够的认识。党的第三代领导集体透过社会结构的经济、政治、文化层面,构建了社会的物质文明、政治文明和精神文明系统,把政治文明作为独立于物质文明和精神文明的社会文明形态,并强调这三个方面的协调发展,才是社会真正而全面的进步,从而创新了文明的科学内涵,填补了马克思主义关于社会文明理论的空白,是对马克思主义的一个重大贡献,反映了中国共产党人对人类社会发展规律认识的深化。

二是对社会主义民主政治建设基本内容的新概括。我国社会主义民主政治建设始于工人阶级领导的、以工农联盟为基础的人民民主专

---

① 《马克思恩格斯选集》第 2 卷,人民出版社 1995 年版,第 32 页。

政的国家政权的建立,这是中国人民当家作主,真正成为国家、社会和自己命运的主人的历史起点。邓小平指出:"民主和法制,这两个方面都应该加强,过去我们都不足。""这好像两只手,任何一只手削弱都不行。"他还提出,必须"使民主制度化、法律化"。①"社会主义民主和社会主义法制是不可分的。不要社会主义法制的民主,不要党的领导的民主,不要纪律和秩序的民主,决不是社会主义民主。"②在邓小平的民主法制思想指导下,我国的民主政治建设进入了在坚持四项基本原则的前提下,通过积极稳妥地推进政治体制改革发展社会主义民主、健全社会主义法制的新阶段。党的第三代领导集体不但把民主政治建设上升到建设社会主义政治文明的高度,而且提出发展社会主义民主政治,建设社会主义政治文明,进一步丰富和发展了社会主义民主政治建设的理论。

三是对社会主义政治体制改革的新阐释。政治体制改革是社会主义政治制度的自我完善和发展。十一届三中全会以来,在党的领导下,有计划、有秩序地进行着政治体制改革,并取得了积极成果。发展社会主义民主政治,建设社会主义政治文明,内在地要求在坚持和完善社会主义基本政治制度的同时,要紧密结合改革开放和社会主义现代化建设的新实践,结合经济和社会发展的新情况新问题,不断推进政治体制的改革和创新。邓小平指出:"我们政治体制改革总的目标是三条:第一,巩固社会主义制度;第二,发展社会主义社会的生产力;第三,发扬社会主义民主,调动广大人民的积极性。"③江泽民在十六大报告中作了进一步发挥,提出了"五个有利于"的总目标和基本要求,即政治体制改革"必须有利于增强党和国家的活力,发挥社会主义制度的特点和优势,充分调动人民群众的积极性创造性,维护国家统一、民族团结和社会稳定,促进经济发展和社会全面进

---

① 《邓小平文选》第2卷,人民出版社1994年版,第189页。
② 《邓小平文选》第2卷,人民出版社1994年版,第359页。
③ 《邓小平文选》第3卷,人民出版社1993年版,第178页。

步"。① 十六大报告在提出建设社会主义政治文明任务的同时，明确提出政治体制改革要"借鉴人类政治文明的有益成果"。以前许多人是不敢这样思考问题的，提出这一观点是一个很大的思想解放。它有助于我们用宽广的世界眼光来考虑中国的政治体制改革问题，以解决中国民主政治建设的一些重大问题。

(二)研究的实践意义

社会主义政治文明建设的思想，突出了我国民主政治建设的重要战略地位，阐明了我国民主政治建设的基本任务，为今后的民主政治建设和政治体制改革进一步指明了方向：

一是明确了民主政治建设的重要地位。以前，民主政治更多地被放在精神文明范畴之中，江泽民提出"政治文明"这一概念，民主政治才取得相对独立的地位。随着"建设社会主义政治文明"这一科学论断的提出，尤其是党的十六大，第一次在党的文献中明确地把建设社会主义政治文明与建设社会主义物质文明、精神文明放在一起，确立为社会主义现代化建设的三大基本目标，并第一次对社会主义政治文明建设的根本要求、基本内容、任务等做出全面部署，这就鲜明地突出了民主政治建设的重要战略地位。

二是明确了社会主义民主政治建设的基本内容和基本任务。发展社会主义民主政治，建设社会主义政治文明是全面建设小康社会的重要目标。党的十六大报告指出，发展社会主义民主政治，建设社会主义政治文明，最根本的是要把坚持党的领导、人民当家作主和依法治国有机统一起来。十六大报告阐明了民主政治建设的基本任务：必须在坚持四项基本原则的前提下，继续积极稳妥地推进政治体制改革，扩大社会主义民主，健全社会主义法制，建设社会主义法治国家，巩固和发展民主团结、生动活泼、安定和谐的政治局面。上述基本内容

---

① 《十六大报告单行本》，人民出版社2002年版。

和基本任务的提出,为我们指出了发展社会主义民主政治的实践路径。①

三是为我国的政治体制改革进一步指明了方向。面对新世纪、新任务,十六大提出了继续推进政治体制改革的要求,并对政治体制改革的目标、原则、内容予以进一步的阐述。报告在阐述政治体制改革的基本原则时强调:"必须在坚持四项基本原则的前提下,继续积极稳妥地推进政治体制改革";"要坚持从我国国情出发,总结自己的实践经验,同时借鉴人类政治文明的有益成果,绝不照搬西方政治制度的模式"。报告还强调指出:"要着重加强制度建设,实现社会主义民主政治的制度化、规范化和程序化。"要改革和完善党的领导方式和执政方式;改革和完善决策机制;深化行政管理体制改革;推进司法体制改革;深化干部人事制度改革;加强对权力的制约和监督。毫无疑问,这些论述,是我们在新世纪继续推进政治体制改革的行动纲领,必将极大地促进我国政治体制改革的历史进程。

三、研究现状

关于和谐社会进程中政治文明建设的研究状况可以从三个方面进行综述。

(一)关于社会主义和谐社会的研究

实现社会和谐,建设美好社会,始终是人类孜孜以求的一个社会理想,也是包括中国共产党在内的马克思主义政党不懈追求的一个社会理想。古往今来,无论是中国还是外国,人们一直在追求社会的平等、安定、和谐。从某种意义上说,一部人类社会的历史,就是人类追求美好社会理想的历史。

在中国传统文化中,有关"和谐"的思想非常丰富。"和"被广泛

---

① 李君如:《全面建设小康社会的若干问题》(下),《理论前沿》2003年第2期。

地应用于描述家庭、国家、天下等内部治理良好、上下协调一致的状态;"谐"有"协调"、"融洽"的含义。最具代表性的是"小康社会"和"大同社会"。"小康社会"是指一种生活宽裕、上下有序、家庭和睦和讲究礼仪的社会;而更高级的社会则是一种公有共享、其乐融融的"大同社会"。

西方的和谐思想也源远流长。古希腊哲学家毕达哥拉斯最早把"和谐"作为一个哲学范畴。赫拉克利特在肯定和谐价值的基础上提出"对立和谐观",认为自然是从对立的东西产生和谐,而不是从相同的东西产生和谐。从苏格拉底开始,"和谐"被引入政治和社会领域。柏拉图阐述了"公正即和谐"的观点,提出统治者、军人和劳动者三个等级应各司其职、互不干扰,都有节制,这就是"理想国"。亚里士多德则认为,一个国家的政权应该由中等阶层来掌握,这样就能很好地协调贫富两个阶层的利益,避免矛盾和冲突,从而实现社会的稳定与和谐。空想社会主义者圣西门和傅立叶把他们设计的理想制度称为"和谐制度"。欧文对"和谐制度"进行了长期的实验,试图建立一种人与自然、工作与生活和谐的社会。但是,空想社会主义者的"和谐社会"是根据抽象的伦理道德和理性原则设计出来的,脱离现实社会的经济基础,因而不能不以失败而告终。

马克思、恩格斯以唯物史观和剩余价值学说为理论武器,通过剖析资本主义生产方式和交换方式,揭示了资本主义生产和剥削的秘密,指明了无产阶级与资产阶级对立的经济根源,找到了变革资本主义、实现社会主义的道路,使社会主义从空想变成为科学,并提出了关于未来和谐社会的设想。

20世纪50年代,毛泽东在总结我国社会主义建设经验教训的基础上,发表《论十大关系》和《关于正确处理人民内部矛盾的问题》,他认为社会主义社会存在的诸多矛盾,可以通过自身制度的完善来加以解决。改革开放以来,邓小平提出一系列关于社会全面协调发展的思想,提出建设富强、民主、文明的社会主义现代化国家。江泽民强调"三个文明"协调发展,认为社会主义是一个全面发展的社会,提出可持续发展战略,探索经济发展同人口、资源、环境的协调发展,提出西部大开发战略，缩小区域发展差距等。以胡锦涛为总书记的党中央着眼于新世纪新阶段的战略发展，提出了构建民主法治、公平正义、诚信友爱、充满活力、安定有序、人与自然和谐相处的社会主义和谐社会的目标。

无论从科学社会主义的基本原则看，还是从与我国传统文化的联系看，社会主义社会都是一个经济、政治、文化和社会协调发展，物质文明、政治文明、精神文明共同进步的和谐社会。十六届四中全会提出构建社会主义和谐社会的重大战略任务，是我们党执政理念的升华，是对共产党执政规律、社会主义建设规律、人类社会发展规律认识的深化，既体现了社会主义的本质要求，又体现了当代中国实践发展的要求。十六届六中全会又对社会主义和谐社会的目标和任务以及如何构建社会主义和谐社会进行了全面部署，这使得"社会主义和谐社会"更成为当前学术界研究的一大热点问题。

截至目前，笔者所掌握的关于和谐社会的著作有：红旗大参考编写组编写的《构建社会主义和谐社会大参考》，傅治平著的《和谐社会导论》，李君如主编的《社会主义和谐社会论》，秦宣主编的《构建社会主义和谐社会专辑》，贾华强等编著的《构建社会主义和谐社会》，熊月之的《和谐社会论》，赵小鸣等主编的《中国特色社会主义和谐社会研究》，李连仲主编的《构建社会主义和谐社会问题研究》等；论文则有很多。这些著作和论文主要是在"为什么要构建社会主义和谐社会"、"什么是社会主义和谐社会"、"如何构建社会主义和谐社会"等几大基本问题上展开了研究，并取得了阶段性成果，为以后的深入研究打下了基础。但是也存在一些问题，如未形成多学科协同作战的态势，宏观层面研究较多、微观层面研究较少，理论研究多、实证研究较少等，这些不足都有待于加强。

（二）关于政治文明的研究

马克思主义政治文明观是人类历史上崭新的文明观，它的形成、完善和发展经历了一个半世纪之多。1844年11月马克思在拟定的《关于现代国家的著作的计划草稿》中明确使用了"政治文明"的概念。

在马克思列宁主义的多本经典著作中,如《共产主义原理》、《共产党宣言》、《〈政治经济学批判〉序言》、《家庭、私有制和国家的起源》、《国家与革命》、《论国家》等,都蕴涵着丰富的政治文明思想。马克思、恩格斯、列宁把经济的社会形态和社会生活一分为三,把政治法律上层建筑和政治生活领域凸显出来,对政治文明中的根本性问题,即作为"文明社会的概括"的国家的起源、本质、职能和消亡规律,对政治文明在阶级社会中的阶级属性,都作了系统深入的论述。他们指出一个阶级是社会上占统治地位的物质力量和精神力量,也必然是社会中占统治地位的政治力量;他们对资本主义政治文明的内核和基本标志即资产阶级的民主与法治进行了辩证的历史的分析,肯定了它在人类社会文明发展中的巨大进步和作用,揭示了它产生、发展和必然灭亡的规律;他们还对社会主义政治文明中的本质内容,即社会主义民主和法治的本质、形式及其同资产阶级民主、法治的联系和根本区别作了科学的论述。在人类文明发展史上,马克思、恩格斯、列宁奠定了马克思主义政治文明的理论基础。

在我国,自1982年党的十二大提出要建设高度的社会主义物质文明和精神文明的命题后,理论界就开始不断有人提出,社会主义还应当建设政治文明,应当是"三个文明"建设并提。从20世纪80年代中期开始,广东的理论工作者以敏锐的政治勇气和理论探索精神,相继发表一系列文章,率先探讨社会主义政治文明问题。其中萧君和的《关于"社会政治文明"的思考》(发表在《学术研究》1986年第4期),是国内较早提出"社会政治文明"概念的文章,同年,《学术研究》第5期又发表了范贤超的《政治文明初探》一文,明确使用了"政治文明"的概念。1987年,《学术研究》第4期发表了邹永图的《对社会主义政治文明的探讨》,文中正式使用了"社会主义政治文明"的概念,强调只有加强社会主义政治文明,才能加速社会主义社会的发展。广东方面的探讨引起了全国理论界的注意。1989年12月14日,《光明日报》发表的一篇文章中也使用了"政治文明"一词,提出要"三个文明一起抓,全面建设社会主义"。1990年,西南财经大学出版社出版了《社会主义政治文明》一书,这本书很可能是国内最早比较系统地阐述社会主义政治文明问题的学术著作。

十六大以后，自从江泽民在新世纪提出"政治文明"的概念和范畴以来，学术理论界从不同的角度、不同的侧重点围绕着"什么是社会主义政治文明"以及"如何建设社会主义政治文明"的问题，掀起了一股方兴未艾的研究热潮，涉及了许多重大的深层次的理论和实际问题，探讨中取得的共识和若干进展，有助于我们进一步加深对"什么是社会主义政治文明"、"如何建设社会主义政治文明"的认识和理解。尤其是近两年，出现了一些优秀的论著，如虞崇胜的《政治文明论》，刘钰等人的《第三种文明——社会主义政治文明研究》，林尚立的《上海政治文明发展战略研究》，程竹汝等人的《政治文明》，李良栋的《社会主义政治文明论》，何士青的《政治文明的法学解读》，刘世军的《近代中国政治文明转型研究》，郑慧主编的《社会主义政治文明若干问题研究》和江西高校出版社出版的一套由孙向军、戴木材、刘俊杰等人围绕"走向中国政治文明"这一主题从不同角度展开研究的丛书等。论文则非常之多。虽然理论界对社会主义政治文明问题的研究取得了不少成果，但是研究中也还存在许多薄弱环节急需突破和加强，诸如社会主义政治文明的本质、与政治体制改革的关系、建设的切入点以及如何积极、有效、扬弃地吸收借鉴发达资本主义国家的政治文明成果等问题，仍需进一步探讨。

（三）关于社会主义和谐社会与政治文明建设的研究

截至 2009 年 5 月，以社会主义和谐社会与政治文明为主题来命名的著作仅为陆士桢等主编《构建和谐社会与政治文明建设》（2005 年 8 月）、王奕蓉编的《政治文明与和谐社会》（2004 年上海政治文明研究成果）（2005 年 12 月）、《和谐社会的政治文明建设》编写组编的《和谐社会的政治文明建设》（2008 年 1 月）。笔者以和谐社会与政治文明为篇名在中国电子期刊网上搜集的文章是 47 篇，如彭庆军的《论和谐社会与政治文明》，王孝哲的《建设和谐社会必须加强政治文明建设》，肖新发的《论构建和谐社会与建设政治文明的统一》，常永青的《社会主义政治文明建设与构建和谐社会》，周敏凯的《政治文明建设：构建社会主义和谐社会的政治保障》，唐晓波的《政治文明建设与社会主义和谐社会》等，虽然为数不多，可见已有一部分学者或深或浅地涉入了这个领域。研究主要集中在和谐社会的内涵、政治文明的内涵、政治文明建设与和谐社会构建的关系、现阶段我国政治文明建设的现状、和谐社会政治文明建设的途径等方面。

中国政治学会2005年年会的主题就是"构建社会主义和谐社会与政治文明问题"，与会者围绕这一主题进行了深入研讨。大家认为，和谐社会并不是没有矛盾冲突的社会。社会由具有不同利益、不同价值观念的个体组成，个体又结合为不同的利益群体，他们之间不可避免地存在着各种矛盾；表现在政治领域，就是政治不文明给社会带来的不和谐音符。此外，第三届中德国际学术研讨会"政治文明与构建和谐社会——执政党的建设"于2007年12月召开，来自德国柏林自由大学、法兰克福维阿得里那大学、德国绿党相关领域负责人等机构的德国学者，以及来自中央编译局、中国社会科学院、中共中央党校、中央社会主义学院等科研机构和高等院校的知名专家学者围绕政治体制改革和政党建设的相关问题进行了研讨。因此，加强民主法治建设，促进和谐政治，对于构建社会主义和谐社会具有重要意义。

四、研究思路与方法

（一）研究思路

本书站在马克思主义唯物史观的立场上，以马克思关于经济基础决定上层建筑的理论、马克思主义人学理论、马克思主义政治观等作为理论指导，在中国与世界、历史与现实的广阔的理论和实践背景下，综合运用哲学、政治学、伦理学、社会学等多学科的方法对和谐社会的政治文明建设的理论与实践问题进行探讨和研究。本书的具体思路如下：

导论：首先，对选题的原由及其研究意义作了说明；接着，归纳了目前国内外的相关研究现状与学术动态；再次，介绍了本书的研究思路和研究方法。

第一章：首先，对和谐社会的历史渊源、理论基础、社会主义和谐社会的内涵与特征进行了梳理；接着，对政治文明、社会主义政治文明及其理论进行了历史考量；最后，对马克思主义关于政治文明的理论给予了阐述。

第二章：分析了政治文明建设在社会主义和谐社会的地位和作用，指出政治文明建设在和谐社会进程中居于主导地位，具有导向、规范、整合和开创的作用。然后，对政治文明建设与和谐社会辩证统一的关系进行了分析。

第三章：在新时期条件下，市场经济、全球化、科技发展及信息化、多元文化对政治文明建设提出了新的客观要求，本章较详细地阐述了政治文明建设面临的这些机遇与挑战，并指出了政治文明建设的发展方向。

第四章：将政治文明建设过程中存在的问题归纳为三个大的方面：权力异化和政治腐败的严重蔓延；封建残余与现代文明的激烈碰撞；民主缺失与民主泛化的双重存在，并从现象、本质、危害、原因及改革等方面对每个问题分别进行了阐述。

第五章：寻找社会主义和谐社会构建中加强政治文明建设的对策和措施。指出必须以科学发展观为指导，努力构建一个公平正义的和谐社会。首先，要保证政治文明内部的建设，坚持与完善三大基本政治制度是保障；其次，借鉴和吸收中国古代和西方政治文明建设的合理成果；再次，加强和深化政治体制改革，实现和谐政治，推进和谐社会；最后，通过协调政治文明与物质文明、精神文明和社会文明的外部关系促进社会的全面发展。

(二)研究方法

对和谐社会和政治文明的研究必须掌握科学的方法，辩证唯物主义和历史唯物主义是和谐社会和政治文明研究中基本的、主要的研究方法，同时还必须使用调查研究方法、经验总结方法、系统研究方法等。此外，我们还应该吸收和借鉴现代科学研究的方法，把和谐社会和政治文明研究推向一个更高的层次。

1. 辩证唯物主义和历史唯物主义的研究方法。

马克思主义的辩证唯物主义和历史唯物主义是唯一的科学世界观和方法论，是我们进行研究的强大思想武器。只有在它的指导下，和谐社会和政治文明的研究才不会走偏方向，我们才能真正打开和谐社会和政治文明研究的大门。和谐社会和政治文明归根结底只能是社会生活中的和谐，并且表现在政治实践活动中，所以研究和谐社会和政治文明最根本的方法是从实践出发，结合实际进行理论研究，用理论研究的成果指导实践。

2. 调查研究方法。

调查研究是和谐社会和政治文明研究的基本方法。要研究和谐社会和政治文明，就必须对社会是否和谐、政治是否文明进行深入的调查研究，充分占有第一手材料。本书主要是通过访谈的方式获得资料，分析研究和谐社会和政治文明的内在联系，从中得出相关的结论。调查研究要注意科学性、准确性和内在逻辑性。通过各种形式对人民群众的思想和心理进行调查研究，分析得出主要的和次要的因素，找出反映和谐社会和政治文明必然性的准确法则。

3. 经验总结方法。

我们要对和谐社会和政治文明研究的素材进行认真系统的总结，总结经验，进行概括，形成理论，这是和谐社会和政治文明研究的又一个基本的方法。除了总结成功的经验以外，对于失败的教训的总结也是必要的，它可以从反面帮助我们深刻地认识社会发展的客观规律。经验不等于理论，不一定有普遍的指导意义；而理论则是经验的概括，丰富的经验概括出正确的理论，才具有普遍的指导意义。

4. 系统研究方法。

和谐社会和政治文明研究是一个多结构、多层次的系统工程，和其他事物一样，其中的各种现象都不是孤立的、偶然的，有着内在的必然联系。研究和谐社会和政治文明必须从整体的观点来考察，处理好局部与全局的关系；同时，把和谐社会和政治文明如实地看作是一个不断地进行整体调节和控制的动态系统，这样，才能真正找到它们之间的本质联系。

在研究和谐社会和政治文明的过程中,我们还不能单独使用这些方法,有时需要对这些方法进行综合使用,进行全方位研究。同时,我们也不能仅仅局限于上述的研究方法,应该吸收和借鉴现代科学研究的方法,应用于和谐社会和政治文明的研究,把和谐社会和政治文明研究推向一个更高的层次。

第一章 阐释与考量：和谐社会与政治文明

无论是中国还是外国，人们一直在追求社会的平等、安定与和谐。一部人类社会的历史，实际上就是人类政治文明发展史，就是人类追求美好理想社会的历史。人类把和谐作为社会的基本价值观之一进行着不懈的追求和探讨，政治文明给我们留下了关于社会和谐的丰富的思想资源。由此，我们必须对和谐社会与政治文明概念的内涵和外延进行适当的梳理，这是我们研究该问题的逻辑起点。

第一节 社会主义和谐社会阐释

和谐思想源远流长、意蕴丰厚。无论在中国还是在西方，和谐不仅是哲学家、政治家关注的对象，也是文学家、史学家描述和研究的对象。在中西方发展的历史长河中，和谐思想一直闪烁着智慧的光芒。对和谐思想的探本求源，具有非常重要的现实意义和理论价值。

一、中西传统文化中的和谐思想探索

重新审视和梳理中西传统文化中的和谐思想，积极发掘这一思想的现代意蕴，对于我们今天弘扬优秀的中华民族文化和民族精神、构建社会主义和谐社会，无疑有着积极的促进作用。

（一）中国传统文化中的和谐思想。

追求和谐是中华民族的一贯主张，和谐社会是中华民族的理想。

和谐社会凝集了中华民族精神，再现了中华民族精神，是中华民族精神在当代的反映，也是中华民族奋发向上的精神动力。①"和"文化可谓源远流长。它是中国传统文化中的优秀文化，是一种有生命力的文化。它强调人与自然协调的"天人合一"思想，主张人与社会以及人与人之间"和为贵"、"讲信修睦"、"和衷共济"等传统。② 在中国传统文化中，"和谐"首先是被作为一个哲学范畴进行研究的，进而揭示了其本质、机理和价值。

1. 中国传统文化对和谐本质的阐释。

和谐思想最早出现在《国语·郑语》之中。据记载，西周末年，周幽王的太史伯阳父在同郑桓公议论西周末年政局时，提出了"和实生物"的著名论断。他说："和实生物，同则不继。以它平它谓之和，故能丰长而万物归之。若以同裨同，尽乃弃矣。"太史伯是第一个对和谐理论进行探讨的思想家，他区分了"和"与"同"的内涵及其作用。所谓"和"，是指各个不同的对立面相互配合、统一而达到的平衡状态，可以产生新事物。所谓"同"，是指只有某一面的自我同一，即把相同的事物放在一起，只有量的增加而不会产生质的变化，不可能产生新事物。太史伯还说："声一无听，物一无文，味一无果，物一不讲。"意思是说：只有一种声音谈不上动听的音乐，只有一种颜色构不成五彩缤纷，只有一种味道称不上美味，唯有和谐共处，才是事物存在和发展的最佳状态，也就是"同则不继"。所以，"和谐"内在地包含着多样性、差异性、矛盾和冲突，但最终会达成更高层次的统一协调。

孔子进一步丰富了"和"的内涵。他在《论语·子路》中说："君子和而不同，小人同而不和。"孔子把"不同"而又和谐相处相生，看作是事物的本质，也看作是做人的原则和人生应当追求的目标。在中国

---

① 张静：《简论中华民族精神在建设和谐社会中的价值》，《探索》2005年第4期。

② 郑永廷、张静：《思想政治教育：建设社会主义和谐社会的内在需求》，《思想理论教育》2005年第5期。

传统文化的研究中提到"和"的本质,都会把孔子的"和而不同"看作经典。"和"的主要精神就是要协调"不同",达到新的和谐统一,使各个不同事物都能得到新的发展,形成不同的新事物。由此可见,"和"的本质,一是主张多样;二是主张平衡。

随着中华文化的发展,"和谐"这一概念获得更加丰富的内涵。《中庸》中说:"喜怒哀乐之未发,谓之中;发而皆中节,谓之和。中也者,天下之大本也;和也者,天下之达道也。致中和,天地位焉,万物育焉。"这里的"中"是自然人的状态,而"和"是社会人的符合礼仪法度从容自然的理想状态,也就是人们追求的和谐状态。何谓"中庸"?《说文》曰:"中,正也。""正",就是恰当、妥当、合乎客观实际。"庸,用也,从用,从庚;更事也。""中庸"就是正确、恰当、妥当地为人处世。"中"的目的就是要达到"和",而"中"、"正"本身就是一种"和",一种达到一定"度"的和谐。

2. 中国传统文化对和谐机理的阐释。

为什么事物会形成"和"的状态?对此,道家创始人老子有详细的解释。他认为和谐的机理在于事物之间相互对立、斗争而又相互依存、统一,即依"道"而行。老子用"道"这个哲学范畴来解释和谐机理,富有辩证法精神,也成为中国传统文化的一个特色。他提出:"道生一,一生二,二生三,三生万物。万物负阴而抱阳,冲气以为和。"[①]在这里,老子指出规律使某种事物产生,这种事物又产生第二种事物,第二种事物再产生第三种事物,以此类推,以至于产生万物。万物都包含着阴阳两个对立面,它们之间相互激荡而得以调和。阴阳二气尽管相互对立、冲撞、激荡,却始终处在和谐的"道"的统一体之中。这种状态的形象化,就是中国哲学的图腾——"阴阳太极图"。直到今天,中西方研究天体演变的科学家中有些人开始把老子的"道"发扬光大,更有人说老子的和谐机理是最为超前的宇宙形成观。

此外,北宋思想家张载、清代哲学家王夫之等人也对此做了进一

---

① 《老子》第四十二章。

步的研究和阐述。张载指出："太和所谓道，中涵浮沉、升降、动静相感之性，是生氤氲相荡胜负屈伸之始。"①他认为"太和"便是"道"，是最高的理想追求，即最佳的整体和谐状态。王夫之认为，阴阳的对立与斗争最终必然以"和谐"的方式来解决，被后人称之为"和谐的辩证法"。

3．中国传统文化对和谐价值的阐释。

作为古代哲学的核心范畴之一，"和"的思想贯穿于中国思想发展史的各个时期和各家各派之中，涵盖了宇宙世界和人类社会的所有重大关系，具体表现为国和、家和、天地人和。诸子百家之所以认同"和"，崇拜"和"，关键在于它的珍贵价值。孔子及其学生所说的"和"，既是一个哲学范畴，也是一个伦理道德的标准和社会治理的标准，其中最经典的语句是孔子的学生有子提出的"和为贵"思想。孔子从"和为贵"的价值出发，提出了真正的和谐必须有严格的原则规范，即"中庸观"，主张"和"与"中"。儒家主张，施政使民，贵乎"执中"；天地万物，贵乎"中和"；君子言行，贵乎"中庸"。子思说："中也者，天下之大本也。和也者，天下之达道也。致中和，天地位焉，万物育焉。"②即"中和"是天下万物存在的依据，是天下万物规律的体现。

中国哲学从远古到宋明理学以降，讲阴阳之道，讲天人之道，都是贯穿着一种中正、均衡、和谐、和合、和平精神的。周敦颐说："中也者，和也，中节也，天下之达道也，圣人之事也。"③程颐说："若至中和，则是达天理。"④司马光说："苟不能以中和养其志，气能浩然乎！"⑤朱熹说："但能致中和于一身，则天下虽乱，而吾身之天地万物不害为安泰。其不能者，天下虽治，而吾身之天地万物不害

---

① 《正蒙·太和篇》。
② 《中庸》第一章。
③ 《通书·师第七》，《周子全书》卷八。
④ 《河南程氏遗书》卷十五。
⑤ 《温国公文集》卷四。

为乖错。"①王阳明说:"天理亦自有个中和处。"②先哲们的这些话,对中国文化、中国哲学影响很大,构造了中国文化、中国哲学的基本精神,并对中国的政治思想产生了重大影响,使和谐思想成了治国安民的根本法则与根本哲学。这些积淀为中国文化的基本精神,不仅闪烁着东方式的哲学智慧,显示出独特的理论价值,而且在维系社会稳定、促进社会进步、推动社会发展的历史进程中,发挥了不可或缺的重要作用。

4. 中国传统文化对和谐社会的描述与阐释。

关于和谐社会的理想境界,在中华文化的典籍中早就有所描绘,如《诗经》中的"乐土"、《老子》中的"玄同"、《墨子》中的"尚同"及《礼记》中的"大同"。在各种和谐社会理想中,最具有代表性的是"小康社会"和"大同社会"。《礼记·礼运》是这样描述小康的:"今大道既隐,天下为家,各亲其亲,各子其子,货力为己。……礼义以为纪,以正君臣,以笃父子,以睦兄弟,以和夫妇……是谓小康。"这是指夏、商、周三代中禹、汤、文、武、周公时代的一种财产私有、生活宽裕、上下有序、家庭和睦和讲究礼仪的生活状态。大同社会是比小康社会更高级的理想社会。"大道之行也,天下为公。选贤与能,讲信修睦,故人不独亲其亲,不独子其子。使老有所终,壮有所用,幼有所长,矜寡、孤独、废疾者,皆有所养。"③它描述的是"大道既隐"之前的尧、舜、禹时代,即原始共产主义社会,那种财产公有,人与人之间重诚信、讲仁爱,路不拾遗、夜不闭户的理想社会。虽带有乌托邦的性质,但它作为一种崇高的目标和理想境界,始终激励着中华民族的志士仁人为实现这一目标而奋斗。

孟子在此基础上设计出一个"老吾老以及人之老,幼吾幼以及人之幼"的和谐社会图景。老子给人们描绘了一个"邻国相望,鸡犬之声相闻,民至老死不相往来",人与人之间"无欲"、"无为"、"无

---

① 《中庸或问》第一章。
② 《传习录上》。
③ 《礼记·礼运》。

争",彼此和谐相处,宽大为怀的理想社会。太平天国的领袖洪秀全设计出一个令广大农民心驰神往的和谐社会蓝图:"务始天下共享,有田同耕,有饭同食,有衣同穿,有钱同使,无处不均匀,无人不饱暖。"近代著名思想家康有为写下了《大同书》,提出建立一个"人人相亲,人人平等,天下为公"的理想社会。但是,在生产力极不发达的阶级社会里,无论人们所描绘的和谐社会的蓝图多么美妙,都是无法实现的。

从远古的《太极图》到近代的《大同书》都演绎着我国自古以来追求的"天人合发"、"天人合一"和"天人合德"的美好社会,传承着我国世代梦寐以求的社会理想。因此,和谐社会的提出,是在新的历史条件下对我国优秀传统文化的继承和高扬,是中华民族自古以来所追求目标的继续与发展。①

(二)西方社会中的和谐思想

追求和谐社会,不仅是中国人的社会理想,也是整个人类的共同追求和理想,西方文化中的和谐观念也有深厚的思想根基。

1. 西方学者关于"和谐"的阐释。

西方的和谐思想同样源远流长。古希腊哲学家毕达哥拉斯所说的"整个天是一个和谐"是最早把"和谐"视为哲学根本范畴的。毕达哥拉斯学派有两句著名的哲学格言:"什么是最智慧的——数","什么是最美的——和谐"。赫拉克利特在肯定和谐价值的基础上提出"对立和谐观",认为自然是从对立的东西产生和谐,而不是从相同的东西产生和谐的。在文艺复兴以后,笛卡儿、莱布尼茨、黑格尔等人都把和谐视为重要的哲学范畴。莱布尼茨在其《单子论》中提出"预定和谐"的命题,主张"单子"因素和谐观。黑格尔对此持批判态度,他认为包含差异与对立于自身之内的同一,即"本质上的统一"、"具体的同一",是和谐产生的原因。他提出的矛盾、差异、对立、斗争这些

---

① 张静:《论中华民族精神在建设和谐社会中的价值》,《探索》2005年第4期。

哲学范畴丰富了"和谐"理念的内涵。

　　西方学者或直接或间接、或系统或零星地描述、阐述过和谐社会，最有代表性的思想主要表现在以下三种理论：一是社会均衡论。这种理论认为社会是一个自我平衡的系统，内有一套维系、保持、调适和修复社会均衡状态的整合机制。一旦社会系统的某些部分遭到外部力量的破坏而产生失调时，其他部分会自动予以调节并纠正失调，从而使社会系统重新回到均衡状态。使用"社会均衡"这一概念最系统的是美国社会学家T.帕森斯，影响最大的是V.帕累托。二是协和社会论。这种理论认为社会应当是为了共同利益而互相合作、协调行动的社会。这一理论由美国人类学家R.本尼迪克特提出，美国人本主义心理学家A.马斯洛作了进一步阐述。他们把各种社会视为一个统一的整体，把社会成员之间"协和"的程度作为区别不同社会的尺度，并提出了"高协和社会"和"低协和社会"的概念。三是社会系统论。这种理论认为人类社会是一个复杂的大系统，相互交叉，彼此渗透，形成错综复杂的网络。他们认为，最基本的系统是"生产力——生产关系"和"经济基础——上层建筑"。对于这三种理论，社会均衡论突出了社会的内稳机制，协和社会论说明了社会的协作规范，社会系统论则弥补了它们对结构的弹性及结构的变迁关涉不足的缺陷。稳定、协作和发展构成了和谐社会的三个主要音符。这三种现代社会学的学说是和谐社会理论"鼎立"之"三足"。[①]

　　2. 西方政治视野中对和谐社会的阐释。

　　将哲学中的"和谐"引入政治领域，就产生了和谐社会的理想。从苏格拉底开始，"和谐"被引入政治和社会领域。柏拉图在其伦理学中体现了和谐理性的思想，把和谐的思想运用到社会制度上。在《理想国》一书中，他主要探讨了理想国家的问题，阐述了"公正即和谐"的观点，他所构想的理想国是具有智慧、勇敢、节制和正义的一种美好和谐的社会。亚里士多德则在其《政治学》一书中进一步发展了其老师柏拉图的思想，明确指出，一个国家的政权应该由中等阶层

---

① 邓伟志：《论"和谐社会"》，《学习时报》2005年第1期。

来掌握，这样就能很好地协调贫富两个阶层的利益，避免矛盾和冲突，从而实现社会的稳定与和谐。

3. 西方空想社会主义关于和谐社会的构想与阐释。

16世纪后，随着生产力的迅速发展，社会出现贫富分化严重、阶级矛盾突出、政治秩序混乱和社会生活极不和谐等现象。这种混乱的社会状态使一些思想家提出反对资本主义、向往理想社会的空想社会主义。19世纪，空想社会主义者对社会和谐的问题作了很多的研究，和谐社会成为他们的一个共同的价值追求。托马斯·莫尔在其代表作《乌托邦》中描绘了一个没有剥削、没有压迫、财产公有、分配公平、实行共产主义制度的理想社会，但他没有对这样一种空想的共产主义景象提出任何有效的措施来实现。1803年，傅立叶在《全世界和谐》中对资本主义制度进行了无情的批判，并预计在未来的"和谐制度"或"和谐社会"中，人们将生活在由无数的协作社联合组成的"法朗吉"里，整个社会日益接近"普遍的和谐"，甚至将达到"阶级的融合"。这使得他的理论带有空想的色彩。1820年，欧文在《致纳拉克郡报告》中系统地论证了他关于"合作新村"、"新和谐公社"的构想。1824年他到美国印第安纳州建立了一个短暂的、具有共产主义性质的"新和谐公社"。由于没有找到推翻资本主义制度、建立和谐社会的根本途径，"公社"于1828年宣告解散。1842年，空想社会主义者、德国的威廉·魏特林在《和谐与自由的保证》中抨击了资本主义社会，从社会主义的立场出发提出了建立一个和谐社会的构想。他不仅把资本主义称为"病态社会"，而且还把社会主义直接称为"和谐与自由"的社会主义，提出"共有共享的制度"的设想。马克思对该书给予了高度的赞扬，认为它是工人阶级"史无前例的光辉灿烂的处女作"。

二、马克思主义关于和谐社会的思想考量

马克思、恩格斯运用科学的世界观和方法论认识人类社会历史，创立了科学社会主义。马克思主义的相关思想为社会主义和谐理论的

形成及其发展奠定了理论基础。

（一）马克思、恩格斯关于和谐社会的理论阐释

真正把"和谐社会"提到理论高度的是马克思和恩格斯。1848年，马克思、恩格斯在《共产党宣言》中对圣西门、傅立叶、欧文等空想社会主义者的著作和有关主张给予了肯定，明确提出："提倡社会和谐"是"他们关于未来社会的积极的主张"。同时，马克思、恩格斯深刻分析了空想社会主义者的历史局限性和理论缺陷，认为他们没有认识到资本主义社会的本质矛盾，脱离了现实的经济基础，也没有找到实现社会变革的正确途径，结果只能陷于空想。马克思、恩格斯对三大空想社会主义者的和谐社会思想采取了科学的态度加以汲取，创立了科学社会主义理论。科学社会主义从根本上说，就是人类最终实现社会和谐和人的自由全面发展的科学理论体系。他们设计的理想社会称为"自由人联合体"——共产主义社会。他们关于未来和谐社会的设想表现为：其一，实现和谐社会是人类历史发展的必然趋势。资本主义文明超过了以往一切社会，但是，资本主义社会中的种种不和谐的矛盾是其制度本身无法解决的，只有通过无产阶级革命，用社会主义、共产主义代替资本主义，才能实现社会和谐和人的自由全面发展。其二，生产力的高度发展是实现和谐社会的前提条件。社会物质财富极大丰富，社会实行"各尽所能，按需分配"，才能实现真正和谐的共产主义社会。其三，未来和谐社会表现为社会各方面的协调发展。生产力与生产关系、经济基础与上层建筑之间相适应，其矛盾通过自身的调整来解决。阶级对立消失，阶级消亡，社会关系和谐，人们的精神境界极大提高等。其四，"自由人联合体"是和谐社会的最高境界。人的各种能力和潜能充分发挥，人的多样性需求不断得到满足，人的社会关系日益丰富，人与自然和谐共生，人的自由个性充分发展。

（二）中国共产党对和谐社会的构建与理论阐释

中国共产党自成立之日起就把实现共产主义作为自己的最高纲领

和理想,并在不同历史时期领导人民为着实现不同阶段的目标而奋斗。党在革命、建设、改革的长期实践中,不断探索和发展了具有中国特色的社会主义社会建设理论。我国正是根据社会主义的本质要求,不断使和谐社会的发展目标明确和具体。① 马克思、恩格斯设想的未来社会是建立在资本主义发达国家同时取得革命胜利的基础之上的,而我们党则是在生产力很不发达、经济文化十分落后的半殖民地半封建社会的基础上领导人民建设社会主义的。对于如何建设社会主义,我们党的认识经历了一个逐步深化的过程。②

1. 中国共产党第一代领导集体对和谐社会的艰辛探索。

以毛泽东为核心的党的第一代中央领导集体对这个重大课题进行了积极的探索和实践。毛泽东创立了"矛盾学说"。1956年,毛泽东发表《论十大关系》,提出了调动国内外一切积极因素的基本方针,对正确处理我国社会的一些重大关系作出了深刻论述。③ 1957年毛泽东在《关于正确处理人民内部矛盾的问题》中系统提出社会主义基本矛盾的理论,创立了敌我矛盾和人民内部矛盾两类不同性质的矛盾,并指出要学会用民主的办法解决人民内部矛盾。④ 毛泽东在《一九五七年夏季的形势》中高瞻远瞩地指出:"我们的目标,是想造成一个又有集中又有民主,又有纪律又有自由,又有统一意志、又个人心情舒畅、生动活泼,那样一种政治局面,以利于社会主义革命和社会主义的建设。"⑤虽然这些思想,后来由于党在指导思想上犯了"左"的错误,没有能够付诸实现,但是,对于我们今天提高构建社

---

① 郑永廷、张静:《思想政治教育:建设社会主义和谐社会的内在需求》,《思想理论教育》2005年第5期。

② 余源培:《论提高构建社会主义和谐社会的能力》,《毛泽东邓小平理论研究》2004年第10期。

③ 毛泽东:《论十大关系》,《毛泽东著作选读》下册,人民出版社1986年版,第720~721页。

④ 毛泽东:《关于正确处理人民内部矛盾的问题》,《毛泽东著作选读》下册,人民出版社1986年版,第757~759页。

⑤ 毛泽东:《一九五七年夏季的形势》(1957年7月)。

会主义和谐社会的能力,仍然具有重要的指导意义。

2. 中国共产党第二代领导集体对和谐社会思想的丰富与发展。

1978年党的十一届三中全会以后,以邓小平为核心的第二代中央领导集体,深刻总结新中国成立以来正反两方面的经验,断然抛弃"以阶级斗争为纲"的错误方针,果断地把党和国家的工作重点转移到社会主义现代化建设上来,坚定不移地实行改革开放,开辟了建设中国特色社会主义的新道路,形成了邓小平理论。他紧紧围绕着"什么是社会主义、怎样建设社会主义"这个根本问题,科学阐述了建设中国特色社会主义的一系列重大理论观点,对中国共产党如何更好地实现对社会主义事业的领导,作出了一系列建设性的贡献:第一,实现了从"以阶级斗争为纲"到"以经济建设为中心"的转变,纠正了以往对于国内主要矛盾的错误认识。第二,强调社会主义的本质是解放生产力,发展生产力,消灭剥削,消除两极分化,最终达到共同富裕。第三,强调民主政治建设的重要性。第四,论述安定团结的重要性。第五,主张以经济建设为中心,坚持"两手抓,两手都要硬"。第六,制定"三个有利于"标准。第七,强调正确处理改革、发展、稳定的关系。以上这些重要思想,对于提高党的构建社会主义和谐社会的能力具有现实指导意义。

3. 中国共产党第三代领导集体对和谐社会的理论构建与实践探索。

党的十三届四中全会以后,以江泽民为核心的第三代中央领导集体,根据国内外形势的发展变化,深刻汲取了包括苏联、东欧国家共产党在内的外国政党兴衰成败的经验教训,根据我国经济社会发展的新要求和我党肩负的新任务,进一步丰富和发展了我们党关于社会主义建设理论。围绕着"建设一个什么样的执政党、怎样建设这样的执政党"这个重大课题,第一次提出了执政意识和执政能力问题。其理论成果凝聚成"三个代表"重要思想。第一,明确"立党为公、执政为民"的理念,"是我们党同一切剥削阶级政党的根本区别"[①]。第二,

---

① 《江泽民文选》第3卷,人民出版社2006年版,第279页。

提出社会主义事业是物质文明、政治文明和精神文明的协调发展。第三，确定了全面建设小康社会的蓝图，首次将"和谐"包涵其中；要使全社会"经济更加发展、民主更加健全……社会更加和谐、人民生活更加殷实"；① 努力形成全体人民各尽所能、各得其所而又和谐相处的局面。第四，提出人的全面发展是马克思主义关于建设社会主义新社会的本质要求。第五，实施了科教兴国、可持续发展、西部开发等一系列有利于社会主义和谐发展的战略。上述这些思想和措施，事实上已经孕育着构建社会主义和谐社会的主要方面。

构建社会主义和谐社会思想的提出，既是以胡锦涛为总书记的新一代党中央领导集体对毛泽东思想、邓小平理论和"三个代表"重要思想的继承和发展，也是适应我国社会深刻变化和全面建设小康社会需要的创新，体现了党的意识形态和执政理念的与时俱进。党的十六大报告把"社会更加和谐"作为全面建设小康社会的六个目标之一提了出来。报告在讲到"最广泛最充分地调动一切积极因素"时，强调"努力形成全体人民各尽所能、各得其所而又和谐相处的局面"；在讲到"政治建设和政治体制改革"时，提出"巩固和发展民主团结、生动活泼、安定和谐的政治局面"；在讲到"维护社会稳定"时，也指出"完成改革和发展的繁重任务，必须保持长期和谐稳定的社会环境"。十六届三中全会通过的《中共中央关于完善社会主义市场经济体制若干问题的决定》中指出必须"坚持以人为本，树立全面、协调、可持续的发展观，促进经济社会和人的全面发展"。确定了五个"统筹"，其实质就是要努力实现社会各方面的和谐发展。十六届四中全会进一步提出了"构建社会主义和谐社会"这个新概念。此后，社会建设便与经济、政治、文化一起相提并论，"四位一体"这一总体布局的战略意向日趋明晰。胡锦涛在庆祝建党八十五周年大会上的讲话把构建社会主义和谐社会放在了"更加突出的位置"。十六届六中全会全面分析了当前的形势和任务，作出了《关于构建社会主义和谐社会若干重大问题的决定》，这是对构建社会主义和谐社会具有重大指导意义

---

① 《江泽民文选》第3卷，人民出版社2006年版，第543页。

的纲领性文件,反映了建设富强民主文明和谐的社会主义现代化国家的内在要求,体现了全党全国各族人民的共同愿望。党的十七大报告在十六大确立的全面建设小康社会目标的基础上对中国发展提出新的更高要求:"增强发展协调性,努力实现经济又好又快发展;扩大社会主义民主,更好保障人民权益和社会公平正义;加快发展社会事业,全面改善人民生活;建设生态文明,基本形成节约能源资源和保护生态环境的产业结构、增长方式、消费模式。"很显然,构建和谐社会和发展社会主义民主政治是小康社会的两大重要内容和两项重要条件,即政治建设和社会建设。十七大的召开,体现了全党全国各族人民要求建设富强民主、文明和谐的社会主义现代化国家的共同愿望,开辟了中国特色社会主义事业的新局面。

总之,构建社会主义和谐社会是我们党顺应历史发展趋势,根据全面建设小康社会的需要,为推进中国特色社会主义现代化建设所确立的战略目标。这一战略目标,既体现了社会主义的本质,也是我国人民世世代代所追求的社会理想;① 既是对党执政经验的总结,也是对国外一些执政党执政经验教训的借鉴;既是对我国社会主义建设规律认识的深化,也是对共产党执政规律、人类社会发展规律认识的深化;既是对中国特色社会主义理论的丰富和发展,也是对马克思主义关于社会主义社会建设理论的丰富和发展。

三、社会主义和谐社会的内涵和特征

社会主义和谐社会是特指中国共产党领导的,以马克思主义为指导的,以最广大人民的根本利益为出发点的,全体人民各尽其能、各得其所而又和谐相处的,民主法治、公平正义、诚信友爱、充满活力、安定有序、人与自然和谐相处的社会主义社会。由于"社会主义和谐社会"是一个新提法,目前学术理论界对于其内涵和特征有不同

---

① 郑永廷、张静:《思想政治教育:建设社会主义和谐社会的内在需求》,《思想理论教育》2005年第5期。

的理解和表述，笔者对此进行了归纳和总结。

（一）社会主义和谐社会的内涵

社会主义和谐社会既包括人自身的和谐、人与自然的和谐、人际关系的和谐，又包括社会关系的和谐；既追求国内不同社会阶层、不同利益群体、不同区域之间的协调，又追求国际格局的和谐发展；既要促进经济、政治、文化、生态等社会各子系统之间的和谐发展，又要促进各子系统内部的和谐发展。① 具体包括以下几个方面的内容：

人自身的和谐 人是社会发展的主体，人的个体和谐既是自然与社会的产物，又是社会和谐发展的根本前提，所以，人自身的和谐就是要实现人的自由全面发展，即要有健全的人格，有正确的世界观、人生观和价值观，能正确地处理个人与自然、个人与社会的关系，真正融入自然、融入社会、融入集体。

人与自然的和谐 自然界向人类提供的资源很多是不可再生的，是受自然增长率限制的。我们在追求发展进步的过程中曾出现过由于人与自然的不和谐破坏了生态环境的现象，这些制约了经济社会的发展，也影响了人民生活水平和生活质量的提高，因而重建人与自然和谐统一的生态文明成为构建社会主义和谐社会的现实基础和首要任务。

人与社会的和谐 人是社会的主体，各种社会关系是人与人在其社会实践过程中发生和建立起来的。社会的发展和人的发展是密不可分、相互作用、相互制约的，两者的发展是一个双向同步发展的统一的运动过程。

社会阶层之间的和谐 现阶段我国社会阶层结构已经发生和正在发生着深刻的变化，出现了一些新的社会阶层。从利益关系方面来讲，各阶层成员之间既有相容互补的一面，也存在矛盾的一面。这些

---

① 胡锦涛：《在中共中央举办的省部级主要领导干部提高构建社会主义和谐社会能力专题研讨班开班式上的讲话》（2005年2月19日），《人民日报》2005年6月27日第1版。

矛盾如果不及时加以协调和化解，任其尖锐和激化下去，阶层利益摩擦就有可能演化为阶层利益对抗，最后导致阶层冲突的严重后果。我们要建设的和谐社会，必须是各社会阶层之间和谐相处的社会。

城乡之间的和谐　我国是一个典型的二元结构社会，在整个经济社会结构体系中，明显并存着比较现代化的城市社会和相对非现代化的农村社会，比较发达的城市工业和相对落后的农村农业。我们应以"统筹城乡发展"为指导方针，更加注重农村又好又快发展。

区域之间的和谐　我国幅员辽阔，各地区之间发展很不平衡，东部和西部、发达地区与不发达地区之间存在着相当大的差距。沿海地区要加快对外开放，以带动内地更好的发展，中东部地区要带动西部大开发。

民族之间的和谐　我国是一个统一的多民族的社会主义国家，各民族之间、各民族地区之间、民族地区与非民族地区之间在发展水平、经济利益、宗教信仰、风俗习惯等方面不可避免地存在这样或那样的差异，甚至出现一些矛盾和纠纷也是难以避免的。各族人民应当团结协作，互利互惠，共同走向繁荣。

中央和地方之间以及各部门之间关系的和谐　协调好中央与地方之间、各个部门之间的关系，既能够加强中央的权威，提高行政效率，又有助于发挥好各个方面的积极性、主动性和创造性，同时也意味着中央政策合理性和稳定性的提高，及其对地方政策的指导协调功能和约束力的增强。

外部环境的和谐　世界正进入经济全球化、政治多极化时代。各个国家之间正在形成一种相互制约、相互影响、相互依存的相对和谐的关系。中国作为一个发展中的大国，加入WTO后与世界经济的进一步接轨，更需要与世界经济保持和谐共处的关系，趋利避害，既充分利用经济全球化带来的机遇，又努力避免全球化带来的负面效应，力求自身的和谐发展。

代际之间的和谐　人类社会是一个代代相继的、不断发展的过程。一方面，当代人必须走可持续发展之路，决不能为了自己的幸福、快乐而损害子孙后代的利益；另一方面，要正视代差或代沟问题，促进代际之间的相互理解、信任和融合，避免由于对代差不正确的调适和引导，造成亲子之间、家庭成员之间、代际之间的矛盾、对立和冲突，从而引起种种社会问题。

(二)社会主义和谐社会的基本特征

社会主义和谐社会是民主法治、公平正义、诚信友爱、充满活力、安定有序和人与自然和谐的社会。这些基本特征是相互联系、相互促进、密不可分的，构成一个有机的整体。只有把这些特征联系起来，才能全面把握社会主义和谐社会的特征。

民主法治 就是社会主义民主得到充分发扬，依法治国基本方略得到切实落实，各方面积极因素得到广泛调动。民主与法治是相互联系、密不可分的。民主是法治的基础，法治是实现民主的途径。民主是构建和谐社会的根本保证，法治是构建和谐社会的手段和途径。

公平正义 就是社会各方面的利益关系得到妥善协调，人民内部矛盾和其他社会矛盾得到正确处理，社会公平和正义得到切实维护和实现。社会公平就是人们能够合理平等地享有社会的政治利益、经济利益和文化利益等。社会正义是指在全体人民中形成一种是非标准，扶持社会正气，谴责歪风邪气，打击邪恶势力。公平正义既是社会进步的体现，也是评价政治文明的尺度，更是我们党执政为民的必然要求。

诚信友爱 就是全社会互帮互助、诚实守信，全体人民平等友爱、融洽相处，是社会主义和谐社会在道德上的特征，体现的就是人际关系的和谐，也是社会主义精神文明建设的必然要求。

充满活力 就是使一切有利于社会进步的创造愿望得到尊重、创造活动得到支持、创造才能得到发挥、创造成果得到肯定。社会主义和谐社会的活力具体表现为政治活力、经济活力、文化活力、自然界的活力以及社会主体的活力。构建和谐社会要按照全面贯彻"尊重劳动、尊重知识、尊重人才、尊重创造"的方针，不断增强全社会的创造活力，通过不同类型的社会主体活力的充分发挥达到整个社会活力的发挥，促进整个社会的普遍繁荣、和谐与进步。

安定有序 就是社会组织机制健全，社会管理完善，社会秩序良好，人民群众安居乐业，社会保持安定团结。和谐本身就是一种有序状态，我们所构建的社会主义和谐社会在结构上和运行机制上的特征是安定团结、运行有序。

第二节 政治文明的历史考量

政治文明是一个既古老而又现实的课题，在中西方政治历史的演进中，政治文明往往是衡量政治制度的一把尺度，政治制度的更替往往也是政治文明发展的要求，政治制度总体来说是向着文明的方向发展的。对政治文明的历史考量和理论疏理，有利于今天的政治体制改革，有利于社会主义和谐社会的构建。

一、政治文明及其特征

政治文明是由政治和文明两个范畴合成的，但又不是两个名词的简单叠加。研究政治文明首先得清楚什么是文明，什么是政治。对于文明、政治、政治文明这三者的定义，学术界可谓见仁见智，莫衷一是。

（一）政治、文明和政治文明的概念

不同国家、不同时期的思想家、政治家们，根据不同的历史背景，从不同的立场和角度出发，阐述了不同的政治观和政治见解。马克思主义经典作家运用辩证唯物主义和历史唯物主义，结合不同时期的社会政治实际，对于政治的含义作过多方面的论述，构成了马克思主义政治观的基本内容：第一，政治是一种具有公共性的社会关系。第二，政治是经济的集中体现。第三，政治的根本问题是政治权力，也就是国家政权问题。第四，政治是有规律的社会现象，是科学，也是艺术。根据马克思主义经典作家关于政治含义的论述，可把政治定义为：政治是人们在特定的经济基础上，运用政治权力实现和维护特定阶级的利益要求，协调各种社会利益关系的活动。

第一章 阐释与考量：和谐社会与政治文明

关于文明的定义，众说纷纭。在马克思主义经典著作中，文明被赋予多种含义。对此，主要从三个方面来理解和把握：一是人类社会发展的历史阶段。二是人类改造自然和改造社会的积极成果。三是指一个民族、一个国家、一个地域或具有共同精神信仰的群体的文化遗产、精神财富和物质财富的总和。目前国内较有代表性的观点是虞崇胜在其专著《政治文明论》中归纳了十几种说法后给出的界定，即文明是人类社会生活的进步状态。从静态的角度看，文明是人类社会创造的一切进步成果；从动态的角度看，文明是人类社会不断进化发展的过程。

关于政治文明的概念，1844年马克思在《关于现代国家的著作的计划草稿》一文中直接使用了"集权制和政治文明"的表述，提出了"政治文明"的范畴。在马克思、恩格斯的诸多经典著作，如《共产主义原理》、《共产党宣言》、《〈政治经济学批判〉序言》、《家庭、私有制和国家的起源》中，都蕴含着极为丰富的政治文明思想。20世纪90年代以来，"政治文明"一词频繁地出现在学术界和理论界的话语中，但对于政治文明的内涵，目前政界及学界并没有形成统一的认识。在诸多不同的观点中，具有代表性的主要有以下几种：一是静态、动态说①；二是政治成果总和说②；三是民主、自由、平等、解放的实现程度说③；四是政治进步说④；五是政治制度进步说⑤；六是政治社会形态说⑥；七是狭义广义说⑦。综上所述，笔者认为，政治文

---

① 虞崇胜：《政治文明论》，武汉大学出版社2003年版，第120页。
② 李良栋：《21世纪的社会主义与人类的政治文明》，《科学社会主义》2001年第1期。
③ 《中国大百科全书·政治学卷》，中国大百科全书出版社1992年版，第504~505页。
④ 冯举等主编：《社会主义政治文明》，西南财经学院出版社1990年版，第10~12页。
⑤ 张永强：《论社会主义政治文明及其与社会主义精神文明的关系》，《青海社会科学》1997年第5期。
⑥ 王中兴：《必须实现和加强政治文明建设》，《理论学习与研究》1997年第1期。
⑦ 刘李胜：《制度文明论》，中共中央党校出版社1998年版，第38页。

明是整个社会文明的有机组成部分，是人类自进入文明社会以来，改造社会、实现自身完善和提高过程中创造和积累的所有积极的政治成果和与社会生产力发展需要相适应的政治进步状态，是人类政治智慧的结晶。它是由政治意识文明、政治制度文明和政治行为文明构成的有机整体，其中政治意识文明可以说是政治文明的"魂"，是政治制度文明和政治行为文明的精神指导；政治制度文明可以说是政治文明的"绳"，是政治意识文明的规则化和条文化，是政治行为的具体规范；政治行为文明可以说是政治文明的"形"，是政治意识和政治制度作用于环境的活动，也是政治意识和政治制度的具体体现。①

（二）政治文明的特征

政治文明是人类创造的共同政治财富，也是人类政治智慧的结晶。与任何事物都具有其内在的基本特性一样，政治文明也内涵着自身固有的基本特点。学术界从不同角度对其进行了研究，笔者将其归纳为以下几点：

一是国家性与非国家性的统一。政治文明的国家性具有两层意义：一是就政治文明的性质和内容而言，政治文明主要是国家和政府的文明，是政治统治和政治管理的文明。二是就国家的建立和存在而言，马克思主义经典作家鲜明地指出，国家的产生本身就是一种进步和文明。在现代社会，政治的性质和功能正在发生变化，由国家政治向社会政治发展，从国家统治社会向社会管理国家发展，政治文明的非国家性内容在增多。只有两者的结合和统一，才是真正的现代政治文明。

二是阶级性与社会性的统一。政治文明作为阶级社会特有的现象，阶级性是它的本质属性。任何形态的政治都是统治阶级所主导的政治，超阶级的政治文明是不存在的。同时，政治文明是人类社会发展的产物，是从社会中产生出来并在社会中发展的，具有社会性。在

---

① 郑慧主编：《社会主义政治文明若干问题研究》，人民出版社 2004 年版，第 49 页。

阶级社会中政治文明的社会性是从属于其阶级性的；阶级性是特殊性，即只是阶级社会中的属性，而社会性是普遍性，是在任何社会中都存在的属性。

三是进步性与时代性的统一。政治文明是一个与政治蒙昧与政治野蛮相对立的范畴，是人类政治生活的开化与进步状态。它随着时代的发展而发展的，从奴隶社会到封建社会，到资本主义社会，再到社会主义社会，政治文明是不断进步的，表现出强烈的时代性特征，同时也不可避免地带有时代局限性。

四是民族性与世界性的统一。政治文明在本质上是民族的又是世界的，是有国别的但又是无国界的。任何一种政治都产生并受制于当时的地理环境、经济结构。历史背景、民族文化传统、民族习惯和民族性格，使各个国家的政治或政治文明打上了民族形式的烙印，从而使世界政治文明具有多样化的形式和特点。一种政治制度或政治设施，如果只适应某一国度而不能为其他国家所借鉴，那么它就还称不上政治文明。只有产生于一定国度同时又能为其他国家所借鉴的政治意识、政治制度和政治行为才称得上是政治文明，因此，政治文明是属于整个人类的，是无国界的，是世界的。

五是价值选择性与判断性的统一。政治文明是人们对政治生活进步发展状态的价值追求和理性评价。先进的政治价值选择对于政治文明来说，具有十分重要的意义：一方面，它是政治文明发展的动力；另一方面，政治价值建设关系到政治文明建设主体的素质。在建设政治文明的进程中，必须用先进的政治价值选择提高主体的素质。[①]

六是民主与法治的统一。民主政治与法治政治是不可分割的统一体。前者是基础和前提，后者提供着制度和法律保障。没有民主的法律制度可能是为专制主义服务的法治；没有法治的民主政治可能导致政治上的无秩序状态。只有两者的结合、统一，才构成现代意义上的政治文明。

---

① 李良栋：《社会主义政治文明论》，江苏人民出版社2004年版，第31页。

七是静态与动态的统一。从政治文明的形态结构上说,它有静态和动态两部分。从静态的角度看,它是指人类在社会进化中或在改造世界中已经取得的积极的政治文明成果。从动态的角度看,它是人类社会政治进化发展的具体过程。一方面是指已经取得的成果在行为过程、空间运行过程、社会化等过程中所表现出来的一种运行状态;另一方面是指人们根据已经取得的成果和社会发展的需要创造新的文明的过程。政治文明随着社会的发展和社会形态的更替不断地改变着其内容和形式。

(三)社会主义政治文明及其特征

"社会主义政治文明"这一概念是2001年1月江泽民在全国宣传部长会议上的讲话中提出来的。党的十六大报告把"建设社会主义政治文明"确定为全面建设小康社会的一个重要目标。社会主义政治文明是新型的、更高形态的政治文明,它充分吸收和借鉴了包括资本主义政治文明在内的一切人类政治文明的有益成果,又是对资本主义政治文明的扬弃和超越。

社会主义政治文明是人类在社会主义政治实践活动中形成的文明成果,包括政治制度、政治行为、政治思想、政治文化、政治道德等方面的有益成果。主要有以下的内容:第一,实行人民主权原则,国家的一切权力属于人民。第二,实行人民代表会议制。第三,实行共产党领导。第四,实行民主集中制原则。第五,实行法治,用宪法和法律来掌握、巩固和发展社会主义民主。

有中国特色的社会主义政治文明是马克思主义关于政治文明的基本原理与中国革命和建设相结合的产物。与马克思、恩格斯理想社会主义的政治文明相比,它是社会主义初级阶段的政治文明;与其他社会主义国家的政治文明相比,它是有中国特色的社会主义政治文明。其特征主要体现为:

第一,党的领导、人民当家作主和依法治国的统一。这是我国社会主义民主政治最根本的特点。坚持三者的协调统一,既是建设社会主义政治文明必须遵循的基本方针,也是我国社会主义政治文明区别于资本主义政治文明的本质特征。

第二，人民民主专政的国体与人民代表大会制度的政体的统一。人民代表大会制度体现了我们国家的性质，符合我国国情，既能保障全体人民统一行使国家权力，又有利于国家政权机关分工合作、相互制约、协调一致地组织社会主义建设。

第三，共产党领导与多党合作的统一。共产党领导的多党合作与政治协商制度，是我国的一项基本政治制度。共产党处于领导地位，与参加合作的各民主党派形成政治协商、参政议政、民主监督的和谐统一。

第四，社会主义政治文明的形式与本质的统一。人民民主专政是社会主义政治文明的本质，消灭阶级、实现人的自由全面的发展是其目标。这与其形式——共和政体、民主制度、法治等的价值要求是一致的、统一的。

第五，尊重和保障人权的普遍性与特殊性的统一。我国社会主义政治文明，是尊重和保障人权的政治文明，它在承认人权具有普遍性意义的同时，坚持人权随着国家经济文化水平的发展而发展；坚持尊重和保护人权本质上属于一个国家主权范围的事情，反对用人权的普遍性否定人权在历史、文化、地域、民族、社会制度与经济发展水平等方面的特殊性等。①

二、中国古代政治文明的历史考量

中国是世界文明古国之一，五千年的中华文明包含了中华政治文明。虽然在不同的历史时期，不同的社会政治会表现出一定的历史局限性，其时代内涵与当今的政治文明不可同日而语，但在治理国家的历史长河中，它们都是人类政治文明积淀的组成部分，是人们追求文明政治的智慧结晶，其历史价值仍值得我们认真去思考和分析。

---

① 万其刚：《马克思主义人权观》，《毛泽东邓小平理论研究》2004年第3期。

(一)中国古代政治文明的解读

在中国古代典籍中，很早就涉及"文"、"文化"、"人文"、"文明"等概念。早在《易经》中就有"物相杂，故曰文"的说法。同时，《易经》中还有："观乎天文以察时变，关乎人文以化成天下。"①《礼记》中说："文，彩也、美也、善也。"这里的"文"都是相对于自然秩序的野蛮、蒙昧而言的。"文明"一词作为一个完整的概念，最早也出现于《易经·贲卦》中："文明以止，人文也。"《易·乾卦》中也有"见龙在田，天下文明"的说法。《尚书·舜典》有"濬哲文明"、《礼记》有"情深而文明，气盛而化神"、《乐记》有"志起于内，思虑深远，是情深也；言之于外，情由言显，是文明也"等的说法，《易经》还有"内文明而外柔顺"的说法。孔颖达解释为："经纬天地曰文，照耀四方曰明。"②所谓文明，就是摆脱愚昧、走向先进的意思。总之，"文明"、"文化"在汉语中具有复杂、文饰、教养等意义。③

在中国古代，"文明"一词的含义自一开始就与文治、教化、伦理和政治具有千丝万缕的联系。中国古代文化与文明是一种以伦理—政治取向为发展进路的文明形态。中国自夏、商进入阶级社会后，直到近代，整个文化领域都非常重视如何治国安邦的问题。在中国古代，所谓的政治，首先是针对政治事务、管理而言的。政与治具有不同意义，"政者，事也"，指事务；而"治者，理也"，则指管理。从二者的含义看，"政"与"治"是相通的，中国古代讲"政"，总是说"为政"、"从政"，而"为政"与"治国"意义相当。如《说苑·建本》中称："子贡问为政。孔子曰：富之，既富乃教之，此治国之本也。"④中国古代的政治书籍，多为论政、治政等内容，如《书》实即一部政书，在《洪范》篇中明确地提出了食、货、祀、司空、司徒、

---

① 《周易·贲卦·象传》。
② 《十三经注疏》。
③ 《孙中山选集》（下），人民出版社1956年版，第660页。
④ 《说苑·建本》。

司寇、宾、师等所谓"农用八政",这实际上是维护统治权所必需的八件大事。及至春秋战国时期,随着社会的动荡与发展,出现了"百家争鸣",政治问题成为各家各派的中心议题。在以后长期的封建社会中,思想家们也主要是在治理国家问题上提出各种不同的见解、认识和观点。甚至到近代,孙中山仍说:"政治两字的意思,浅而言之,政就是众人之事,治就是管理,管理众人之事便是政治。"① 明显地带有中国古代理解政治的特色。中国古代实际上只是把"政治"作为一种国家统治者处理各种关系的、管理和维护统治的手段,而不是把政治作为一项人民的"善业"来追求的,所以,中国古代所理解的政治主要是一种"治国之道"和"治政之道"。

美国学者吉尔伯特·罗兹曼在其主编的《中国的现代化》一书中这样评说中国古代的政治文明:"在世界历史的大部分时间里,中国一向是整个东亚社会的文化巨人……悠悠二千载,中国人表明自己……拥有控制、协调和管理幅员辽阔而人口众多的国家的能力,拥有有效地把技术开发应用于生产的扩大并维持数倍于十九世纪欧洲国家人口的组织天才。"② 应当肯定,中国古代政治文明中存在大量的积极成果和文明智慧,以其基本不变的封建专制政治形式管理和调节中国古代社会达几千年之久。从秦汉以来所实行的中央集权专制政治体制,以及为此而奠基的儒家学说,在中国两千多年的历史中,由于政治的特殊社会功能,在社会经济、伦理道德、风俗习惯等各方面曾经起过重大的促进作用,是中华古代繁荣昌盛的内在条件之一。这是今天建设社会主义政治文明不可逾越的历史积淀。我们应本着客观公正、批判吸收的态度进行分析,加以借鉴,从中获得对今天社会主义政治文明建设的历史资源和重要启迪。③

---

① 《孙中山选集》(下),人民出版社1956年版,第661页。
② [美]吉尔伯特·罗兹曼主编:《中国的现代化》,江苏人民出版社1988年版,第6页。
③ 教军章:《中国传统政治文明内蕴的现代审视》,《社会科学》2003年第6期。

(二) 中国古代政治文明的特征

一般而言,中国古代政治文明是指自我国进入文明社会以来直到1840年以前这一漫长的历史时期内所形成的政治文明。以儒家为代表的封建政治文明一直是其主体。因此,所谓中国古代政治文明,在一定的意义上,主要指中国封建社会的政治文明或儒家政治文明,是统治者在长期的社会生活和政治实践中所形成的政治思想、政治价值观念和治政、治国经验等的总积淀。① 两千多年的封建君主专制决定了其在本质上是以伦理—政治为取向、以维护王权为核心的政治文明,具有一系列的伦理特征:

第一,"协和万邦"、"大而一统"的社会整体文明。中国自古就有"协和万邦"的政治传统,崇尚"大而一统"的政治制度。早在《尚书·尧典》称赞帝尧的功德时,就有"克明俊德,以亲九族。九族既睦,平章百姓。百姓昭明,协和万邦"的记载,表明我国古代就崇尚一种人性善良、道德淳朴、万邦协和、国泰民安的文明社会。秦统一六国之后,建立起中央集权的君主专制政体,形成大一统的政治格局。"汉承秦制",意味着大一统的政治制度终于确立。直至辛亥革命推翻清王朝,孙中山就任中华民国临时大总统,近代意义上的资产阶级民主政治制度才出现雏形,封建君主专制政治制度才从制度形态上被彻底推翻。

第二,以血缘关系为纽带的宗法政治文明。中国古代社会结构的重要特征之一是以血缘宗法关系作为维系社会的主要纽带,并以此作为专制王权的社会基础。从奴隶社会开始,建立在血缘关系的基础之上、根据族制来区别人们等级地位和决定财产与权力继承的宗法关系就成为了维系社会纽带的主要社会基础。进入封建社会以后,中央集权的专制制度代替了分封的君主制,以君主最高所有权支配下的小农经济为基础,内靠以血缘关系为纽带的宗法关系,外靠以专制王权为

---

① 孙向军、戴木才:《走向中国政治文明》,江西高校出版社2005年版,第26页。

核心的行政力量，构成了中国古代社会结构的基本特点。①

第三，"为政以德"的德治政治文明。"为政以德"是孔子在总结西周以来的"敬德保民"思想基础之上提出来的重要政治命题。德政、德治的实质是要求统治者通过自身的道德修养以感化百姓，并通过"三纲五常"的道德观念来教化百姓。子曰："苟正其身矣，於从政乎何有？不能正其身，如正人何？"②正所谓"盖政者，所以正人之不正"③。范氏曰："为政以德，则不动而化，不言而信，无为而成。"为政者通过其人格的示范作用和榜样功能来实施管理。"以德为教"、"明人伦之教"等都是对中国传统德治政治思想的极好注解。在德、礼、政、刑四种方法中，德政历来被置于首要的位置。子曰："圣人治化，必刑政相参焉。太上，以德教民，而以礼齐之，其次，以政导民，而以刑禁之。化之弗变，导之弗从，伤义以败俗，于是乎用刑矣。"④在整个中国古代社会，伦常问题始终是政治文明的中心内容。宗法伦常关系就是政治关系，集中表现为"三纲五常"的伦常原则。伦理纲常成为中国传统政治文明的突出特点，既为中国传统政治文明提供了思想基础，又以政治手段的形式为君主专制制度服务，对于维护专制王权起到极为重要的作用，因此也就格外受到统治阶级的推崇，而被置于至高的地位。⑤

第四，"政在得民"的政治行为文明。中国古代政治十分重视如何对待"民"的问题。早在周代就提出了"怀保小民"、"惠鲜鳏寡"⑥的思想。接着先后出现了"富民"、"养民"、"牧民"以及"民惟邦

---

① 孙向军、戴木才：《走向中国政治文明》，江西高校出版社2005年版，第34页。
② 《论语·子路》。
③ 《朱子语类》卷二十三。
④ 《孔子家语·刑政》。
⑤ 戴木才：《中国古代政治文明的伦理特征与性质分析》，《伦理学研究》2005年第2期。
⑥ 《周书·无逸》。

本"①、"民贵君轻"、"吏为民役"等各种有关"民"的思想。这些关于"民"的思想，尽管是作为君主专制政治维护统治的手段而提出的，却反映出历代统治者对"民"的重视。周公说："人无于水监，当以民监。""先知稼穑之艰难，乃逸，则知小人之依(百姓内心和痛苦)。"孟子说："民为贵，社稷次之，君为轻。"②荀子引用古语说："君者舟也，庶人者水也"，水可以载舟也可以覆舟。汉代著名思想家贾谊说："闻之于政也，民无不为本也。国以为本，君以为本，吏以为本。故国以民为安危，君以民为威侮，吏以民为贵贱。此之谓民无不为本也。"因此，中国古代统治者非常强调"政在得民"和"国以民为，社稷为民而立"的政治行为文明，并提出了一系列的政治措施，如孔子不但主张对民要"教之"，还要"富之"，要"利民"、"惠民"、"养民"；孟子则强调"制民之产"；荀子不但主张"利民"、"裕民"、"富民"，还主张富国，"不富无以养民情"，"民富则田肥以易(治理)，田肥以易则出实百倍"③。儒家主张仁政，其目的就在于"为政得民"。

第五，以德治吏的政治主体文明。吏制是国家的干部制度，它既是政治文明的体现又是实现政治文明的组织和主体保证。在中国古代，人们认为"为政之要，惟在得人，用非其才，必难致治"④。重视官吏道德的修养和社会政治的清明，要求官员廉政勤政，遵纪守法，关心大众的疾苦，这是中国古代政治的又一特点。主要表现为：一是主张"以德修身，再施于政"。加强官吏的道德教育，不断提高他们的道德素质。"天子有德，能保天下"、"诸侯有德，能保其国"。百官有德而国治；百官无德，人主难安，天下必乱。从"天下一致而百虑，同归而殊途。夫阴阳、儒、墨、名、法、道德，此务为治者

---

① 《尚书·五子之歌》。
② 《孟子·尽心下》。
③ 《荀子·富国篇》。
④ 《贞观政要·崇儒学第二十七》。

也"①,到《周易》的"自强不息,厚德载物"和《礼记·大学》的"格物、致知、诚意、正心、修身、齐家、治国、平天下"的八德,是儒家政治"以德修身,再施于政"的典型表述。二是在选吏、任吏、察吏的标准上,选贤任能,坚持德才兼备。"置臣,得贤则治,失贤则乱。"②官吏"在任无德,其祸必酷;在位无能,其殃必大"。有德有才者,为治也;有德无才者,难治也;有才无德者,为乱也。"得贤者昌,失贤者亡"③,对于德才兼备的贤人,需要"知贤、爱贤、亲贤、尊贤、敬贤",进而"求贤、得贤、任贤"。

第六,"制度在礼"的政治礼乐文明。礼乐作为一种制度,与中国古代政治文明几乎是同步产生的。据史籍记载,传说中的尧就曾命令舜"修五礼",也就是制定吉、凶、宾、军、嘉五种礼仪。舜也曾命令伯夷"典三礼"、"为秩宗",④ 即主持天神、地祇、人鬼三种礼仪,确定等级秩序;又命令夔"为典乐,教胄子",即主持诗歌音乐教育,培养人才。随着古代宗教祭祀活动的发达,礼仪亦趋兴盛。所谓"度制",亦即文物典章制度,包括政治体制和纪纲法度。"制度在礼"反映了礼乐作为古代的文物典章制度,包括政治上的纪纲法度和日常社会生活中的行为规范,是中国古代社会协调发展的制度性保障。礼乐被制度化、法典化、神圣化,形成了一套完备的礼乐文化系统,从而最大限度地发挥了规范政治制度、强化道德教育、协调社会运行的功能,因此,礼乐成为历代统治者治理国家的工具。⑤

三、西方政治文明的历史沿革

政治文明是人类文明的重要组成部分,不同时代的政治文明有其

---

① 《论六家要旨》。
② 《北史》卷六十三。
③ 贾谊:《新书·胎教》。
④ 《史记·五帝本纪》。
⑤ 孙向军,戴木才:《走向中国政治文明》,江西高校出版社2005年版,第28页。

不同的特点,而不同国家和地区的政治文明,由于其社会、历史、文化传统各有不同,经济政治发展水平参差不齐,也不可能是一种模式。在当今世界,社会主义政治文明和资本主义政治文明之间会相互影响,彼此借鉴。建设社会主义政治文明,一个重要而复杂的课题就是要深入研究社会主义政治文明与资本主义政治文明的关系。江泽民在纪念中国共产党成立八十周年大会上指出:"世界是丰富多彩的,各种文明的多样性,是人类社会的基本特征,也是人类文明进步的动力。"社会主义要全面体现自己的优越性,既要继承人类社会文明的一切有益成果,又要创新性地推动社会物质文明、政治文明和精神文明的全面发展。

(一)西方政治文明思想的萌芽

现代汉语中的"文明"一词译自于英语"civilization",而"civilization"源于古希腊罗马时期拉丁语中的"市民"一词,与之密切相关的术语有"civis(公民或市民)"、"civilis(公民的、国家的)",它们大多有"教养"、"开化"等意思,与后来出现的"文明"概念直接相关。有趣的是,现代汉语中"政治"一词的英文"politics"源于希腊文的"polis(城邦)",它与古拉丁语"civis"、"civils"意义相同,也就是说"文明"与"政治"是同源的,概念是统一的。"文明"原本就具有"政治"的意义,而"政治"也具有"文明"的含义。

古希腊哲人亚里士多德曾断言"人是天生的政治动物",即人是天生离不开政治生活的,所以人类社会几乎一开始就是所谓的政治社会。人类在很早就开始了他们对于美好政治生活的探求以及良好政治制度和政治技术的安排和设计。古希腊罗马时期的"文明"与"政治"是同义的,都具有"教化"、"进化"和"开化"的意义,实际上是在培育一种"公民文化"。亚里士多德强调公民的道德观念,公民虽有财产、容貌、智力上的差别,但公民是平等的,大家都服从法律,参与公共事务的共同决策。著名华人学者林毓生在《"创造性转化"的再思与再议》一文中评述亚里士多德关于公民道德是政治的重要构成因素的观点时说:"古雅典所孕育出来的公民道德的观念及其实践,与亚里士多德以在政治过程中参与公共政策的决定来对人的特性及其能力之发展的界限,乃是西方文明的最主要渊源之一。"①政治的"文明"观念直接受到希腊"公民"观念的影响,文明概念包含了培育人和公民具有参加相对复杂、日益分化的政治生活和社会生活所必需的品质和能力。古希腊罗马时期尽管没有形成完整的"政治文明"观念,但是他们将政治、文明等概念与城邦、公民等密切联系起来,是西方政治文明概念的萌芽。②

(二)欧洲启蒙运动时期对政治文明的发展

在 18 世纪中叶的欧洲启蒙运动中,政治文明包含了城市中心主义和欧洲中心主义等多种意义。法国思想家米拉波侯爵在其名著《人类之友》一书里将"文明"概念引进政治学中,认为文明不仅是一种状态,而且还指一种行为,这是一种现代意义上的政治文明含义。"文明"的概念在政治的意义上得到了新的发展:第一,欧洲启蒙学者在规范政治文明概念的过程中继承了希腊人和罗马人的观念,将中心主义转化为城市中心主义和欧洲中心主义。城市中心主义认为唯有城市发展的地方,才可能创造复杂的文明。欧洲中心主义强调欧洲是"文明"和"有教养"的标志,是"有同样的时尚、同样的情感、同样的生活方式"。③ 欧洲以外被认为是野蛮社会,对外殖民则被认为是在政治上传播"文明"。第二,启蒙思想家把文明同人的内心信念统一起来,文明在政治上被用来表示个人和人类社会历史的进步。文明作为人类整体进步是指整个人类从野蛮状态向一个从未达到过的高级社会状态的发展。第三,启蒙思想家特别强调文明社会中的个人应遵守整个人类社会的生活规则和公民的道德。米拉波认为文明赋予社会以道

---

① 转引自刘军宁《市场逻辑与国家观念》,三联书店 1995 年版,第 245~246 页。

② 杨荣芳:《西方政治文明思想中的"政治文明"概念》,《深圳大学学报》2002 年第 6 期。

③ 诺曼·汉普逊:《启蒙运动》,台北联经出版公司 1984 年版,第 61 页。

德的原则和形式，这是人类群体从野蛮状态进入到高度文明的进步动力。第四，启蒙思想家将建立在理性和公正基础上的政治社会称为文明社会。文明的价值诉求反映了"处于很大变动当中的西欧产业社会，迫使人们去寻求社会总体的方向性是什么或者说应有的社会是一种什么样的形象"①。

(三)现代西方政治文明的特征

西方资本主义政治文明成果是人类文明成果的重要组成部分，在建立民主制度的过程中发挥了重要作用、具有积极的意义。社会主义民主是对资本主义民主的继承和发展，它应高于资本主义民主。为此，我们有必要研究资本主义政治文明中的特征：

第一，权力制衡制度和代议制度。"一切有权力的人都容易滥用权力"，"要防止滥用权力，就必须以权力制约权力"。② 所谓"三权分立"，指的是立法权、行政权、司法权这三权平行分设，地位平等，互不从属，而又互相制约。这一制度历经三百多年的发展与完善，成为资本主义法治的重要制度和基石，充分证实了西方国家运用权力、约束权力的原则，防止权力被少数人垄断和滥用，在维护政治稳定等方面的作用。现代民主政治的一个显著特点就是代议制政治。虽然各国都把人民主权作为指导思想，但现实中的任何国家都不可能使每一个人去直接掌握国家事务，直接行使国家权力。因此，作为间接实现民主形式的代议制成了现代西方政治文明中人民主权原则实现的基本制度选择。标志着人类自我管理水平、管理技术的巨大进步。列宁曾明确指出：如果"没有代表机构，我们不可能想象什么民主，即使是无产阶级民主"③。

第二，人权与公民权的政治理念。这是西方政治文明的逻辑起

---

① 中共中央党校科学社会主义教研室：《文明与文化》，求实出版社1982年版，第71页。
② [法]孟德斯鸠：《论法的精神》，商务印书馆1961年版，第154页。
③ 《列宁全集》第31卷，人民出版社1985年版，第45页。

点,也是构建政治文明的基本要素。马克思、恩格斯肯定了资产阶级关于平等和人权的要求,"特别是通过卢梭起了一种理论的作用,在大革命中和大革命之后起了一种实际的政治的作用,而今天在差不多所有的国家的社会主义运动中仍然起着巨大的鼓动作用"①。美国人权学家杰克·唐纳利认为:"一个战略,无论它在其他方面的吸引力有多大,如果要以牺牲政治参与、人权的享有和人的最高本质的展现为代价去实现物质进步,那它绝对是不完整的。"②人民主权是指人民是国家权力的终极所有者,是国家权力的源泉和控制者,实质是权力在民,人民当家作主。完整系统地论述这一思想的代表人物是法国思想家卢梭。"人民是一切事物的原因和结果,凡事皆出自人民,并用于人民。"③人民主权理念为解决国家权力和公民权利这一基本关系提供了一种指导思想和逻辑方法。公民权利是目的,国家权力是手段,国家权力存在的全部理由在于对公民权利实施有效保障。

第三,法治机制和政党政治。法制是自阶级和国家之后就产生了,但奴隶社会和封建社会的法制是人治。资产阶级首创了资本主义法制作为资本主义民主的"守护神"。把法制与民主结合起来,以法制保障民主,寓民主于法制之中。现代西方资本主义国家建立了政党制度,形成了政党政治。政党制度是现代国家政治体系的中枢,西方政党制度由专门的政党法或根本法的某些条款加以规定,使政党活动具有较高的制度化、规范化水平。

第四,政府职能和违宪审查制。纵观资产阶级政府发展的历史,曾经出现过"自由放任型"和"积极干预型"等不同的政府管理模式。当代资产阶级政府在积累了丰富的统治经验的基础上,不断转变政府职能,淡化行政管理,强化公共服务,把执法治理同公共服务结合起

---

① 《马克思恩格斯选集》第3卷,人民出版社1995年版,第444页。
② [美]杰克·唐纳利:《普通人权的理论与实践》,中国社会科学出版社2001年版,第238页。
③ [美]托克维尔:《论美国的民主》(上),商务印书馆1988年版,第64页。

来，把无限权力变为有限权力，把神秘政府变为透明政府。"宪法是国家的根本法，具有最高的法律效力，是一切机关、组织和个人的根本行为准则。"①其他法律和法律行为不得同宪法条文相违背。"宪法原则至上的思想""只有存在独立于政治权威的机构的保障，并且政治权威的行为还得接受审查的时候才是真实的"②。因此，违宪必须接受审查。其意义在于：一是保证立法机关制定的法律及行政机关的行为是人民或其代表意志的体现。二是保持一国的法律在宪法之下的统一性。目前有美国和欧洲两种典型的模式。在现代西方政治文明实践中，违宪审查制已是判断一个国家有无宪政的重要标志。

第五，普选制和监督机制。这是资本主义标榜民主与自由的一种形式，公民的直接参与反映了公民在国家政治生活中的地位和作用。从西方政治实践看，公民可以一定的方式参与新政府的产生、国家重大决策的出台、政府官员行为的评定等活动，而最重要的参与方式是选举。监督包括两个方面：一是国家权力之间的相互监督，即立法、行政、司法三权之间的监督；二是非国家权力对国家权力的监督，主要是政党、公民、社会团体、新闻舆论对国家权力的监督。西方经历了完整的社会发展形态，资本主义政治文明的建设已经进行了几百年，认真研究其有益成果并大胆加以吸收和借鉴，对我们建设社会主义政治文明很有意义。江泽民在十六大报告中指出：建设社会主义政治文明"要坚持从我国国情出发，总结自己的实践经验，同时借鉴人类政治文明的有益成果，决不照搬西方政治制度的模式"。

第三节 马克思主义关于政治文明的理论梳理

马克思、恩格斯关于政治文明的理论阐明了政治文明的起源和发

---

① 周叶中：《宪法至上：中国法治之路的灵魂》，《法学评论》1995年第6期。

② [美]路易斯·亨金等编：《宪政与权利》，三联书店1996年版，第54页。

展、地位和作用以及政治文明的有机组成，并设想了未来社会主义政治文明的理论框架，构成了完整的关于政治文明的思想体系。

一、马克思、恩格斯关于政治文明的理论

（一）政治文明是人类文明有机整体的重要组成部分

1844年，马克思在《关于现代国家的著作的计划草稿》一文中就"执行权力"这一问题直接使用了政治文明，提法是"集权制和政治文明"①。这里马克思把政治文明同集权制相对应，实际上是指出了政治文明的主要内涵。政治文明是指人们改造社会的政治成果的总和，是人类社会政治生活的进步状态，主要包括政治意识、政治活动和政治制度的进步等。政治意识体现的是政治文明的主观领域，主要包括有政治观点、政治理想、政治道德、政治态度、政治感情、政治传统等。政治意识必须通过政治活动才能实现，所以政治文明的另一重要组成部分就是政治活动。人们从事政治活动必须遵循一定的规范，这些规范的总和体现为政治制度，所以政治制度也理所当然地成为政治文明的重要组成部分。"这一特殊物（即政治制度）具有规定和管辖一切特殊物的普遍物的意义。"②所以，政治制度是政治文明的关键和核心。

恩格斯根据历史唯物主义的观点，在《德意志意识形态》一文中考察了人类文明产生的历史，把劳动产品的剩余和文字的出现作为由野蛮时代进入文明时代的标志，把原始社会制度的改造即阶级或等级的分野和国家权力的产生作为文明时代的一个重要特征。他指出"野蛮向文明的过渡"就是"部落制度向国家的过渡"③。在《家庭、私有

---

① 《马克思恩格斯全集》第42卷，人民出版社1979年版，第238页。
② 《马克思恩格斯全集》第1卷，人民出版社1956年版，第282页。
③ 《马克思恩格斯选集》第1卷，人民出版社1995年版，第104页。

制和国家的起源》中,他又精辟地提出了"国家是文明社会的概括"①。恩格斯说:"现在产生了这样一个社会,它由于自己的全部经济生活条件而必然分裂为自由民和奴隶,进行剥削的富人和被剥削的穷人,而这个社会不仅再也不能调和这种对立,反而必然使这些对立日益尖锐化。一个这样的社会,只能或者存在于这些阶级相互间连续不断的公开斗争中,或者存在于第三种力量的统治下……它被国家代替了。"②阶级和国家的出现,标志着人类社会开始了有组织的政治活动状态,也就是政治文明历史的起点。

(二)政治文明是人类政治活动由低到高、不断发展的进步状态

马克思、恩格斯认为,人类政治文明产生后始终是沿着逐步由低级形态向高级形态这样一个轨迹运行的。封建制政治文明比奴隶制政治文明更进步。奴隶制政治文明是在奴隶主阶级把奴隶当作私有财产的政治理念指导下建立的,是受当时生产力发展水平制约的奴隶主专制制度和人治方法的运用。封建制政治文明是地主阶级在把农民看作依附于土地的半自由人的政治理念指导下建立的,是由封建生产关系所决定的专制制度和人治方法的运用。而资本主义政治文明是新兴的资产阶级根据自由、平等、人权等政治理念和市场经济以及资本主义生产关系的要求,在与封建专制统治的斗争中,建立了资产阶级民主政治和法治文明。他们给了资本主义政治文明很高的评价,认为"资产阶级在历史上曾经起过非常革命的作用"③。资本主义政治文明是人类政治文明发展史上的又一个新阶段。

但是这三种政治文明都是处在私有制和剥削制度的社会,表现着剥削阶级对被剥削阶级的政治统治关系以及少数社会成员对多数社会成员的权利控制形式,因此新的形态的政治文明——社会主义政治文明的出现是必然的。它确立了人民当家作主的国家政权和人们相互间

---

① 《马克思恩格斯选集》第4卷,人民出版社1995年版,第176页。
② 《马克思恩格斯选集》第4卷,人民出版社1995年版,第169页。
③ 《马克思恩格斯选集》第1卷,人民出版社1995年版,第274页。

的平等关系,政治文明发生了质的变化。"随着阶级的消失,国家也不可避免地要消失。在生产者自由平等的联合体的基础上按新方式来组织生产的社会,将把全部国家机器放到它应该去的地方,即放到古物陈列馆去,同纺车和青铜斧陈列在一起。"①恩格斯认为这是人类社会政治权力在更高形式上向原始民主的复归,他引用摩尔根的话说:"这将是古代氏族的自由、平等和博爱的复活,但却是在更高级形式上的复活。"②

(三)政治文明在人类社会文明体系中的地位和作用

马克思、恩格斯认为任何一个社会形态都是一定的经济、政治和思想文化的统一体,任何形态的社会都是在经济基础、政治上层建筑和意识形态三者的结合和运动中向前发展的。关于三者的联系,马克思说:"人们在自己生活的社会生产中发生一定的、必然的、不以他们的意志为转移的关系,即同他们的物质生产力的一定发展阶段相适合的生产关系,这些生产关系的总和构成社会的经济结构,即有法律的和政治的上层建筑竖立其上并有一定的社会意识形式与之相适应的现实基础"。③ 恩格斯也指出:"政治、法、哲学、宗教、文学、艺术等等的发展是以经济发展为基础的。但是,它们又都互相作用并对经济基础发生作用。"④这些深刻地揭示了人类社会物质文明、政治文明和精神文明三位一体、不可分割的关系。

政治上层建筑对经济基础又具有反作用。综合马克思、恩格斯的有关论述,政治文明的反作用具体表现在以下三个方面:一是政治文明为物质文明和精神文明的发展提供了政治方向。马克思主义认为,政治一旦在一定的经济基础之上建立起来,就高于经济,表现出相对的独立性,以强制性的力量反作用于经济。恩格斯把政治或国家权力

---

① 《马克思恩格斯选集》第 4 卷,人民出版社 1995 年版,第 174 页。
② 《马克思恩格斯选集》第 4 卷,人民出版社 1995 年版,第 179 页。
③ 《马克思恩格斯选集》第 2 卷,人民出版社 1995 年版,第 32 页。
④ 《马克思恩格斯选集》第 4 卷,人民出版社 1995 年版,第 732 页。

对于经济发展的反作用概括为以下三种:"它可以沿着同一方向起作用,在这种情况下就会发展得比较快;它可以沿着相反方向起作用,在这种情况下,像现在每个大民族的情况那样,它经过一定的时期都要崩溃;或者是它可以阻止经济发展沿着既定的方向走,而给它规定另外的方向——这种情况归根到底还是归结为前两种情况中的一种。但是很明显,在第二和第三种情况下,政治权力会给经济发展带来巨大的损害,并造成人力和物力的大量浪费。"①恩格斯在这里虽然论述的是政治对经济的作用,但是对精神的作用也是适用的。政治在社会生活中的这种地位决定了物质文明和精神文明建设需要政治文明提供正确的政治方向。二是政治文明为物质文明和精神文明的发展提供了政治保障。安定团结的政治环境为物质文明、精神文明的健康发展提供了保障。马克思在《不列颠在印度的统治》一文中指出:"一次毁灭性的战争就能够使一个国家在几百年内人烟萧条,并且使它失去自己的全部文明。"②因此,如果没有政治文明的发展,没有进步的政治上层建筑的保护作用,物质文明建设将难以进行,甚至已经取得的物质文明成果也会流失。三是政治文明的发展是社会文明的关键。马克思、恩格斯认为,政治革命是社会革命的前提和关键,所以由政治革命所引起的政治文明的发展同样是社会文明进步的前提。首先,政治革命所导致的政治文明的进步是物质文明发展的杠杆。其次,政治文明的进步是精神文明发展的决定因素。通过政治革命,使得代表新的生产力的阶级获得了政治上的解放,极大地改变了人们自身的精神面貌,促进了精神文明的质的飞跃。③

(四)资产阶级政治文明是一种进步,但仍是一个阶级对另一个阶级的剥削

欧洲文艺复兴拉开了资产阶级政治文明发展的序幕,新兴的资产

---

① 《马克思恩格斯选集》第4卷,人民出版社1995年版,第701页。
② 《马克思恩格斯选集》第1卷,人民出版社1995年版,第763页。
③ 谢俊春:《试论马克思、恩格斯的政治文明思想》,《政治学研究》2003年第2期。

阶级利用大机器生产、发达的社会分工和商品经济摧毁了封建的经济制度和政治制度，"起而代之的是自由竞争以及与自由竞争相适应的社会制度和政治制度、资产阶级的经济统治和政治统治"①。资本主义政治文明的进步促进了资本主义物质文明的发展。马克思、恩格斯说："资产阶级在它的不到一百年的阶级统治中所创造的生产力，比过去一切世代创造的全部生产力还要多，还要大。"②但是，马克思、恩格斯认为，由于资本主义政治文明建立的基础仍然是私有制，维护的是一个阶级对另一个阶级的剥削和压迫，所以它有着自身不能克服的局限性。资产阶级民主实质上是资产阶级专政，是少数人的民主，对绝大多数劳动人民则是专政，其国家政权"不过是管理整个资产阶级的共同事务的委员会罢了"③。马克思、恩格斯指出：资本主义社会"所拥有的生产力已经不能再促进资产阶级文明和资产阶级所有制关系的发展；相反，生产力已经强大到这种关系所不能适应的地步，它已经受到这种关系的阻碍；而它一着手克服这种障碍，就使整个资产阶级社会陷入混乱，就使资产阶级所有制的存在受到威胁。资产阶级的关系已经太狭窄了，再容纳不了它本身所造成的财富了'④。马克思、恩格斯揭示了资本主义社会存在的社会化大生产与生产资料私人占有之间的矛盾，得出了资本主义必然灭亡、社会主义必然胜利的结论，随之而来的是社会主义政治文明必然代替资本主义政治文明。

（五）社会主义政治文明是人类历史上新的、更高类型的文明形态

马克思、恩格斯在《共产党宣言》和《法兰西内战》等著作中用浓重的笔墨勾画了未来社会主义社会的政治文明。虽然他们并没有社会主义政治文明建设的亲身实践，但是，通过对巴黎公社为代表的无产阶级建立新的民主制度和更高类型的政治文明的斗争总结，遵循人类

---

① 《马克思恩格斯选集》第1卷，人民出版社1995年版，第277页。
② 《马克思恩格斯选集》第1卷，人民出版社1995年版，第277页。
③ 《马克思恩格斯选集》第1卷，人民出版社1995年版，第274页。
④ 《马克思恩格斯选集》第1卷，人民出版社1995年版，第278页。

政治文明发展的客观规律，对未来社会主义社会的政治文明进行了天才的预见和科学的设想，体现了人类梦寐以求的崇高的理想价值，是社会主义国家乃至整个人类进行政治文明建设的指导思想和根本原则。①马克思、恩格斯认为社会主义政治文明之所以能成为更高类型的政治文明的原因是：第一，社会生产力的高度发展。社会生产力是人类社会发展和进步的首要的决定的力量，社会主义社会不仅要建立在生产力高度发达的基础上，而且社会主义制度确立后还要尽可能地增加生产力的总量，社会生产力的高度发展可以为社会主义政治文明奠定雄厚的物质基础。第二，消灭私有制，建立公有制。恩格斯指出："无产阶级将利用自己的政治统治，一步一步地夺取资产阶级的全部资本，把一切生产工具集中在国家即组织成为统治阶级的无产阶级手里。"②生产资料公有制的建立，使得强权、剥削、张扬两极分化的政治理念的根源得以消除，从而确立自由、平等、博爱的政治理念，产生集体主义意识、自主意识、民主法制意识等进步政治意识，培育社会公正、社会平等和社会共同富裕的价值取向，为社会主义政治文明奠定思想基础。第三，在社会主义条件下个人将逐步获得全面发展的条件，产生更进步的政治意识。私有制的消灭和生产力的高度发达，使私人利益和公共利益之间不再分裂，再加上教育的普及，就会为人的全面发展提供条件，"任何人都没有特定的活动范围，每个人都可以在任何部门内发展，社会调节着整个生产，因而使我有可能随我自己的心愿今天干这事，明天干那事"③。

二、列宁对马克思主义政治文明思想的丰富和发展

列宁在十月革命后领导俄国人民进行社会主义政治建设道路的探

---

① 谢俊春：《试论马克思、恩格斯的政治文明思想》，《政治学研究》2003年第2期。
② 《马克思恩格斯选集》第1卷，人民出版社1995年版，第293页。
③ 《马克思恩格斯选集》第1卷，人民出版社1972年版，第37~38页。

索中,提出并实践了一整套政治建设的路线、方针和政策,基本形成了一个政治文明建设的理论体系,对丰富和发展马克思主义的政治文明思想做出了巨大贡献。列宁的政治文明思想主要有这样一些内容①:

第一,关于民主的实质。列宁在他那著名的《苏维埃政权的当前任务》中阐释了苏维埃民主的本质特征:"苏维埃民主制即目前具体实施的无产阶级民主制的社会主义性质在于:第一,选举人是被剥削劳动群众,排除了资产阶级;第二,废除了选举上一切官僚主义的手续和限制,群众自己决定选举的程序和日期,并且有罢免当选人的完全自由;第三,建立了劳动者先锋队即大工业无产阶级的最优良的群众组织,这种组织使劳动者先锋队能够领导最广大的被剥削群众,吸收他们参加独立的政治生活,根据他们亲身的体验对他们进行政治教育,从而第一次着手使真正全体人民都学习管理。"②

第二,关于依法治国的思想。十月革命胜利后,有些人以为进入社会主义社会就无需太多的法律了。列宁尖锐地指出,建设社会主义,实现共产主义,仍然需要法律,需要依法治国。"假使我们拒绝用法令指明道路,那我们就会是社会主义的叛徒。"③他认为用法律治理国家、管理社会,是保证人民当家作主的主要手段。

第三,关于权力监督的问题。列宁指出,我们愈是要坚决主张有绝对强硬的政权,就愈是要有多种多样的自下而上的监督形式和监督方式,以消除苏维埃政权可能发生的弊病,铲除官僚主义,④ 防止国家公职人员由"社会公仆"变为"社会主人",确保人民当家作主的永久性地位。在列宁丰富的权力监督思想中,加强党内监督、群众监督及法律监督的思想具有突出的地位。

---

① 康天意:《列宁政治文明思想概述》,《理论学习与探索》2003 年第 5 期。
② 《列宁选集》第 3 卷,人民出版社 1995 年版,第 504 页。
③ 《列宁全集》第 36 卷,人民出版社 1985 年版,第 188 页。
④ 《列宁全集》第 3 卷,人民出版社 1995 年版,第 506~507 页。

第四，关于国家政权的改革。当国内战争结束、国家机关工作日趋正常后，列宁感到政权机关中的官僚主义愈演愈烈了，"不仅在苏维埃机关里有，而且在党的机关里也有"①，严重地影响苏维埃俄国社会主义的发展。列宁分析了俄国官僚主义产生的经济、政治和思想文化方面的根源，指出官僚主义给社会政治经济发展带来的危害，强调反对官僚主义的斗争是一个长期而艰苦的任务。

第五，关于党的建设问题。无产阶级政党取得政权并成为执政党后，面对的一个根本性问题就是如何在新的历史条件下加强党的自身建设，保持党的先进性。列宁在实践中探索了这个问题，形成了执政党建设思想的科学体系：一是党的建设的根本目标，即党要成为国家政治、经济、文化和社会组织。二是党的建设的主题是永远确保无产阶级先锋队性质，党员都要为维护党的巩固性、坚定性和纯洁性而努力提高自己。三是党的建设要坚持密切联系群众、民主集中制和党政职能分开的原则。四是要适应新形势的需要，进行执政党领导方式和执政方式的转变。②

列宁的政治文明思想是十分丰富的。它发展了马克思的政治文明思想，有效地指导了苏维埃俄国的政治文明建设，对经济文化落后国家的政治文明建设极具参考价值。特别是对正在进行社会主义政治文明建设的中国共产党来说，学习、借鉴列宁的政治文明思想更具有重要的现实意义。

三、中国共产党对社会主义政治文明的贡献

人类文明是一个历史发展过程，中国共产党历来以实现和发展人民民主为己任，以建设先进的政治文明为奋斗目标。中华人民共和国成立后，党开始了对建设中国式的社会主义政治文明的探索与实践。

---

① 《列宁选集》第4卷，人民出版社1995年版，第791页。
② 康天意：《列宁政治文明思想述论》，《理论学习与探索》2003年第5期。

党的三代领导集体把马克思主义基本原理与中国实际相结合，总结实践经验，创造性地提出了"社会主义政治文明"的概念、"三个文明"协调发展思想以及"怎样建设社会主义政治文明"的思想理论，为科学社会主义政治文明的理论发展提供了宝贵经验。

（一）中国共产党第一代领导集体对政治文明的初步探索

中华人民共和国成立后，中国共产党人开始对中国式的政治文明发展道路进行了艰苦的探索。以毛泽东为核心的党的第一代中央领导集体将马克思主义的无产阶级专政学说同中国革命与建设的具体实际紧密结合起来，逐步形成了人民民主专政理论，明确地把争取民主、建立民主政治作为中国的头等大事和中国革命的首要任务[1]，领导人民推翻了有着几千年封建传统的旧的政治制度，废除了旧的思想和政治行为，确立和巩固了社会主义政治制度，推进了社会主义政治意识文明、政治行为文明的建设，为社会主义政治文明的发展提供了宝贵的经验教训：第一，在政治理念方面，以毛泽东为代表的共产党人认为，社会主义政治是更高层次的政治，是人民民主专政的政治，是坚持民主集中制、充分体现社会主义制度优越性的政治；是依靠和相信群众、增强广大人民主人翁责任感、用教育和民主的方法处理人民内部矛盾的政治。第二，在政治文明的主体地位上，强调一切权力属于人民的思想，坚持全心全意为人民服务的宗旨，倡导"从群众中来，到群众中去"的群众路线。人类进入阶级社会到社会主义制度诞生之前，政治文明的主体始终是少数人，只有社会主义政治制度建立了，广大人民群众才能成为国家政治生活的主体。第三，在政治文明的制度变革上，社会主义政治文明否定了剥削阶级占统治地位的政治制度，它在制度建设方面的成果主要包括：人民民主专政的国体、人民代表大会制度的政体、中国共产党领导的多党合作和政治协商制度和民族区域自治制度。第四，在法制文明方面，毛泽东亲自主持了中华

---

[1] 孙向军、戴木才：《走向中国政治文明》，江西高校出版社 2005 年版，第 80 页。

人民共和国第一部宪法的起草工作。1954年10月第一届人大第一次会议通过的《中华人民共和国宪法》是我国第一部社会主义性质的宪法。此后，依据宪法相继制定了一些重要的法律法令，形成了社会主义新法制的基本格局，为以后的法制建设奠定了坚实的基础。

我国的社会主义政治是在具有几千年封建专制统治的历史基础上建立的，是由革命战争年代解放区的体制架构演变而来的，并且主要照搬了前苏联高度集权的模式。由于历史条件的局限，随着我国社会主义建设的全面展开，这种高度集权的政治体制与现代化建设越来越不相适应，十年"文革"将原有政治体制的种种弊端充分暴露出来，主要表现在：首先，对民主地位的认识不够明确，仅将民主视为调动群众积极性和达到集中的一种手段。其次，忽视、轻视法制，倾向人治。这些认识成为毛泽东晚年错误地发动"文革"的一个重要思想根源。再次，民主理论中许多正确的东西没有在实践中一以贯之地坚持下去，甚至在特殊的历史条件下还出现倒退和逆转的倾向，民主政治建设遭到破坏。最后，封建专制统治思想的遗毒冲击社会主义政治文明建设。"文革"十年是中国民主、法制建设也是政治文明建设遭到极大破坏的时期。①

（二）中国共产党第二代领导集体对社会主义政治文明的积极推进

党的十一届三中全会之后，在新的历史条件下，以邓小平为核心的党的第二代中央领导集体，通过对正、反两方面经验教训的反思，将马克思主义民主政治理论与改革开放和现代化建设的实践紧密结合，在解决"什么是社会主义"、"怎样建设社会主义"这一根本性的历史课题时，不但明确提出了建设社会主义物质文明和建设社会主义精神文明的命题，而且还把"建设社会主义民主政治"纳入到社会主义现代化建设的伟大目标中来。以政治体制改革为切入点，以制度建设为重点，深入而广泛地推进社会主义政治意识、政治行为文明和政

---

① 张萃萍：《党的三代领导集体对社会主义政治文明建设的探索》，《科学社会主义》2003年第3期。

治制度的建设，开辟了社会主义政治文明建设的新时代：

第一，在政治文明意识方面，把培养公民的政治文明意识作为建设政治文明的重要手段。改革开放拓宽了人们的政治视野，增强了民主意识；市场经济培养了公民自由、平等的民主观念，加深了人们对政治文明的理解；思想政治教育和法制教育提高了公民的政治责任感和法治精神，使人们主动参与到国家政治生活中来。①

第二，在政治文明行为上，坚决代表、维护和实现广大人民群众的根本利益是社会主义政治文明建设的核心和本质。在领导我国改革开放和现代化建设的过程中，邓小平要求全党把"人民拥护不拥护"、"人民赞成不赞成"、"人民答应不答应"等作为考虑问题的出发点和进行重大决策必须遵循的依据，把是否有利于提高人民群众的生活水平作为检验我们工作的最终标准。

第三，在政治文明制度建设方面，进一步完善人民代表大会制度、共产党领导的多党合作和政治协商制度，发展社会主义民主政治。邓小平明确指出："不搞政治体制改革，经济体制改革难于贯彻。"②并逐步形成了关于我国政治体制改革基本目标的思想。首先，基本政治制度方面，强调必须从我国社会主义初级阶段的国情出发，坚持走有中国特色之路，不能照搬西方的"三权分立"制度，但可以借鉴西方有益的文明成果。其次，民主制度方面，在党内民主制度建设上恢复和发展了党的集体领导制度和民主集中制，在基层民主制度上扩大基层民主权利。再次，党和国家的领导制度、干部制度方面，邓小平曾尖锐地提出，我国政治体制中存在的主要弊端就是官僚主义现象，权力过分集中的现象，家长制现象，干部领导职务终身制现象和形形色色的特权现象。③ 改革党和国家的领导制度，正是为了坚持和加强党的领导和党的纪律。最后，法制建设方面，邓小平在总结世

---

① 王宝林、张荣华：《党的三代领导核心对政治文明建设的重大贡献》，《发展论坛》2003年第8期。
② 《邓小平文选》第3卷，人民出版社1993年版，第177页。
③ 《邓小平文选》第2卷，人民出版社1994年版，第333页。

界社会主义兴衰成败经验教训的基础上,把民主建设与法制建设联系起来。他反复强调的一个观点就是:"为了保障人民民主,必须加强法制。必须使民主制度化、法律化,使这种制度和法律不因领导人的改变而改变。"①

(三)中国共产党第三代领导集体对社会主义政治文明的深入阐发

进入20世纪90年代,国际国内形势发生了广泛而深刻变化,全球范围内社会主义政治文明建设遭到了重大挫折。以江泽民为核心的党的第三代中央领导集体,从跨世纪的战略高度,以巨大的理论创新勇气和坚定的政治信念,以史为鉴地从理论和实践上对政治体制改革作了全面部署。江泽民首次提出"社会主政治文明"的概念,创造性地提出建设社会主义政治文明的重要思想,在理论上系统地阐发了社会主义政治文明的新理论,在实践中更是将社会主义政治制度、政治意识、政治行为文明建设推向了一个新的历史高度。为新世纪新阶段全面建设小康社会,促进社会主义物质文明、政治文明和精神文明协调发展,奠定了坚实基础:

第一,在政治意识方面,凸显政治价值观念。1995年9月27日,江泽民在党的十四届五中全会上发出"领导干部一定要讲政治"的号召。他说:"我们的高级干部……一定要讲政治。我这里所说的政治,包括政治方向、政治立场、政治观点、政治鉴别力、政治敏锐性。在政治问题上,一定要头脑清醒。"② 1996年3月3日,江泽民在参加全国人大、政协"两会"的党员负责同志会议上的讲话又突出地强调了"讲政治"的问题,并从六个方面对其重要意义作了深刻阐述,概括了有中国特色社会主义政治文明建设的基本内容。

第二,在党的建设方面,不断深化对共产党执政规律的认识,巩固共产党执政地位。世纪之交,党的执政条件和社会环境均发生了新的变化,以江泽民为核心的第三代领导集体,创造性地提出了"三个

---

① 《邓小平文选》第2卷,人民出版社1994年版,第146页。
② 江泽民:《领导干部一定要讲政治》,《人民日报》1996年1月17日。

第一章 阐释与考量：和谐社会与政治文明

代表"重要思想，从根本上回答了在充满挑战和希望的21世纪，我们党把自己"建设成为一个什么样的党"和"怎样建设党"这个基本问题，保证了社会主义政治文明建设能够沿着正确的方向前进。

第三，在法治方面，江泽民在党的十五大报告中首次明确提出了"依法治国，建设社会主义法治国家"的治国方略。九届人大二次会议通过的宪法修正案上规定："中华人民共和国实行依法治国，建设社会主义法治国家。"这标志着党的第三代领导集体对社会主义政治文明建设的认识和实践达到了新的水平。到目前为止，我国已基本形成了以宪法为核心的社会主义市场经济法律体系的基本框架。

第四，强调了"三个文明"全面协调发展的思想。江泽民在党的十五大报告中明确阐述了要建设有中国特色社会主义的经济、政治和文化。2002年5月31日在中共中央党校省部级干部进修班毕业典礼上，江泽民提出要把社会主义物质文明、政治文明和精神文明的协调发展作为我国全面建设社会主义现代化的目标。同年，江泽民在考察中国社会科学院时发表的重要讲话中指出："建设有中国特色社会主义，应是我国经济、政治、文化全面发展的进程，是我国物质文明、政治文明、精神文明全面建设的进程。"这里首次完整地提出了"三个文明"协调发展的思想。据此，中共十六大把"三个文明"建设的思想写入了党章。

第五，强调社会主义政治文明建设要坚持从我国国情出发，同时借鉴人类政治文明的有益成果。由于历史的原因，我国社会主义政治文明建设的起步较晚，政治文明的程度相对不高。与西方发达国家相比，不仅有着不同的经济状况，而且有着不同的政治制度、历史传统等。因此，我们在社会主义政治文明建设中，必须从我国的国情出发，既不能盲目照搬西方资本主义民主政治，也不能一概给予否定，而是应该取其精华、去其糟粕。

党的十六大确立的以胡锦涛为总书记的党中央，高度重视社会主义政治文明建设。2002年12月4日，胡锦涛在首都各界纪念《中华人民共和国宪法》公布施行20周年大会上的讲话中指出："党的十六大把发展社会主义民主政治，建设社会主义政治文明同建设社会主义物质文明、精神文明一起作为全面建设小康社会的重要目标,这是我们在建设中国特色社会主义实践中取得的新的重大认识,也是我们继续建设中国特色社会主义必须完成好的重大任务。"胡锦涛在党的十六届三中全会上的讲话中指出:"把人民代表大会制度坚持好、完善好,把中国共产党领导的多党合作和政治协商制度坚持好、完善好,对于发展社会主义民主政治、建设社会主义政治文明,对于巩固党的执政地位和我国社会主义制度,对于充分调动各方面的积极因素共同建设中国特色社会主义,意义重大。"

党的十七大报告又指出:"深化政治体制改革,必须坚持正确政治方向,以保证人民当家作主为根本,以增强党和国家活力、调动人民积极性为目标,扩大社会主义民主,建设社会主义法治国家,发展社会主义政治文明。"

党的几代领导集体对社会主义政治文明建设的艰辛探索,使中国社会主义政治文明建设的框架结构和逻辑体系经历了一个从创立到逐渐丰富、发展和完善的过程。我们必须坚持从中国的国情出发,在马克思主义基本原理指导下,建立适合中国国情的民主政治;把发展民主与健全法制紧密结合,坚定不移地实行依法治国方略;勇于进行理论创新、制度创新、体制创新,稳步推进民主政治文明进程;在坚持和完善中国的基本政治制度的前提下,充分吸收世界各国包括西方发达国家政治制度中的一切有利于社会主义政治文明建设的文明成果。这就是半个多世纪以来我国社会主义政治文明建设的主要经验,也是中国共产党进行政治文明建设艰难探索的基本成果。①

---

① 孙向军、戴木才:《走向中国政治文明》,江西高校出版社2005年版,第93页。

第二章 主导与保证：政治文明建设在和谐社会进程中的地位与作用

党的十七大报告在十六大确立的全面建设小康社会目标的基础上对中国的发展提出新的更高要求："增强发展协调性，努力实现经济又好又快发展；扩大社会主义民主，更好保障人民权益和社会公平正义；加快发展社会事业，全面改善人民生活；建设生态文明，基本形成节约能源资源和保护生态环境的产业结构、增长方式、消费模式。"很显然，构建和谐社会和发展社会主义民主政治是小康社会的两大重要内容和两项重要条件，即政治建设和社会建设。社会主义政治文明建设的提出是对社会主义建设布局在物质与精神基础上的进一步明确化，其根本目标是推动生产力的不断发展，推动人民生活的不断提高，推动社会的全面进步。

第一节 政治文明建设在我国和谐社会进程中的地位

社会主义政治文明建设是和谐社会的题中之义；和谐社会是社会主义政治文明深化发展的有力保证；和谐社会与政治文明统一于全面建设小康社会之中；加强社会主义政治文明建设，为和谐社会的构建保驾护航。和谐社会的建设是一个过程，在这个过程中，政治文明建设居于主导地位，发挥着主导作用。本书通过和谐社会这一视角来探究社会主义政治文明建设，以便对这两者有更深层的认识。

一、政治文明是人类社会发展的产物

如前所述,文明是指人类社会的进步状态,是人类创造的一切积极成果的总和,它包括经济、政治、文化和社会等诸方面的内容。政治是经济的集中体现,生产力发展到文明时代的水平,政治也就必然进入到与文明时代相适应的阶段,因此,政治文明是与经济和社会文明同步产生发展的成果。随着社会化的大生产、发达的商品市场经济以及资本主义商品贸易的对外拓展,资本主义经济逐步成为世界性的经济。资本主义经济的发展又不断推动政治和文化进入更高层次的文明阶段,于是就有了资本主义和资产阶级的物质文明、政治文明和精神文明的辉煌时代。马克思、恩格斯在《共产党宣言》中,对资本主义创造的伟大文明成就给予了充分的肯定,认为资本主义创造的文明是包含经济、政治和精神几个方面巨大成就的比较全面的文明,是人类文明发展的合乎逻辑的历史新阶段。关于资本主义创造的物质文明成就,马克思、恩格斯在《共产党宣言》中说道:"资产阶级在它的不到一百年的阶级统治中所创造的生产力,比过去一切世代创造的全部生产力还要多,还要大。"①在政治文明方面,马克思指出:"资产阶级的这种发展的每一个阶段,都伴随着相应的政治上的进展……从大工业和世界市场建立的时候起,它在现代的代议制国家里夺得了独占的政治统治。"②总之,资产阶级在推进、创造人类文明方面,起到了"非常革命的作用"。对资产阶级创造的物质和精神文明的贡献和意义,人们曾给予很大的关注和肯定。但对于资本主义发展和推进的政治文明,由于一些复杂的原因,主要是"左"的指导思想的影响,则对之研究和肯定得不够,这也影响了我们推进社会主义文明建设发展的步伐。

在马克思主义的经典文献中,马克思、恩格斯并没有对物质文

---

① 《马克思恩格斯选集》第1卷,人民出版社1995年版,第277页。
② 《马克思恩格斯选集》第1卷,人民出版社1995年版,第274页。

明、精神文明和政治文明的概念给予界定和划分。他们曾就人类生产和劳动的历史，提出"物质劳动"、"物质生产"和"精神劳动"、"精神生产"的概念。我们党后来把社会主义的文明建设归纳为物质文明和精神文明两个方面，就是以马克思主义这一历史的划分为基础的。随着人类文明历史的不断推进，人们对文明的认识也在不断地深化。政治文明概念的提出，表明我们党对人类文明特别是社会主义文明的认识和理解达到了一个新的高度。

马克思主义认为："社会不是坚实的结晶体，而是一个能够变化并且经常处于变化过程中的有机体。"[①]和谐社会是社会运行和发展的理想状态，是由许多因素按照一定的方式所组成的复杂结构，政治文明并不是游离于和谐社会之外的自然过程，而是它的题中应有之义。从某种意义上说，和谐社会总是首先表现为具有先进的政治制度和政治机制，以及这种制度和机制的和谐、有效地运行，进而使人民的意志和权益得到较多的尊重和保护。社会主义政治文明建立在人民群众享有不同形式的生产资料所有权和支配权的基础之上，人民通过各种形式和途径享有管理国家和社会事务的一切权利，国家政治机器的设置、运转，政治制度的建立、运行，以及政治组织从事的活动，都以人民群众的根本利益的实现为出发点和落脚点。政治地位平等、经济利益一致为社会和谐创造了坚实的基础。所以，社会主义政治文明为构建和谐社会打下了基本框架。

二、政治文明是人类文明的重要组成部分

人类文明是一个综合的历史进程，但在内容上包含物质、政治和精神各自相对独立的发展历史。马克思虽然没有对政治文明的概念明确界定，但从他以下的论证中却可以得到肯定的理解：其一，从马克思主义社会形态理论中可以看出，政治文明是包含在人类文明之中的。社会形态是与生产力相联系的经济基础和上层建筑的统一体。上

[①] 《马克思恩格斯选集》第2卷，人民出版社1995年版，第102页。

层建筑包含政治上层建筑和思想意识文化上层建筑两个部分。政治上层建筑的成就就是政治文明，思想意识文化上层建筑的成就就是精神文明，因此，政治文明理应包含在人类文明的总的成果之中。其二，从社会的基本矛盾运动规律看，生产力和经济基础制约和决定着生产关系和上层建筑。上层建筑对经济基础、生产关系对生产力在一定条件下也有巨大的反作用。政治上层建筑包括理论、观念、制度、机构和权力体系等，有其特定的内容和属性。例如，国家机器、国家管理机构、政治权力体系、政党制度与体系、国体和政体的形式结构、国家和政府的职能等，都是具有相当系统、实在的内容，是在几千年的文明发展中逐步积累演变成的。政治文明的成果既具有历史发展的延续性，又具有阶段演进中质的差异性。政治文明与物质文明和精神文明在内容上具有很大的交叉性和渗透性，但物质文明与精神文明的概念不能完全包含和囊括政治文明的所有内容，把政治文明从文明体系中独立分离出来是符合科学要求的。

　　政治文明与人类其他文明同时产生、同步发展，是人类文明的重要组成部分。把政治文明排除于人类文明的进程之外，就会造成对文明概念不完整的理解和对文明建设的不利影响。可以肯定地说，人类在政治方面所创造的文明成就丝毫不亚于物质文明和精神文明方面所取得的成就。政治文明的核心是国家。恩格斯在《家庭、私有制和国家的起源》中谈到国家这一最典型的政治文明成果时，论证了国家产生与消亡的历史规律。国家的产生是国家与社会的分离，而国家的消亡又是国家与社会的回归与统一。在国家的历史发展中，它必然要表现为阶级性和社会性的双重性质。作为阶级属性的国家，它是阶级统治的强力组织。作为社会属性的国家，它又是公共的社会管理的组织。政治文明是人类文明中的一个重要组成部分，合乎逻辑地包含在马克思主义历史观视野当中。

三、政治文明建设在我国和谐社会进程中处于主导地位

　　马克思说过："物质生活的生产方式制约着整个社会生活、政治

第二章 主导与保证：政治文明建设在和谐社会进程中的地位与作用

生活和精神生活的过程。"①这里说的物质生活、政治生活和精神生活，大体上可看作物质文明、政治文明和精神文明。"三个文明"的关系是：物质文明是基础，它决定着政治文明和精神文明的发展状况和进步程度。政治文明、精神文明又对物质文明的发展起着促进或者阻碍的反作用。政治文明决定精神文明的发展，精神文明对政治文明的发展也起着促进或者阻碍的反作用。"三个文明"之间的关系表明了政治文明的主导地位。认识和把握"三个文明"之间的辩证关系，明确政治文明在整个社会发展中的地位有利于我们实现"三个文明"的协调发展和全面进步。

文明发展到今天，政治文明的主导作用日益彰显。当今世界各国，经济的发展和社会的进步主要靠两大车轮来带动：一个是生产力的发展和科技的进步；一个是对经济和社会公共事物的高效管理。世界各国都在竭力推动这两大车轮的转动，以达到自己国家的政治稳定、经济繁荣和社会进步。在社会管理这个车轮的运转中，政治与行政管理是主要和基本的东西。在这方面管理得好坏及其成败，不仅关系到政府的声望和效率，甚至关系到国家的命运和社会的兴衰。20世纪的历史发展证明，包括政治和行政体制改革在内的全面改革的浪潮席卷全球，强调政府运作的高效、精干和廉洁，是各国政治与行政改革的重要目标。政府的管理和决策能力甚至被认定为一个国家的综合国力的重要内容。由此可见，经济改革与经济建设、政治改革与政治建设、文化改革和文化建设，即我们讲的物质文明、政治文明和精神文明的三位一体的文明建设，是现代国家间竞争和发展的综合内容。

江泽民在2002年5月31日中共中央党校省部级干部进修班毕业典礼上的重要讲话中指出，发展社会主义民主政治，建设社会主义政治文明，是社会主义现代化建设的重要目标。2002年7月16日，他在中国社会科学院发表的重要讲话中又指出，建设有中国特色的社会主义应是我国经济、政治、文化全面发展的进程，是我国物质文明、

---

① 《马克思恩格斯选集》第2卷，人民出版社1995年版，第32页。

政治文明、精神文明全面建设的进程。在这里，他提出了建设社会主义政治文明的重要思想，同时也指明了政治文明在我国社会主义文明中的地位。政治文明的建设既不能由物质文明所代替，也不能由精神文明所包含。政治上层建筑是具有相对独立性的东西，它对一定社会的发展既可以起到巨大的推动作用，也可以起到很大的阻碍作用。

在社会主义和谐社会的建构中，积极推进社会主义政治文明建设，努力建设具有中国特色的政治制度和稳定、和谐的政治秩序，是构建社会主义和谐社会的本质要求和现实需要。如果把建设和谐社会作为人类社会发展的一个进程，那么高度的社会主义政治文明是社会主义和谐社会的本质特征，是社会主义和谐社会区别于人类历史上其他任何社会形态的根本所在。

首先，我国以现行社会政治制度为核心的社会主义政治文明为社会主义和谐社会的建构奠定了基础。邓小平指出："我们的党和人民浴血奋斗多年，建立了社会主义制度。尽管这个制度还不完善，又遭受了破坏，但是无论如何，社会主义制度总比弱肉强食、损人利己的资本主义制度好得多，我们的制度将一天天完善起来，它将吸收我们可以从世界各国吸收的进步因素，成为世界上最好的制度。"① 作为人类历史上最先进的社会形态的一个最基本的特征，就是它在本质上体现或反映了中国最大多数人民群众的根本利益和要求。以此为目标和内涵的社会主义政治制度的建立和建设，从根本上规定和体现了当代中国先进的社会主义社会的性质。因此，我国社会主义政治文明建设的初步成果，既为社会主义和谐社会的构建奠定了政治基础，同时也显现了社会主义和谐社会的基本特征。

其次，积极推进社会主义政治文明建设是构建和谐社会的必要条件和根本保证。在建设社会主义和谐社会的实践中，物质文明建设是基础，精神文明建设是智力支持和精神动力，而政治文明建设是整个社会有序运行的关键和保障。民主与法治是社会主义和谐社会的首要特征，也是政治文明建设的核心内容。建设社会主义政治文明，就是

---

① 《邓小平文选》第2卷，人民出版社1994年版，第337页。

第二章 主导与保证：政治文明建设在和谐社会进程中的地位与作用

共产党领导和支持人民当家作主，最广泛地动员和组织人民群众依法管理国家和社会事务，管理经济和文化事业，维护和实现人民群众的根本利益。公平、正义是和谐社会的重要特征，政治文明建设的作用在于通过法律法规，建立和完善利益分配机制，协调利益关系，妥善处理人民内部矛盾。和谐社会必定是人与人诚信友爱的社会。政治文明建设，有利于培养人们内心的宽容、博爱，有利于规范人们的行为，从而形成诚信友爱的社会风气。和谐社会必定是充满活力的社会。活力源自社会对劳动、知识、人才、创造的尊重，激发社会资源的活力竞相迸发，促使创造社会财富的源泉充分涌流。和谐社会必定是安定有序的社会，政治文明的功能在于建构社会良好的运行机制，以及化解矛盾的长效机制，促进社会的长治久安。和谐社会也必定是人和自然和谐的社会。政治文明建设通过立法、执法确定人和自然和谐相处的基本原则，抑制或打击破坏自然环境的行为，从而确保经济社会的可持续发展。

再次，加强政治文明建设是构建社会主义和谐社会的重要课题。改革开放三十多年来，我国经济持续高速增长，人民群众的生活水平不断提高，社会各项事业也得到了长足发展。然而，随着经济的发展和改革的深入，政治制度的科学性、政治运作的合理性，以及如何更有效地对既有的政治资源进行配置等问题逐渐凸显出来。开明的、先进的政治制度是构成和谐社会不可或缺的基石。今天，亿万中国人民正在致力于建设社会主义和谐社会，加强社会主义民主制度建设，这既是我们的奋斗目标，也是建设和谐社会所必需的、最根本的保障。没有先进的、体现着高度民主和法制原则的社会政治制度，就不会有真正的社会主义和谐社会，就谈不上建设社会主义和谐社会。同时，社会主义和谐社会是一种发展、进步的新型的社会形态，它既坚持和体现了社会主义社会的本质属性，同时又根据时代的发展和社会的进步融入了许多全新的社会理念。因此，社会主义和谐社会建设目标的确立与提出，是对我们的社会政治制度和政治理念的建设与构建提出了新的标准和要求，尤其是需要作为社会主体的人们具备与之相适应的一些新的政治意识与政治行为。除了长期以来一直大力倡导的民主、法制的原则和理念之外,还应包括一些与和谐社会相适应的"和谐"的政治思维与理念,努力形成这样一些全新的政治理念与思维,积极创设宽松和谐的思想舆论环境,是构建社会主义和谐社会的政治保障。

第二节 政治文明建设在我国和谐社会进程中的作用

政治文明建设作为当今人类共同面临的任务和主题,如同物质文明、精神文明建设一样,在整个社会文明建设中具有无可替代的作用。为保证中国政治文化始终保持健康发展的趋势,应当建构政治意识的核心价值体系,形成共同的价值取向、规范体系和行为准则,真正发挥政治文明的导向作用、规范作用和创新作用等。

一、政治文明建设的导向作用

政治文明引导社会的发展。人类社会的发展既是一个自然的过程,也是一个自觉的过程。自然的过程是指人类社会基本矛盾的运动势必推动社会由低级形态向高级形态发展,这种发展的必然趋势是不以任何人的意志为转移的。自觉的过程是指任何社会的发展都需要人的介入,是人类有意识、有目的的活动,因而必然有一个价值选择和目标确定的问题。在文明社会,政治文明带有全局性和根本性特点,它以其特有的结构形式和功能设置,影响和制约着其他社会文明发展的方向,以其特有的权威和能量引导、控制社会的发展方向。历史上和现实中不同社会形态的政治文明都充当着这样的角色,承载着这种使命。社会主义是全面发展、全面进步的社会。社会主义现代化是物质文明、政治文明和精神文明协调发展的事业。建设政治文明是社会主义社会全面进步的需要,也是人的自由全面发展的基本前提。从这一意义上说,政治文明建设与社会主义的价值取向是一致的。

政治文明的导向作用在于其有着明确的价值目标。社会生活中的

第二章 主导与保证：政治文明建设在和谐社会进程中的地位与作用

各项工作都是在一定的思想理论指导下进行的。一定的思想理论代表着一定的政治观点或价值取向。物质文明建设需要政治文明为其提供确定的政治方向，不同时代、不同阶级所进行的物质文明建设都是围绕着一定的利益关系和价值目标展开的。封建社会统治阶级组织兴建大型的水利工程和坚固的防御工事，目的是为了巩固其统治地位；资产阶级推进工业化和现代化，是为了资本主义社会的长治久安。我们进行现代化建设必须有正确的政治方向，明确实现四个现代化的根本前提。针对有些人将现代化等同于"资本主义化"的错误认识，邓小平提出"在改革中坚持社会主义方向"的问题，反复强调"我们要实现工业、农业、国防和科技现代化，但在四个现代化前面有'社会主义'四个字，叫'社会主义四个现代化'"①。离开政治文明，物质文明将失去方向指引，精神文明将失去制度的规范保障。② 在现代化建设进程中，经济建设起着根本性的基础作用，但现代化毕竟是人们整个社会生活的现代化。人们总是在一定的社会关系中生活，特别是在政治生活的背景下从事经济建设，单纯的经济建设从来是不存在的。通过政治体制改革走向政治现代化，是实现中国特色社会主义现代化的重要步骤。政治文明关系到社会稳定、协调与健康发展的状况和进程，决定着物质文明发展方向和精神文明本质特征。

政治文明的导向作用集中体现为执政党的政治理想、政治原则的正确性与先进性。"三个代表"作为我们党的根本指导思想，其核心内涵是发展先进生产力和先进文化，坚持人民利益至上，一切为了人民，这是一切路线、方针、政策的出发点。在政治理想和政治原则确立之后，政治文明程度主要体现为各级领导干部政治素质的高低，包括马克思主义的理论修养、党性观念、政策水平、群众观点、民主作风、法制意识等，其中最重要的是高度的党性与人民性，坚持对党负责和对人民负责相统一的价值取向。③

---

① 《邓小平文选》第 3 卷，人民出版社 1993 年版，第 138 页。
② 刘钰：《第三种文明》，南京大学出版社 2004 年版，第 66 页。
③ 刘钰：《第三种文明》，南京大学出版社 2004 年版，第 67 页。

政治文明的导向作用通常是以制度为载体的。制度文明是衡量一个社会政治文明程度的客观尺度，其标准是合理分配与规范行使社会政治权力。制度建设是政治文明的基础性工程，如果没有科学合理的政治法律制度，即使有正确的路线、方针、政策，也难以得到有效的贯彻和实施，也不可能有规范、道德的政治行为。

发挥政治文明的导向作用必须注重政治文明意识的培育。政治文明发展状况如何，民主政治完善与否，同全社会范围内包括民主意识、法制意识等在内的政治文明意识密切相关。我国曾发生过"文革"那种破坏民主的悲剧，一个重要原因是我们没有注重政治文明意识的培育，或以为是已经解决了的问题，或当作无需解决的问题看待。正如邓小平所说：民主意识的缺乏，"多少都带有封建主义色彩。封建主义的残余影响当然不止这些。还有，如社会关系中残存的宗法观念、等级观念；上下级关系和干群关系中在身份上的某些不平等现象；公民权利义务观念薄弱；经济领域中的某些'官工'、'官商'、'官农'式的体制和作风"①，等等，都是需要在政治体制改革中解决的问题。

精神文明建设的政治方向以马列主义、毛泽东思想、邓小平理论和"三个代表"重要思想为指导，坚持党在社会主义初级阶段的基本路线。坚持精神文明建设的这一政治导向，是社会主义制度的本质要求。精神文明建设需要政治保障条件，任何时代国家的精神文明建设都离不开政治权力的扶持，尤其像中国这样经济、文化比较落后的国家，更需要政治文明的牵动。没有政治文明发展提供的前提条件和政治保障，精神文明建设的奋斗目标只是一句空话。我们进行的精神文明建设，以经济建设为中心，坚持四项基本原则和改革开放，弘扬民族精神又体现时代精神，立足本国实际又面向世界。精神文明建设与党在社会主义初级阶段的基本路线是一致的。

就政治与道德的关系而言，政治直接制约着道德的形成、巩固和发展。一定的社会经济关系一旦由国家法律所确定，反映和维护这种

---

① 《邓小平文选》第2卷，人民出版社1994年版，第334页。

关系的政治原则和道德规范也就随着实践逐步得以形成与认同。邓小平说:"社会主义的经济是以公有制为基础的,生产是为了最大限度地满足人民的物质文化需要,而不是为了剥削……我国人民能有共同的政治经济社会理想,共同的道德标准。"[1]没有文明的社会政治,不可能有文明的社会道德。无产阶级的政治理想和追求,社会主义的政治原则和制度,必然要求建立与之相适应的道德观念。十四届六中全会通过的《中央中共关于加强社会主义精神文明建设若干重要问题的决议》指出:"社会主义道德建设要以为人民服务为核心,以集体主义为原则,以爱祖国、爱人民、爱劳动、爱科学、爱社会主义为基本要求,开展社会公德、职业道德、家庭美德教育,在全社会形成团结互助、平等友爱、共同前进的人际关系。"这些内容充分体现着社会主义制度的政治内涵。[2]

二、政治文明建设的规范作用

社会发展的根本动力在于生产力的发展。人是生产力诸要素中最活跃、最积极的因素,能否调动人的主观能动性,是决定生产力发展程度的关键。而作为有意识的人,尽管需要层次不同,生理和心理结构有异,但有一点是共同的,这就是每个人的行为都是由某种动机驱使的。这种动机的萌发又都是由其利益和需要的满足程度决定的。随着社会的进步和人类的发展,人的需要不断地向更高层次演进。政治文明建设恰恰为这种愿望的满足开辟了途径,政治文明所培育的公民文化提高了人类的参与意识与参与能力,政治文明发展过程中逐步实现的参与扩大化,为生产力的发展和现代化进程提供了良好的精神动力。政治文明所提供的决策机制,使得各种决策越来越趋于科学与民主,以此规定着整个社会的正确发展方向。

政治文明是反映特定社会物质文明和精神文明建设中制度化、规

---

[1] 《邓小平文选》第2卷,人民出版社1998年版,第167页。
[2] 刘钰:《第三种文明》,南京大学出版社2004年版,第68页。

范化水平的重要标志。政治文明之所以具有规范作用主要在于制度因素。政治制度对整个社会生活的影响和作用,无论在广度、深度和强度上,都是其他规范所无法比拟的。它以其特有的结构功能影响、制约着其他社会制度发挥作用,以其特有的权威形式引导、保证社会发展方向;其他的社会制度与社会规范则服从和服务于政治制度的内在要求,在政治制度允许的范围内发挥自己的作用。政治制度文明决定和影响着政治文明的发展,而政治制度是否具有广泛的阶级基础,集中体现和维护什么人的利益,是否与其他社会制度体系的功能相适应,可否容纳、代表社会各方面的利益要求,能否根据社会发展要求进行及时有效的变革调整,决定着社会制度的文明程度与功能发挥。江泽民在十六大报告中指出:"要着重加强制度建设,实现社会主义民主政治的制度化、规范化和程序化。"民主政治的"制度化、规范化"界定的是社会主义民主的具体内容,"程序化"强调的是把实现社会主义民主内容的方法、手段规范化。从民主政治发展的一般要求来看,既要培育公民和从政人员的政治文明观念,提高其素质,又要加强国家政治生活的制度化建设,规范人们的政治行为。

首先,政治文明的规范作用主要是政治规范。在我国即是用四项基本原则来指导政治文明建设、指导一切政治工作。坚持四项基本原则,也就是坚持社会主义道路,坚持无产阶级专政即人民民主专政,坚持共产党的领导,坚持马列主义毛泽东思想。政治规范作用就是要用四项基本原则引导人们坚持正确的政治方向,坚持国家主导意识形态;用四项基本原则监督和评价人们的思想和行为,对违背四项基本原则的思想和行为给予最严厉的制裁。坚持四项基本原则的政治规范作用,有利于巩固经济基础和国家政权,有利于保障公民的基本权力,有利于推进依法治国,促进政治文明建设。

其次,发挥政治文明的规范作用,关键是加强民主法制建设,建立完备的法律体系,将我国建设成为一个社会主义现代化的法治国家。民主政治作为现代社会先进的组织形式,是人类社会文明进步的标志,是衡量一个社会是否现代化的重要参数。实现民主政治,必须明确政治主体的法律地位,规定各种政治关系,规范各种政治行为,

第二章 主导与保证：政治文明建设在和谐社会进程中的地位与作用

保证各种政治制度依法运行，形成良好的法治社会环境。为此，必须将法律手段作为治理国家的基本方略，真正做到有法可依、有法必依、执法必严、违法必究，使充分体现人民意志的法律法规在国家的政治生活、经济文化生活和社会生活中具有至高无上的权威。在尽快形成具有中国特色的完备的法律体系的同时，进一步深化行政体制改革，坚持依法行政的原则，形成高效、协调、规范的行政管理体制，强化监督制约机制，形成有效的监督制约体制，普及法律知识，增强全民法制观念，奠定依法治国的思想基础。

再次，政治文明的规范作用体现在法律与道德两个方面。江泽民指出："法律和道德作为上层建筑的组成部分，都是维护社会秩序、规范人们思想和行为的重要手段，它们相互联系、相互补充。法治以其权威性和强制手段规范社会成员的行为。德治以其说服力和劝导力提高社会成员的思想认识和道德觉悟。道德规范与法律规范应该相互结合，统一发挥作用。"[①]道德文明体现政治文明，并受政治文明的制约。如果说道德文明是指个人及社会在道德观念、规范和行为上的进步程度，那么道德文明反映在政治领域中是政治思想、制度及其行为的合理性、先进性或道德性，检验的标准应该看其是否符合历史发展的前进方向和社会大多数人的利益。例如，关于人民是社会的主人、人民利益高于一切的政治思想，政府官员克己奉公、勤政为民的政治行为以及正义感与事业心的政治责任，都属于社会主义新时代的新道德、新风尚的范畴。没有高度的政治文明，就没有高尚的社会道德文明。很难设想，一个政治不文明的国家，能有全社会良好的道德风尚的形成，当一个国家的政府官员缺乏政治良心和政治责任感时，怎能寄希望于社会其他成员有纯洁高尚的道德？将依法治国和以德治国有机结合起来，要充分运用法律与道德相互渗透的特点，将一些道德要求上升为法律或纪律规范，又使道德要求中包含着法律规范，用依法

[①]《江泽民论有中国特色社会主义》（专题摘编），中央文献出版社2002年版，第336页。

治国促进以德治国，用以德治国保证依法治国。①

社会主义政治文明作为人类文明史上一种新型的政治文明形式，不可能一开始就表现得尽善尽美，更何况是在像中国这样的经济、政治、文化比较落后的的国家。我国进行的政治体制改革和民主法制建设，主要任务在于建立和健全与社会主义政治文明相适应的民主制度和程序，并在不断丰富的政治实践中把民主原则同执政党的领导方式、组织方式联系在一起，同政府的各项职能和工作联系在一起，同人民群众的民主实践联系在一起，用制度化、规范化的程序来体现人民在经济、政治、文化、社会生活中的主体地位，以党内民主推进人民民主。高度健康的政治文明是党发展壮大的最根本的内在因素。建党80多年来，我们党取得的一切伟大成就，都是长期坚持政治文明的结果。党的民主集中制，三大优良作风，三大法宝，都是政治文明的重要组成部分。十四届四中全会在《关于加强党的建设几个重大问题的决定》中指出："发扬党内民主必然推进人民民主，这也是建设社会主义民主政治的一条重要途径。"党内民主对社会具有示范效应。共产党员把在党内生活中培养的民主意识和民主作风带到各级组织中去，带头切实推进人民民主，就可以有效地促进社会主义民主政治建设。

三、政治文明建设的整合作用

任何社会都有各种错综复杂的矛盾，正是这些矛盾推动了社会的发展和变革。为了把各种矛盾和冲突控制在社会承受能力允许的范围之内，政治文明为社会成员提供关于政治关系的规则体系，制度化、程序化的规范和行为准则，为各种利益的协调和分配提供结构、机制和方法，为适应外部环境变化和内部系统诸要素相互关系的变化、容纳和疏导社会矛盾提供渠道和调控手段，特别是以占据主导地位的政治理念统一全社会的意志和利益，以特有的政治社会化形式培育适应

---

① 刘钰：《第三种文明》，南京大学出版社2004年版，第69页。

时代需要的现代公民,从而保障政治和社会有秩序、有规则地运行,从这个意义上讲,政治文明能创造安定的政治环境,培育理想的社会秩序。当然政治文明的作用发挥得如何,还取决于它的性质。社会主义政治文明是人类历史发展长河中最高类型的政治文明,是代表最广大人民群众根本利益的政治文明。加强有中国特色社会主义政治文明的建设,必须发挥政治文明的协调整合作用。这种协调整合作用具体表现在三个方面:

一是对社会矛盾的政治沟通作用。在现代民主政治系统结构中,随着政治文明的发展,平等的政治主体之间特别是权力精英之间形成了制衡关系,政治权力具有了更广泛的社会基础和代表性。功能结构合理的政治系统使得各种社会群体的利益表达有通畅的渠道,通过政治讨论、民主协商实现政治沟通与对话,各种社会矛盾可以及时释放,不易因矛盾和冲突的日积月累而酿成危机,如果制度性地排斥不同信息,尤其是反对的声音,往往会使当局对民意的变化和社会危机的触觉变得迟钝。

二是对社会矛盾的协调作用。随着政治文明建设的推进,政治系统中的权力运作往往采取更加民主的方式,各种政策的制定要经过代表不同利益群体的权力精英的反复交涉、协商最终达成妥协。这样,国家权力机关实施的政策、法规可以较好地综合各方面的利益要求,使社会矛盾在利益综合的过程中得到不断的调整。

三是对社会矛盾的整合作用。整合是政治系统的政治稳定和谐作用最重要的体现。政治系统的整合作用使各种利益群体可以通过合法的政治参与,在一定程度上实现、满足或修正自己的利益诉求。政治文明的整合作用,就是用马克思主义理论、四项基本原则等政治理论来指导、调整、规范和约束人们的政治社会心理(主要指政治情绪、政治思潮),通过增强人们的凝聚力提高人们的共识性。

四、政治文明建设的开创作用

在我国历史发展的进程中,毛泽东的革命理论带领中国人民取得民主革命的胜利，使中国的政治文明建设开创了一个新的历史时期；邓小平的建设有中国特色社会主义理论，使我国改革开放取得了举世瞩目的成绩；"三个代表"重要思想推动中国的改革开放继续深入发展；科学发展观揭示了我国社会发展的规律，开创了政治发展道路，主导社会发展的局面，推进了社会的全面发展。邓小平指出："我们党的十一届三中全会的基本精神是解放思想，独立思考，从自己的实际出发来制定政策。因为在中国建设社会主义这样的事，马克思的本本上找不出来，列宁的本本上也找不出来，每个国家都有自己的情况，各自的经历也不同，所以要独立思考。不但经济问题如此，政治问题也如此。"①建设社会主义政治文明，既要吸收和借鉴人类历史上的优秀成果，又要解放思想，独立思考，实现理论创新。创新是政治发展的灵魂，只有在不断的创新发展中，社会主义政治制度才能获得生生不息的活力。坚持解放思想、实事求是，与时俱进，必须不断根据实践的要求充分发挥政治文明的创新作用。②

社会主义政治文明的创新性在于其独特的价值取向。人类政治文明发展的一个基本目标是谋求最大多数的人在政治生活中的主体地位，真正实现"主权在民"，这也是衡量政治文明进步程度的重要标志。人类自进入阶级社会以来，无论统治者如何标榜自己代表"多数人"的意愿，然而建立在私有制基础上的政治文明，它所反映的实质是奴隶社会、封建制度中的身份隶属、血缘关系、世袭地位，以及资本主义制度下的金钱关系，政治文明的社会主体只是拥有特权身份、血缘关系及占有大量财产的少数人。奴隶社会和封建社会的政治文明表现出赤裸裸的阶级压迫和专制，资本主义民主制度的建立，促进了人类政治文明的进步，形成了在私有制条件下最高程度的政治文明。但是，少数人统治多数人的不合理的政治关系并未从根本上改变。社会主义制度的建立，把身份、血缘、特权、财产等关系排斥于政治参与进程之外，否定了那种崇尚强权、张扬两极分化的政治理念，以社

---

① 《邓小平文选》第3卷，人民出版社1993年版，第260页。
② 刘钰：《第三种文明》，南京大学出版社2004年版，第71页。

会公正、共同富裕的鲜明价值取向,使人类政治文明的价值选择符合社会进步与时代要求。社会主义政治文明使人类政治文明主体扩展到大多数民众,真正建立起充分体现人民群众利益的民主政治模式。在社会主义政治文明建设实践中,尽管一度出现过种种偏差甚至失误,但我们不能由此否定社会主义政治文明理念的先进性和价值取向的合理性。社会主义以构建新的政治文明的极大创造精神,展示了社会主义政治文明的远大发展前景,代表了人类政治文明的发展趋势。

文明的多样性是人类社会的基本特征,也是人类文明进步的动力。在当今世界格局中,从意识形态上说,"文明"可分为两大类,即资本主义文明和社会主义文明。政治文明之所以显示出不同的属性和类型,在于国家政治制度的不同。每一种政治文明都可能曾经从其他文明中汲取过营养,每一种政治文明也都可能包含有某些人类共同的基本价值。任何政治文明都是个性与共性、特殊性与普遍性的统一。当今世界不同国家的社会、历史、文化传统各有特点,经济、政治发展水平参差不齐,各国政治制度不可能是一种模式。江泽民指出:"党的领导、人民当家作主和依法治国的统一性,是社会主义民主政治的重要优势。发展社会主义民主政治,最根本的是要坚持党的领导、人民当家作主和依法治国的有机结合和辩证统一。"①共产党的领导、人民当家作主和依法治国的有机结合,是社会主义政治文明区别于以往一切政治文明的根本特征。

政党政治的出现是近代以来人类政治文明发展的产物。当代民主政治都是政党政治,这是人类政治文明的共性。邓小平指出:"我们人民的团结,社会的安定,民主的发展,国家的统一,都要靠党的领导。"②发展社会主义民主政治,建设社会主义政治文明,党的领导具有决定性意义。江泽民提出"三个代表"重要思想,集中体现了中国共产党的先进性,是立党之本、执政之基、力量之源。我们党通过中

---

① 《江泽民论有中国特色社会主义》(专题摘编),中央文献出版社 2002 年版,第304页。
② 《邓小平文选》第2卷,人民出版社1994年版,第342页。

国特色的政党制度,调动广大人民群众参与政治的积极性、创造性,维护人民的权利。此外,邓小平说:"在中国共产党的领导下,实行多党派的合作,这是我国具体历史条件和现实条件所决定的,也是我国政治制度中的一个特点和优点。"①江泽民说:"推进政治体制改革,要从我国国情出发,坚定不移地走自己的政治发展道路,坚持社会主义政治制度的自我完善和发展。我们要发展的是有中国特色社会主义民主政治,决不照搬西方政治制度模式。"②我国实行共产党领导的多党合作制度,符合有中国特色社会主义政治发展规律,集中体现了人民的意志和愿望。

实现社会主义政治文明建设的战略目标,要以一种创新的精神,做到政治民主化、公开化与清廉化。我们必须在体制创新中求发展,通过切实有效的政治文明建设,逐步走出一条既符合我国国情,又符合人类政治文明走向的社会主义政治发展之路。这就必须坚持先进的社会主义制度,在保证物质文明建设中心位置的同时建设高度的政治文明和精神文明,建设富强、民主、文明的社会主义现代化国家,实现中华民族的伟大复兴。为实现这一总目标,在经济体制改革方面,建立社会主义的市场经济体制;在政治体制改革方面,建立有中国特色的社会主义民主政治;在精神文明建设方面,培育"四有"公民,促进人的全面自由发展,实现社会全面进步。

第三节 和谐社会与政治文明建设的关系解读

社会主义和谐社会必须是民主法治、安定有序的社会。社会主义政治文明本质上是人民民主的政治文明和法治文明。人类对民主法治社会的追求构成和谐社会的坚实基础,并通过社会和谐加以体现。因此,民主法治的社会应当是和谐的社会,和谐的社会也应当是民主法

---

① 《邓小平文选》第2卷,人民出版社1994年版,第205页。
② 《江泽民论有中国特色社会主义》(专题摘编),中央文献出版社2002年版,第304页。

治的社会，建设社会主义政治文明是和谐社会的内在要求，和谐社会与政治文明是辩证统一的关系。

一、和谐社会与政治文明建设的辩证性

政治文明是构建和谐社会的题中之义和重要内容，是构建和谐社会的必然选择和政治保障；和谐社会为政治文明的建设提供发展契机，为政治文明建设提供社会基础和重要条件，和谐社会是政治文明建设的最终目标。政治文明与和谐社会是辩证的关系，要加强政治文明建设，推进和谐社会的构建，使两者有机地统一于中国特色的社会主义。

（一）政治文明是和谐社会的题中之义和重要内容

从胡锦涛对社会主义和谐社会含义的阐述可知，和谐社会是充分实现民主的社会，民主法治是和谐社会最根本的指导原则和最重要的运作机制。实践证明，和谐社会的构建必须借助于民主与法治，而且法律必须建立在民主的基础之上，与社会主义民主政治紧密相连，"没有民主就没有社会主义"，没有民主法治便没有社会主义和谐社会。民主意识为和谐社会提供思想基础，民主制度为和谐社会提供政治基础，民主选举为和谐社会提供权力运行基础，民主决策为和谐社会提供群众基础。因此，在构建社会主义和谐社会的宏伟事业中，应当推进社会主义民主的制度化、规范化、程序化，保证人民当家作主。

此外，人类社会从总体上讲是政治、经济、文化和社会诸领域的有机结合体，这些构成因素是相互作用的。这样的一个社会也是一个不断从不发达走向发达、从低级走向高级的发展过程。而政治文明是整个人类社会文明的有机组成部分。政治文明更是一个社会文明程度的重要尺度和标志。和谐社会是一个境界较高的社会状态，是一种整体文明。而没有不断发展的政治文明和政治建设作为保障，社会其他方面的文明建设要达到很高的水平也是不可能的，因此，缺少了政治

文明的建设，和谐社会的构建必然无法达到其最终目标，即使达到一定的程度，这一程度的和谐社会也是不完整的。只有在建设社会主义政治文明的促进下，和谐社会的构建才会健康地发展下去。

(二) 政治文明是社会和谐的重要保障

发展社会民主政治，建设社会主义政治文明，对构建和谐社会起着维持和保障作用。首先，政治意识文明为社会主义和谐社会的构建提供了观念前提，规范着社会主义和谐社会的发展方向。新中国成立后，社会主义民主法制建设取得了巨大进步，但封建思想残余还严重地存在于我们的政治生活之中，只有建设高度的政治意识文明，才能对传统政治体制取其精华、去其糟粕，彻底铲除官僚主义、官本位思想残余的影响，肃清封建的狭隘民族主义、封建特权思想、封建等级观念等影响，为体现民主法治、公平正义、诚信友爱、安定有序的和谐社会铺就光明大道。其次，政治制度文明为社会主义和谐社会的构建提供了制度上的保障。民主制度与法律制度是政治制度文明的基石。社会主义作为新型的、具有明显优越性的文明制度，一经建立，就为人民当家作主、管理社会经济等创造了根本条件，也为长期的政治稳定和安定和谐提供了根本保证。现代政治制度文明的核心是民主制度和法制。随着经济社会的发展，不断推进具体政治制度和体制的改革与完善，是社会主义的自身要求，也是政治制度文明的特征和要求。法治是政治文明的内在要求，而法制则是法治的基础。政治文明必须建立在法制的基础上。人类政治史表明，法令行则国治，法令弛则国乱。没有健全的法律制度和体系，就不可能有文明的政治。一个国家的法制建设状况，直接体现了该国政治文明的程度和水平。它集中反映了这个国家政治生活的合理化程度、人与人之间关系的合理化程度、权力运作的合理化程度以及政治权威产生的合理化程度。因此，政治制度文明为社会主义和谐社会的构建提供了制度上的保障。再次，政治行为文明为社会主义和谐社会的构建提供了行为上的准则。政治行为文明是政治文明中最直接的表现形式，为我们构建社会主义和谐提供了一个行为上的规范。社会主义的政治行为文明，是领导党、政府和人民群众在政治实践中对社会主义的政治思想、政治制度的内化和行为化,是一种自觉的、具有自身特征的活动方式。①

(三)社会和谐是政治文明的社会基础

和谐与冲突是人类社会的基本特征。政治则是控制与消解冲突、获取人类和谐的最为重要的手段。正如亨廷顿所言:在一个完全不存在冲突的社会里,政治机构便失去了存在的必要。而在一个完全没有社会和谐的社会里,建立政治机构又是不可能的。② 和谐社会首先基于一定的社会正义。要构筑起现代和谐社会,必须首先充分保障公民的各项平等自由权利,而充分地保障公民的各项平等自由权利,则是现代政治文明的应有之义。建设社会主义政治文明,发展社会主义民主政治,需要一定的社会基础和前提条件。平等问题历来是形成和维护社会秩序的根本,"均无贫—和无寡—安无倾"的完全平等主义的梦想一直是传统中国最主要的政治观念,但任何社会都存在着不平等。日本政治学者今田高俊认为:要完全消除不平等是极其困难的,恐怕没有人真的期待会有完全废除了不平等的社会。③ 但人们不能忍耐的是以不公正的方法有意制造不平等,要防止那种以不公正的方法有意制造的不平等,就必须依赖于政治文明建设。④

美国的戴维·伊斯顿提出:政治系统的持续存在,必须依赖于社会成员的支持,包括对政治共同体、政治体制及政治典则三个层面的支持。⑤ 乔·萨托利认为,按照伊斯顿的这种说法,可以将其转换为

---

① 陈军科等:《政治文明与和谐社会——从价值意义的角度给出的阐释》,《华北电力大学学报》2008年第2期。

② [美]塞缪尔·亨廷顿:《变化社会中的政治秩序》,三联出版社1989年版,第28页。

③ [日]今田高俊:《社会阶层与政治》,赵华敏译,经济日报出版社1991年版,第1页。

④ 彭庆军:《论和谐社会与政治文明》,《东南学术》2005年第2期。

⑤ [美]戴维·伊斯顿:《政治生活的系统分析》,王浦劬等译,华夏出版社1989年版,第18章。

人类共识的三个层次：一是共同体层次的共识，或者说基本共识；二是政体层次的共识，或者说程序的共识；三是政策层次的共识，或者说政策共识。① 而这些共识虽然不是民主的充分必要条件，却至少是必要条件。民主基于共识，也促进共识。同理，社会和谐基于民主，也促进民主，而民主政治则是现代政治文明的本质所在。加强社会主义民主，改革和完善各种利益表达渠道，切实保障社会成员的基本政治权利与自由。随着市场经济的发展，利益的分化与阶层的分化不断加剧，要保证整个社会不至于因利益分化和阶层分化而失去平衡并最终走向解体，就必须尽快改革和完善我国现行的各种利益表达渠道，切实保障各社会成员的基本政治权利与自由，达到利益表达与整合的畅通无阻。② 伊斯顿认为面对日益增加的要求，政治系统必须增加更多的输送通道，增加通道的开放时间，提供更多的可供选择的通道，或通过各种不同的社会政治组织的集中与整合功能，以压缩要求的流量，否则就会引起输送失败，从而导致政治体系的不稳定。李普塞特也认为相对于那些属于组织起来以对付冲突的集团成员而言，无组织的个体更可能成为支持左派和右派的革命以及极端主义力量的源泉。③

建设社会主义法治国家，切实保障社会的公平与正义。法治是建设社会主义政治文明的重要内容。法治国家的建设将有助于保障社会的和谐与进步。亚里士多德认为法治应包含两重含义，已成立的法律获得普遍的服从，而大家所服从的法律本身又应该是制定得良好的法律。④ 法治的权威性首先在于其法是一部良法即合乎正义的法律；其次在于其不仅是对社会成员的约束，而且是对政府的约束。要防止人为地以不公正的方法制造的不平等，首先就要做到法律面前人人平等。只有法律本身既合乎正义，又能为社会成员在遭受其他成员特别

---

① ［美］乔·萨托利：《民主新论》，冯克利、阎克文译，东方出版社1998年版，第101页。
② 彭庆军：《论和谐社会与政治文明》，《东南学术》2005年第2期。
③ ［美］李普塞特：《一致与冲突》，张华青等译，上海人民出版社1995年版，第6页。
④ ［古希腊］亚里士多德：《政治学》，商务印书馆1965年版，第167页。

是政府的侵犯时提供正当的法律救济时，才有可能真正做到法律面前人人平等。改革和完善各项政治体制，为和谐社会的成长提供动力。某些法律和制度，不管它们如何有效率和有条理，只要它们不正义，就必须加以改造或废除。

（四）构建和谐社会，有利于加速政治文明建设的进程

首先，人与自然的和谐可以为社会主义政治文明建设提供良好的外部环境和自然基础。自然界是人的栖身之所，是人类赖以生存和发展的基础。没有自然界，人是无法存在的。人类文明无论是在某个发展阶段还是整个历史长河中，都始终受到自然界的影响，政治文明的发展也会受到自然地理环境的影响。人与自然之间是协调的关系，这是社会和谐的基础，也是社会和谐的最高境界。人与自然的和谐，是我们一切文明发展的基础。

其次，人与社会的和谐及其社会内部各个组成要素的协调发展是政治文明建设的重要保证。社会是一个包括经济、政治、文化等诸多方面的统一体。社会系统中的各个组成要素都与政治文明发生着直接或间接的联系，有些因素要对政治文明的发展起决定性的影响。在人类社会发展进程中，"三个文明"从来都是互为条件、互为目的、互相促进的，就政治文明而言，物质文明为政治文明的发展提供物质条件，物质文明的发展水平直接制约了政治文明的发展水平。精神文明为政治文明提供思想保证和文化支持，缺乏精神文明的政治文明状态是不健康的和有严重缺陷的。政治文明以物质文明为基础，以精神文明为支持，同时又直接作用于物质文明和精神文明。缺少物质文明和精神文明的政治文明不能称其为文明，也是缺乏生命力的。因此，社会系统中经济、政治和文化的协调发展是政治文明健康发展的重要条件。

再次，人与人之间、阶层之间、群体之间和谐相处也是政治文明建设的保证。随着改革开放和社会主义市场经济的进一步发展，社会利益关系复杂，两极分化越来越严重，群体之间矛盾凸显。主要表现在富人阶层与穷人阶层、城市群体与农民群体、东部群体与西部群体、公务员阶层与一般市民之间的矛盾等。这些矛盾严重地造成了社

会成员之间的心理隔阂,影响了社会的稳定与团结,极大地阻碍了社会主义现代化的进程。因此,处理好社会中人与人之间、阶层之间、群体之间的关系有利于促进政治文明建设。

最后,人自身素质的和谐,是政治文明建设成败的关键性因素。当前的国际竞争,尽管形式多样,矛盾错综复杂,实质是以经济和科技实力为基础的综合国力的竞争,也是人才的竞争,是领导者的能力和民族素质的竞争。因此,民族综合素质如何以及人自身综合素质如何,是决定我国社会主义事业是否成功的关键性因素,当然也是政治文明建设成败的关键。因此,建设政治文明,必须造就一大批高素质的、全面发展的人才队伍,促进整个中华民族素质的和谐发展。①

总之,建设社会主义政治文明,发展社会主义民主政治,将为和谐社会的构建提供有力的促进与保障作用。民主政治的确立与发展不仅有利于社会的公平与正义,还有利于促进整个社会的效率,给社会发展注入新的活力。而和谐社会的构建又为政治文明的建设提供了有利的基础和环境。

二、和谐社会与政治文明建设的统一性

新世纪新阶段,中国共产党不仅明确提出要适应我国社会的深刻变化,把和谐社会建设摆在重要位置,而且以马克思主义的社会有机理论为依据突出强调和谐社会建设与物质文明建设、政治文明建设、精神文明建设的统一性,从而使中国特色社会主义建设事业的总体布局明确地由"三位一体"发展为"四位一体"。

(一)政治文明以和谐社会为理想追求②

政治文明的进步应该表现为社会关系的整体和谐,建设政治文明

---

① 陈军科等:《政治文明与和谐社会——从价值意义的角度给出的阐释》,《华北电力大学学报》2008年第2期。

② 肖新发:《论构建和谐社会与建设政治文明的统一》,《青海社会科学》2006年第2期。

必须以构建和谐社会为价值取向。胡锦涛对和谐社会基本特征的科学概括,也是对和谐社会与政治文明的关系的准确把握。政治文明建设的一切努力所向往的正是构建起社会主义和谐社会。

制度建设是政治文明建设的重点,而民主法治是和谐社会的首要特征和主要标志,只有完善民主制度和法律制度,才能使社会主义民主得到充分发扬,依法治国基本方略得到切实落实,各方面积极因素得到广泛调动。政治文明建设主要是通过政治交往实现的,以政治参与为形式的人民群众之间的交往,以多党合作与政治协商为形式的政治集团之间的交往,以政治对话为形式的国家之间的交往,都必须强调"公平正义、诚信友爱"。"公平正义、诚信友爱"不仅是和谐社会的基本特征,也是政治交往的根本要求。尽管政治交往的具体形式具有多样性,但和谐则应该成为其正常运行的一条主线。政治文明建设是主体(人民群众)与客体(公共权力)相互作用的过程,必然要求在主体与客体之间形成和谐关系,坚持"以人为本",尊重人民群众的主体地位;促进人的全面发展,使一切有利于社会进步的创造愿望得到尊重、创造活动得到支持、创造才能得到发挥、创造成果得到肯定。政治体制改革是政治文明进步的动力,然而政治体制改革是一个渐进的过程,它需要在安定有序的条件下进行。只有遵循积极稳妥的方针,健全社会组织机制,完善社会管理体系,才能形成社会秩序良好、人民安居乐业、社会安定团结的政治局面。必须强调的是,公正与平等是和谐社会的基本价值准则,正因如此,它便构成政治文明的重要内涵。没有公正与平等的社会绝不是社会主义和谐社会,没有公正与平等的政治文明也不是社会主义政治文明。维护公正与平等是构建和谐社会和建设政治文明的重要任务,也是执政的中国共产党必须承担的一项重要社会职责。因此,从和谐社会的基本特征和政治文明的发展取向看,二者具有统一性。

从一定意义上说,构建和谐社会与建设政治文明是目的和手段的关系。在人类历史发展过程中,政治文明进步的途径有两条:一条是在社会质变时期通过社会革命,以新的社会形态代替旧的社会形态,以新的政治制度代替旧的政治制度。随着社会形态的更替,新的政治文明形态应运而生，并引起社会关系新的和谐。另一条是在社会量变时期通过社会改革协调社会各种利益关系，解决各种社会矛盾，促进社会和谐发展。在后一种情况下，政治文明的形态保持质的确定性，而其量则发生着局部性或阶段性的深刻变化，与此同时，社会关系在量变的过程中达到新的和谐。政治文明的进步无论是采取社会革命的形式还是采取社会改革的形式，它都是以追求社会和谐为目标的，都不过是实现社会和谐的一种途径。我国正处在改革发展的关键时期，这是社会的量变过程，其间需要建设政治文明，更需要促进社会和谐。社会和谐是各种社会关系的和谐，无疑包括政治关系的和谐，并要求通过政治关系的和谐去促进其他关系的和谐。

可见，中国共产党明确提出构建社会主义和谐社会的宏伟目标，既适应了中国改革发展进入关键时期的客观要求，体现了广大人民群众的根本利益和共同愿望，也为社会主义政治文明建设赋予了新的内涵、指明了前进方向。

（二）和谐社会以政治文明为构成要件

马克思关于人类社会整体结构三维划分的思想具有划时代意义。按照马克思的观点，物质生活、政治生活、精神生活是构成社会整体的基本要素，其中物质生活制约着政治生活和精神生活，而政治生活和精神生活对于物质生活具有重大反作用。马克思的这一思想不仅结束了社会历史领域唯心主义一统天下的局面，而且从社会有机构成的角度阐明了社会的整体性特征，并重视物质生活、政治生活和精神生活各自领域和规律的特殊性。因此，它对于我们理解和谐社会的构成及政治文明在和谐社会中的地位和作用具有重要的指导意义。

和谐社会表征着社会结构的整体性特征，而政治文明是和谐社会的构成要件，它以其独特的作用显示出其对于和谐社会的极端重要性。首先，政治是经济的集中表现，政治由经济决定，政治文明建立在物质文明的基础之上；然而政治必然反作用于经济，政治文明对物质文明具有重大影响。事实上，一个国家经济建设和物质文明的发展无法脱离其政治制度所规定的方向，先进的政治制度促进经济建设和物质文明建设，落后的政治制度则阻碍经济的发展和物质文明的进步。其次，政治对文化具有重要的制约性。政治和文化都是上层建筑，然而在整个上层建筑体系中，政治上层建筑居于核心地位，思想上层建筑则从属于政治上层建筑，正是这种关系促进社会关系的整体和谐。最后，政治文明是物质文明和精神文明的中介。政治文明直接为物质文明提供制度保障，并通过对物质文明的作用为精神文明开辟广阔的发展前景；政治文明直接决定精神文明的性质和发展方向，并通过规范精神文明建设更好地引导物质文明建设。

可见，政治文明是和谐社会不可分割的重要组成部分，没有政治文明就谈不上社会的整体和谐，要构建和谐社会就必须加强政治文明建设。与社会主义社会形成鲜明对比的是，发达资本主义国家虽然有高度的物质文明，也有作为其精神文明之重要组成部分的先进科学技术，它却不可能成为真正和谐的社会，因为资本主义国家的政治本质决定了其既不可能在全社会形成共同的理想和道德，也不可能做到让人民当家作主。资本主义社会由于其固有的政治本质而不可能产生出和谐社会，只有彻底改造资本主义政治制度才能为形成和谐社会创造前提条件。正如法国空想社会主义者傅立叶在《全世界和谐》一文中所指出的那样，现存资本主义制度是不合理的，必将为"和谐制度"所代替。

（三）和谐社会与政治文明建设具有共同的历史使命

从社会实践过程看，构建和谐社会与建设政治文明不可分割、互相促进。一方面，构建和谐社会是建设政治文明的重要条件；另一方面，建设政治文明是构建和谐社会的重要保障。只有正确把握和谐社会的特质，才能自觉推进政治文明的进程；只有加强政治文明建设，才能为构建和谐社会奠定坚实基础。

规范公共权力的运行、提高党的执政能力以及推进人权事业的发展等，是构建社会主义和谐社会与建设社会主义政治文明的共同历史使命。公共权力是政治文明的核心内容，科学规范公共权力的运行是构建和谐社会的必然要求，也是政治文明进步的具体体现。人类政治文明演进中的一个重大问题,是处理公共权力的归属和行使。人民当家作主是社会主义国家的本质特征,也是社会主义政治文明优越于其他政治文明形态的根本标志。社会主义国家的政体是公共权力运行的载体,虽然它在制度形式上保留了某些一般公共权力的属性,而最根本的特征则在于它的人民性。按照中国共产党"科学执政、民主执政、依法执政"的政治主张,公共权力的运行必须以代表和实现广大人民的根本利益为最高标准,以体现人民意志的宪法和法律为基本根据。构建社会主义和谐社会必然要求加强对权力的监督与约束,保证把人民赋予的权力真正用来为人民谋利益。任何组织和个人都不允许有超越宪法和法律的特权,"各级领导干部要忠实执行党的群众路线,坚持权为民所用、情为民所系、利为民所谋,克服形式主义、官僚主义,始终保持党同人民群众的血肉联系"①。可见,规范公共权力的运行是社会主义政治文明建设的重要内容,并为构建社会主义和谐社会提供政治保障。

党的执政能力是政治文明的重要内容,提高执政党构建社会主义和谐社会的能力,是建设政治文明和构建和谐社会的共同要求。"促进社会和谐是我国发展的重要目标和必要条件。"中国共产党的执政能力建设,要特别重视不断提高构建社会主义和谐社会的能力。针对我国经济社会发展过程中出现的新情况、新问题,提高执政党构建社会主义和谐社会的能力,主要包括完善社会管理体系,努力形成党委领导、政府负责、社会协同、公众参与的社会管理格局;健全社会保障体系和理顺分配关系,切实解决人民群众最关心、最直接、最现实的利益问题;完善社会利益协调和社会纠纷调处机制,正确处理新形势下的人民内部矛盾,依法打击各种犯罪活动,保障人民群众安居乐业。我国经济社会发展的现实表明,如果不提高执政党构建和谐社会的能力,那就有可能在执政的过程中顾此失彼而最终导致社会发展的畸形状态。改革开放以来,经济突飞猛进是不争的事实,但思想道德

---

① 《中共中央关于制定国民经济和社会发展第十一个五年规划的建议》,2005年10月11日。

第二章 主导与保证：政治文明建设在和谐社会进程中的地位与作用

呈现滑坡趋势，腐败现象仍然比较严重，社会治安方面也存在不少问题，社会发展中的这些不和谐现象警示我们：党和政府必须认真总结经验教训，把提高构建社会主义和谐社会的能力摆在特别重要的位置，并作为检验是否真正代表和实现广大人民根本利益的重要标志。

人权状况是一个国家政治文明的基本标志，"尊重和保障人权，促进人权事业全面发展"①是社会主义政治文明建设的永恒主题，也是构建和谐社会的价值取向。推进社会主义人权事业的实质在于从根本上保障人民群众在政治文明建设和其他文明建设中的主体地位，在政治生活、政治关系问题上谋求和谐。这就要求推进政务公开，发展基层民主，保证人民群众依法行使选举权、知情权、参与权、监督权；规范司法行为，加强司法监督，促进司法公正，维护司法权威，保障公民和法人的合法权益；从解决关系人民群众切身利益的现实问题入手，更加注重经济社会协调发展，更加注重社会公平，使全体人民共享改革发展成果，等等。构建社会主义和谐社会，不能只满足于对人权内涵的某种规定，关键是要把人权的规定付诸实践，赋予公民基本政治权利、参政资格和机会，真正把政治变为绝大多数人的事务。为此，必须通过健全政治制度和法律制度保障人权的实现，这是建设社会主义政治文明的实质所在，也是构建社会主义和谐社会的根本任务。

---

① 《中共中央关于制定国民经济和社会发展第十一个五年规划的建议》，2005年10月11日。

第三章 机遇与挑战：和谐社会对政治文明建设的要求

社会主义和谐社会的建构是社会发展的必然结果，是中国特色社会主义理论的发展，是中国政治制度的自我完善和政治体制改革的深化。和谐社会建构中的政治文明建设，不仅是一个理论问题，更是一个实践问题；我们不仅要把握国内环境的变化，还要考虑国际环境的挑战和影响。

第一节 市场经济背景下的政治文明建设的机遇与挑战

进一步完善社会主义市场经济体制是我国目前最大的经济实践，市场经济的不断深入发展将进一步地解放和发展生产力。经济基础的巩固必将推动上层建筑的不断发展，作为上层建筑重要组成部分的政治文明将从社会主义市场经济的发展中受益良多。同时，社会主义政治文明的发展也将反过来促进社会主义市场经济的快速、持续、健康、协调发展。推进社会主义市场经济建设，同推进社会主义政治文明建设，是一个双向建构的过程，二者互为前提、辩证互动、共同发展。

一、市场经济对政治文明建设的呼唤

我们必须清醒地看到，在经济市场化以及西方敌对势力对我国实施"西化"、"分化"的情况下，在西方资产阶级的政治主张、价值观

第三章 机遇与挑战：和谐社会对政治文明建设的要求

念和生活方式的腐蚀下，商品交换的法则也容易侵蚀到社会政治生活和人们的精神领域，引发见利忘义、权钱交易，导致国家意识、集体意识和奉献精神等的减弱，一些人的个人主义、拜金主义等思想得以滋生和膨胀，这些思想进一步腐蚀人们的灵魂，败坏人们的道德品质，污染社会风气，其结果必然是影响社会政治文明的健康发展和社会的稳定。

经过30多年稳健而且深刻的经济改革，中国已经向自己设定的目标迈进了一大步：法治市场经济的轮廓浮现在人们的面前。但是，正在转型的中国所面对的是解决新旧体制并存期间的矛盾和建设多重任务的局面。中国的出路在于继续推进经济、社会、政治等方面的改革，全面建立和完善市场经济体制，加大政治文明建设的力度。社会主义市场经济对政治文明的建设提出了非常迫切的要求，突出表现为：

（一）市场经济的主体利益特征，呼唤对主体自主权的尊重

市场经济的存在有两个必要条件：社会分工和生产者的特殊利益。各商品生产者都有自己的特殊经济利益，谁都不愿意牺牲它，但谁也无权以强制手段获取非分的利益。市场经济的这种主体利益特征，要求社会主义国家在经济上和政治上承认并保护企业作为独立的商品生产者和经营者的物质利益。交换双方是作为自由的、在法律上平等的商品所有者发生关系的，因此必须让企业拥有生产经营决策、留有资金支配、劳动用工、人事管理等权利，真正成为依法自主经营、自负盈亏、自我发展、自我约束的商品经营者。此外，在社会主义初级阶段，公有制经济和非公有制经济的商品生产者之间不同利益的并存，需要在政治上广泛深入地推进民主法制建设，协调好各方面的利益关系，正确处理市场经济运行中存在的人民内部矛盾，尊重生产者经营者的自主权。①

---

① 张凤奎：《论社会主义市场经济与民主政治建设的关系》，《社会科学》1996年第5期。

（二）市场经济的等价交换特征，呼唤人与人之间平等地位的确定

市场经济是主要依靠市场机制实现资源配置的经济，其基本规律是价值规律，它要求在商品交换过程中实行等价原则。在社会必要劳动时间这个尺度面前人人平等，不以商品生产者的身份、民族、血统、地域、阶层等非经济因素为转移。商品生产者的平等地位，在以价值为基础的交换中受到了最大限度的尊重。一方面，经济的平等要求政治上的平等。每个商品生产者、经营者，都必须以平等的机会进入市场，接受市场的公正裁决，因而它必然要求商品生产者、经营者在政治生活中都处在同样的地位和享有同样的权利；另一方面，只有实现政治上的平等才能为商品生产中的经济平等创造条件。由于我国以往的政治体制是建立在指令性产品经济基础上的，政治特权的影响仍然存在，有的人利用手中的权力贪污受贿，以权谋私，大搞不等价交换。这种特权现象的存在，从政治上、经济上严重破坏了社会主义的民主与平等。因此，发展社会主义市场经济，必然会提出改革政治体制，破除特权，加强民主建设的要求。

（三）市场经济的公开竞争特征，呼唤管理中民主机制的建立

市场体制的一个重要特征是发挥价格体系的传播信息、提供刺激和决定收入分配的功能，其本质是公平竞争，优胜劣汰，因此这将极大地激发每个商品生产者的积极性。面对瞬息万变的市场，重视市场信息的采集、整理、分析和利用，加强科学管理，改进生产技术，降低生产成本，提高产品质量，保持优胜地位，因而在微观领域，商品竞争天然地要求国家给企业以更多的民主管理权利，同时为给企业竞争提供良好的市场环境，国家在宏观上也必须健全民主机制。用政治协商、民意调查、群众监督等多种民主途径，使国家的重大决策和重大情况及时向社会通报，以提高宏观决策的科学性、合理性和权威性。由此可见，市场经济中的公开性迫切要求建立管理中的民主机制。

（四）市场经济的开放性特征，呼唤政治生活不断增加透明度和公开性

市场经济的开放性是由利益主体的多元化和社会分工所决定的，它要求向不同对象、不同地区进行全方位的开放，否则就难以获得生产生活所必需的商品以及尽可能高的利益。市场的主体始终在追求最大的利益，他们根据市场信息不断调整生产和经营活动，采取一切有利的手段和形式，因此这就要求社会主义政治生活增加透明度和公开性，需要让"政治人"了解国家政治生活，参与国家管理，这也是提高群众的政治觉悟、使国家管理民主化、防止滥用权力、克服腐败现象的有效途径。①

（五）市场经济的利益多元化特征，呼唤社会主义法制的健全

从一定意义上说，市场经济就是法制经济。开放统一的市场规范与秩序，是实现平等竞争、公平交易，维护正常市场秩序，保证经济建设健康发展的基础性条件，也是培育市场体系的重要环节。只有强化法制约束，才能使市场运行规范化、制度化，使市场经济既有生机、又有秩序地健康发展，因此市场经济要求社会主义法制建设的完善。它要求国家制定大量的经济法规、法律来明确各个市场主体的权利和义务，规范其行为，把各项经济活动纳入法制建设的轨道上，使其有章可循、有法可依。在现实的各项经济活动中，由于原有的一些法律、法规已滞后于市场经济的发展，致使许多经济活动失去有效的经济监督和制约。因此，只有进一步加快经济立法，完善法规制度，才能确保社会主义市场经济的健康发展。

（六）市场经济的自发性特征，呼唤政府的宏观政策的调控

市场经济体制虽然能够促进资源的合理流动，但其自发性特征却

---

① 张荣国：《社会主义市场经济与社会主义民主政治》，《湛江师范学院学报》1995年第3期。

缺乏对宏观形势的整体把握，为了保证国民经济的全面、协调、健康发展，就需要作为管理者的政府加强宏观调控和提供多领域的服务。一方面政府要加强宏观调控，通过财政和货币政策，调节各种总量关系，减少经济的波动，为大家提供一个稳定的宏观经济环境；另一方面，政府要提供必要而及时的政治服务、经济服务和文化服务：一是加强政治民主化、政务公开化和政治高效化建设，提供政治服务；二是发挥经济职能，向社会提供"公共产品"服务，包括保护产权、维护市场秩序、提供参考信息、组织协调经济基础建设等；三是发挥文化服务职能，搞好社会文化服务工作。

（七）市场经济不断完善的需要，呼唤党的领导的加强和改善

建立完善的社会主义市场经济体制，是我们党在新世纪新阶段作出的重大战略决策。加强和改善党的领导，是顺利推进各项改革的根本保证。全党同志要不断学习新知识、研究新情况、解决新问题，继续探索社会主义制度和市场经济有机结合的途径和方式；提高党的执政能力、加强党风廉政建设是建立和完善社会主义市场经济体制的重要保证；坚持社会主义物质文明、政治文明和精神文明协调发展，为发展社会主义市场经济提供强有力的政治保证，为改革和发展提供强大的精神动力和智力支持。

二、市场经济背景下的政治文明建设的机遇

经济和政治的发展是人类社会进步的两个最重要的标志，这对历史范畴在人类社会生活中既相对独立，又相互依存，它们的范围、具体内容与含义是随着社会的发展而不断扩大与延伸的。市场经济对社会的政治、道德、文化等产生了极为重要和广泛的影响，成为调整社会关系的基本规范，对政治文明建设具有重要的意义。正确认识和处理二者的关系，实现社会主义市场经济与政治文明的协调发展，不仅是马克思主义的一贯思想，而且是建设有中国特色社会主义的必然要求。

(一)社会经济关系决定着社会政治关系

社会主义市场经济就是在社会主义条件下市场对资源配置起基础性作用的一种经济形式。市场经济作为一种资源配置方式，本身并不反映任何特定的社会经济制度的性质和特征。但经济体制作为生产关系的特定形式，和某种特定的社会经济制度相结合，为其服务并受到其性质的影响和制约，具有该种社会经济制度的特征。中共第十四届中央委员会第三次全体会议通过的《中共中央关于建立社会主义市场经济体制若干问题的决定》中指出：社会主义市场经济体制是同社会主义基本制度结合在一起的。……社会主义市场经济体制不仅同社会主义基本经济制度、政治制度结合在一起，而且同社会主义精神文明、政治文明结合在一起。社会主义政治文明是同社会主义制度联结在一起的新型的人类政治文明，也是迄今为止人类社会最先进的政治文明。党的十六大指出：自我国确立社会主义市场经济体制以来，我国的经济发展取得了举世瞩目的伟大成就……作为上层建筑的政治文明，它的发展也不可避免地受制于社会主义市场经济的进程。政治文明建设必须与经济发展所带来的各种变化相适应，与市场经济的不断成熟所形成的各种社会关系和社会需求相适应。

(二)市场经济的不断发展是建设社会主义政治文明的基础

当前我国社会主义市场经济的蓬勃发展，极大地推动了社会主义政治文明建设，为其提供着坚实的物质基础。在传统的计划经济体制下，资源配置依靠行政计划，社会生产力的发展受到严重阻碍，民主政治的发展长期处在较低的层次和水平上。在市场经济条件下，资源配置的优化极大地推动了整个社会生产力的发展，不仅为社会创造了大量财富，而且为政治文明的发展提供了坚实的物质基础和保障。此外，市场经济促进了政治文明主体的发展和成熟。马克思在谈到商品、市场关系高度发展条件下的生产对人发展的影响时指出：它"培养社会的人的一切属性，并且把他作为具有尽可能丰富的属性和联系的人，因而具有尽可能广泛需要的人生产出来——把他作为尽可能完整的和全面的社会产品生产出来(因为要多方面享受,他就必须有享受的能力,因此他必须是具有高度文明的人)"①。市场经济的发展孕育着公民的民主意识和民主观念,造就出具有独立性社会主义政治文明的主体。

(三)市场经济促进了人治向法治的转变

市场经济对政治文明的贡献,还表现在它对国家治理手段的改变,即由人治向法治的转变。无论是在自然经济条件下还是计划经济条件下,国家的政治生活和经济运行基本上是人治。市场经济是社会化的经济,它需要的是大经济观念而不是与手工生产方式相适应的家长制观念;需要的是规范有序的制度而非小生产条件下的家长的个人权威;它要求通过经济关系法律化的途径为自身开辟发展的道路,使整个经济秩序进入有序的法律状态,因此由人治向法治的转变,是市场经济的客观要求,也是对政治文明的促进。同时,市场经济还带来了人们政治观念的变化。计划经济条件下,国家的政治、经济生活均由政府计划支配,在社会上占主导地位的是以"义务"为核心的道德观念。而市场经济要求尊重主体的合法权利,建立的是以"权利本位"为核心的思想道德观念。上述这些变化归根到底是由于经济关系的变化所决定的,而法作为这种变化的媒体或中介在其中发挥着重要作用。法的作用在于以平等自由、等价有偿为保护手段,以确认商品生产经营者的主体资格、主体地位和人身保护为前提,以确认和界定商品者的静态物权和动态债权为核心内容,通过反映商品流通过程中形成的各种交换关系和权利义务关系,保障民事主体之间的公平竞争,为商品经济的发展开辟道路。

三、市场经济背景下政治文明建设面临的挑战

我国正处于经济社会结构整体转型的关键发展阶段,随着社会主

---

① 《马克思恩格斯全集》第46卷(上),人民出版社1979年版,第392页。

第三章 机遇与挑战:和谐社会对政治文明建设的要求

义市场经济的发展和经济社会转型的深入,我国原有的利益格局正在进行深刻的调整、分化,出现了一些新的社会阶层和日益多样化的利益诉求。不同的利益主体之间出现了一些错综复杂的利益交锋,并且因此而出现了一些影响社会和谐、政治稳定的突出矛盾和潜在隐患,因此,在市场经济条件下,政治文明建设面临着一系列的新问题。①

(一)如何整合社会阶层之间的相互关系

我国正处于社会转型时期,各种社会要素处于不断的分化和重组之中,社会关系更为复杂和多样化。在多样化的社会关系中,社会阶层关系是最重要的一种社会关系。整合好社会关系是对我们党执政能力的一个重要考验,首先要着重整合好社会阶层之间的相互关系。随着改革开放的深入和社会的深刻变革,我国社会阶层状况发生了新的重大变动。一方面,工人阶级和农民阶级发生了很大的变化,其内部已经分化和重组为多样化的阶层结构;另一方面,出现了民营科技企业的创业人员和技术人员、受聘于外资企业的管理技术人员、个体户、私营企业主、中介组织的从业人员、自由职业人员等新的社会阶层。社会阶层结构的变化,使阶层之间的相互关系也发生了深刻变动。

整合社会阶层关系的目标,就是要使各个社会阶层"各尽所能、各得其所而又和谐相处"。建设和谐社会是包括所有社会阶层在内的全体人民的共同事业,整合各社会阶层之间的相互关系的基本着眼点是要维护、发展和实现最广大人民的根本利益,正确反映和兼顾不同方面群众的利益,使全体人民朝着共同富裕的方向稳步前进。在这一问题上必须明确,我们绝对不是要人为地划出某些社会阶层作为我们的对立面,作为斗争和专政的对象。工人阶级内部的各个社会阶层,都是党的阶级基础,包括农民阶级内部的各个社会阶层在内的其他社会阶层,都是党的群众基础。我们整合社会阶层关系的目的,就是为了增强党的阶级基础,扩大党的群众基础;是为了正确地处理各社会

---

① 青连斌:《和谐社会 中国新主题》,《北京日报》2005年3月7日。

阶层之间的利益关系和其他方面关系，更好地团结为祖国富强贡献力量的社会各阶层人们，把一切积极因素充分调动和凝聚起来，努力形成全体人民各尽其能、各得其所而又和谐相处的局面。

（二）如何解决人民内部的利益矛盾

早在 1957 年，毛泽东就发表了《关于正确处理人民内部矛盾的问题》一文，提出了要严格区分和正确处理两类不同性质的矛盾，团结全国各族人民发展我们的经济、发展我们的文化，建设社会主义强大国家的战略思想。在新的历史时期，人民内部矛盾明显增多，有的还会日益突出起来。正确处理新时期人民内部矛盾是一个涉及改革、发展和稳定的全局性问题。人民内部矛盾是在人民根本利益一致基础上的矛盾，处理得好，可以化消极因素为积极因素，增强人民的团结，促进我们的事业兴旺发达；处理得不好，使矛盾激化，小事会变成大事，甚至酿成乱子，就会给我们的社会稳定和事业发展带来严重的损害。① 因而，要妥善协调各方面的利益关系，正确处理人民内部的物质利益矛盾，就必须坚持把最广大人民的根本利益作为制定政策、开展工作的出发点和落脚点，正确反映和兼顾不同方面群众的利益；教育引导广大干部群众正确处理个人利益和集体利益、局部利益和整体利益、当前利益和长远利益的关系，增强主人翁意识和社会责任感；健全正确处理人民内部矛盾的工作机制，完善信访工作责任制，综合运用政策、法律、经济、行政等手段和教育、协商、调解等方法，依法及时合理地处理群众反映的问题；建立健全社会利益协调机制，引导群众以理性合法的形式表达利益要求、解决利益矛盾，自觉维护安定团结。十六届四中全会审议通过的《中共中央关于加强党的执政能力建设的决定》特别强调要加强社会建设和管理、推进社会管理体制创新，加强和改进新形势下的群众工作，做好这两方面的工作对解决社会矛盾，特别是解决人民内部矛盾意义十分重大。

---

① 江泽民：《在党的十四届二中全会上的讲话》，《十四大以来重要文献选编》，人民出版社 1996 年版，第 127 页。

(三)如何解决收入分配差距过大的问题

努力推进社会公平的实现,提升社会公平程度,是我们建设社会主义和谐社会的一项重要方面。党的十六届四中全会通过的"决定"明确指出,我们必须努力"促进社会公平和正义"。我们可以把公平划分为经济公平、政治公平、文化公平和伦理公平等不同的类别。当前人们尤为关注的是收入分配的经济公平问题。改革开放以来,随着社会生产力的发展,人民的收入水平大幅度提高,生活质量明显改善。与此同时,我国收入分配领域发生了并将继续发生重大的变化,其中一个最引人注目的重大变化就是收入分配差距持续扩大,在分配领域还存在一些不公平现象,有些甚至还比较突出和严重。收入差距不仅体现在总体方面,而且体现在区域、行业特别是城乡居民收入差距方面。合理而适度的收入分配差距对形成与社会主义初级阶段基本经济制度相适应的思想观念和创业机制,具有积极的促进作用。但是,收入差距的扩大确实带来了某些负面后果,甚至极大地危害社会的稳定和正常运转。

生产决定分配,做蛋糕是分蛋糕的前提。只有生产力得到了充分发展,生产的社会财富大大增加了,能够充分满足人们日益增长的物质文化生活需要,才能为最终缩小和消除居民之间的收入差距创造必要的条件,实现全体人民的共同富裕。但是,在生产力发展的一定水平下和特定时期内,社会财富的总量是既定的,因而在这个前提下谈及缓解收入差距的扩大乃至缩小收入差距,就必须改革和完善收入分配制度以及相关的配套措施。[1] 首先,必须改革和完善我国的收入分配制度。收入差距的扩大与收入分配制度的不完善和政策的不配套是分不开的。把在传统计划经济体制下形成的以高度集中的计划分配和严重的平均主义为特征的分配制度,逐步转变为同社会主义市场经济体制相适应的以按劳分配为主体、多种分配方式并存的分配制度。在

---

[1] 青连斌:《提高构建社会主义和谐社会的能力》,《中共石家庄市委党校学报》2004年第10期。

分配的原则上必须确立劳动、资本、技术和管理等生产要素按贡献参与。其次，必须加强规范收入分配的制度化建设。垄断行业职工收入过高，是我国目前收入分配不合理的一个突出表现，因此要合理调节少数垄断性行业的过高收入，调节凭借行业垄断和某些特殊条件获得的个人额外收入；要坚决取缔违背现行法律法规规定所取得的不合法收入。再次，对高收入者的收入进行适度的调节是完全必要的，调节的重要手段之一就是征收所得税。最后，保障劳动者的基本权益，必须建立、完善和切实执行最低工资保障制度。新宪法明确规定保护一切合法的劳动收入和合法的非劳动收入是一个巨大的历史进步。

（四）如何保障社会成员分享改革发展的成果

我们党领导人民进行改革开放和现代化建设的根本目的，就是要通过发展社会生产力，努力满足人民群众日益增长的物质文化需要，因此在整个现代化建设过程中，都必须努力使广大工人、农民、知识分子和其他群众共同享受到经济社会发展的成果，使他们不断得到看得见的物质文化利益。尤其要特别关心困难群众的生产和生活，切实解决他们的实际困难。正如十六届四中全会的"决定"强调的，要高度重视和关心欠发达地区、比较困难的行业和群众。在全社会大力提倡团结互助、扶贫济困的良好风尚，形成平等友爱、融洽和谐的人际环境。

我国人口众多，经济发展不平衡，社会困难群众的数量还比较大。他们的生活状态不稳定，处于社会边缘，靠自身力量是很难实现小康的。在我国现阶段，困难群众主要包括：一是城镇下岗和失业人员；二是生产生活条件比较差，一旦遇到天灾人祸，很容易陷入贫困的6000万左右的农村低收入人群；三是靠国家政策扶持和家庭帮助，艰难维持较低生活水平的6000万残疾人；四是约9000万的65岁以上老年人。上述困难群众总人数共约2.25亿人，约占人口总数的17.3%。此外，还有一部分经济收入低、生活水平差、必须由国家给予救济的困难群体，占全国人口总数的4%左右。对于困难群众的生产生活问题，必须提到建设社会主义和谐社会、提高党的执政能力、

第三章 机遇与挑战:和谐社会对政治文明建设的要求

全面贯彻"三个代表"重要思想的高度上来认识。① 采取有力措施帮助他们解决实际困难,是对我们党执政能力的严峻考验。当前我们必须切实抓紧抓好这样几方面的工作:

一要切实帮助困难群众解决就业再就业问题。就业是民生之本,困难群众特别是城镇困难群众的主体是下岗失业人员,解决他们的困难问题,最主要的就是实行积极的促进就业和再就业的政策,使他们重新走上工作岗位。扩大就业是我国当前和今后长时期重大而艰巨的任务。为此,我们国家先后出台了一系列政策措施,并实行了大规模的"再就业工程"。我们国家将长期坚持和实行促进就业的战略和政策,千方百计寻求和拓宽就业渠道。

二要建立健全社会保障体系,为困难群众编织一个可靠的"安全网"。这是党的十六大提出的本世纪头二十年我国经济建设和改革的一项主要任务。当前,特别要重视失业保险制度和最低生活保障制度的建设,做好下岗职工基本生活保障、失业保险和城市居民最低生活保障这"三条保障线"的衔接工作,防止出现脱节现象。1999年,国务院颁布了《城市居民最低生活保障条例》,近些年来全国各地也逐渐开展了农村居民最低生活保障的工作。

三要建立健全法律援助制度,使困难群众享受到事实上的法律平等。法律援助制度是世界各国普遍采用的一种司法救济制度,也叫法律救助、法律扶助。它是国家以制度化、法律化的形式,在司法制度运行的各个环节和层次上,对因贫困以及其他因素导致的难以通过一般意义上的法律手段保障自身基本社会权利的社会弱者,通过减免收费和提供法律帮助的手段,实现其司法权益的一项法律保障制度。法律援助是实现社会正义、司法公正、保障公民基本权利的国家行为,是政府的责任,同时也是一项社会事业,需要调动社会力量共同支持和参与。当前我国正处在经济转型、社会转轨的特殊时期,各种社会矛盾很多,要采取各种有效措施,畅通求助渠道,方便群众寻求法律

---

① 白占群:《构建社会主义和谐社会需深入研究的重大问题》,《中国党政干部论坛》2006年第8期。

帮助，引导他们依法维护自己的合法权益，妥善化解矛盾。

第二节 全球化背景下的政治文明建设的机遇与挑战

全球化主要是指人类不断跨越民族和国家界限，超越制度和文化障碍，在全球范围内实现充分的交流、对话、协调和沟通的过程和趋势。尽管全球化主要表现在经济方面，但由于经济与政治两者密不可分，因此全球化也必然通过国际政治表现出来。马克思在《共产党宣言》中早就指出西方文明的全球扩张是资产阶级"按照自己的面貌为自己创造出一个世界"，这意味着全球化对我国和谐社会建构中的政治文明建设必然带来机遇和挑战。

一、全球化给我国政治文明建设带来的机遇

在我国现阶段，明确提出把建设社会主义政治文明作为社会主义现代化建设的重要目标，具有重大的现实意义和深远的历史意义。这不仅展示了中国共产党人与时俱进的品格和追求，而且表明了中国特色社会主义对全球化以及由此带来的国际格局新变化的积极回应。全球化是科学认识、积极推进我国政治文明建设的重要视角。在和谐发展的视野下加强社会主义政治文明建设，无疑是对和谐的政治解读。

（一）全球化为我国政治文明建设提供强大的外部动力

任何事物的发展都需要一定的动力机制，当代中国的政治文明建设除了内在的政府推动以外，全球化的发展为其提供了外部动力。全球化以其在经济领域的强力推进，对参与进来的每一个国家在政治上提出了要求。市场经济体制的建立、发展和完善，促使我国必须改革现有的权力过分集中的政治体制，完善各项民主制度，建立适应经济发展要求、全球化发展要求的法律法规。加入世界贸易组织的举措表明我国更进一步地参与到全球化的进程之中。随着市场经济的进一步

发展，国有权力一统天下的局面被打破，社会权力逐渐增强，社会自治组织及"第三部门"的兴起，这些都将成为我国政治文明建设的强大外部动力。

(二)全球化促进政治文明主体政治意识的增强

政治意识文明是政治文明建设的一个重要内容，是政治文明的内在灵魂，具体体现为政治主体的政治观念与政治取向。全球化的发展有利于促进社会公众政治意识的增强。一方面，全球化的发展使市场经济在全球范围内推广确立，市场经济内涵的民主、自由、平等的思想观念深入人心，并通过人们的行为表现出来，如政治参与意识的增强，自我权利意识的觉醒等，这些因素推动了政治主体政治意识的觉醒，促进了政治文明建设；另一方面，全球化虽然肇始于经济领域，但已远远超越了物质层面而涉及政治、文化等层面，所以全球化使西方国家政治领域内先进的制度设计、价值理念得以广泛传播。全球化所倡导的开放、多元化发展的世界文化，加速瓦解了我国政治文化的封闭性和保守性的一面，使人们的政治意识发生了深刻变化，由此产生的开放的政治心态、民主的政治观念、振兴民族的政治认同、参政议政的政治欲望以及对各自政治文化的反省等，都有利于促进我国政治文明的发展。

(三)全球化促进政治制度民主化和法制化水平的进一步提升

政治制度是政治文明的核心，这种文明的价值取向就是民主化、法制化水平的逐步提升。全球化的发展加速了中外文明的相互碰撞、相互整合，在整合的过程中，我国逐步吸收、借鉴他国的文明，使我国的政治制度逐步趋向合理、文明，更加人性化，更加与国际接轨，所以全球化的发展要求我国政治制度更加民主化、法制化水平进一步提高。

(四)全球化有利于树立我国政治文明建设的世界眼光

政治文明的演进与全球化的历史进程不可分割。一方面，一个民族在走向世界的过程中，会不断地吸收、借鉴别的民族的东西，逐步融入世界文明发展的潮流；另一方面，它也必然会通过向世界展示自身更多的特色，使之得到更广泛的认同和更充分的发展，从而获得新的生命力，上升到一个新的高度。此外，全球化给各国政治文明建设带来了更多的新的共同课题，随着相互依存的日益深化，各国的发展只能依赖于利益的协调、广泛合作，而不是靠长久地损害别国的利益求得自身的发展，其中各国政府之间的政治协调尤为重要。因此，社会主义的政治文明建设只有站在全球化、现代化的高度，用人类历史发展的眼光和世界的标准来审视，才能准确把握世界政治的发展大势，紧紧跟随世界政治文明的前进潮流，开创人类文明发展的新的境界。

二、全球化对我国政治文明建设的挑战

西方资本主义国家主导的全球化对中国最大的政治挑战在于它们大力推行新自由主义，利用以跨国公司的全球性、无国界行动为基础的经济全球化和政治民主化，试图使我国走上资本主义道路，进而对我国的社会主义经济安全、国家主权独立以及政治制度建设提出了新的挑战。我国已经加入世界贸易组织，必须要按其制度框架约束和要求改革和调整我国的经济、政治和法律等各方面体制，这表明我国政治制度建设已经进入了一个国内制度安排与国际制度安排协调发展的新阶段。而当前世界经济政治发展格局中，资本主义与社会主义之间存在着相当反差，资本主义全球化潜伏着巨大的风险和危机，而我国应对国际经济政治风险的防范机制和管理体制相对薄弱，这对我们在参与建立世界经济政治新秩序的竞争中如何保持政治稳定与社会稳定、驾驭国际风云变幻的宏观控制能力都提出了新的要求。还有某些别有用心的西方大国坚持冷战思维模式，推行"西化"、"分化"战略，人为地加剧了社会主义国家与资本主义国家之间的冲突，利用各种手段歪曲和攻击中国的社会主义，这些都将影响到我国社会主义政治文

明的健康发展。①

(一)全球化带来的经济波动和利益结构的分化

政治和社会稳定是我国政治文明建设赖以顺利进行的前提条件，全球化使整个世界成为一个"地球村"，国与国之间的经济联系日益增强，相互依赖程度加大。全球化在推动我国社会发展的同时也使我国国家经济安全系数大大降低，经济波动和经济危机的国际传染不可避免，经济上的灾难更容易扩大，处理不好，将会严重影响到政治和社会稳定。此外，加入世贸组织在刺激国内民族工业发展的同时也给民族经济带来了严重的压力。我国的传统工业、民族企业面临着结构重组、裁员下岗、处于破产边缘等严峻的问题，这些问题处理不好，必会影响政治和社会的稳定。

全球化的发展也加速了我国由传统社会向现代社会的转型。原有的利益格局被打破，社会结构呈现高速度、大规模的变化，利益结构出现了分化，产生了一些新兴阶层、边缘阶层、交叉阶层、过渡阶层等。由此带来了社会成员利益意识的觉醒，必然使其政治参与和利益表达的愿望增强，而在目前政治吸纳机制和政治沟通渠道有限的情况下，这种迅速增强的政治参与倾向会带来参与的膨胀，形成一些非制度化、非程序化的政治参与现象。同时，社会急剧转型也使国家的政治整合能力相对减弱，某些阶层的利益的受损，某些阶层会利用社会转型期各种法律机制的不健全获取"不当利益"，造成了社会成员间的利益冲突和利益摩擦。这些问题得不到及时有效的解决也会影响政治和社会稳定，进而影响到我国的政治文明建设。②

(二)西方意识形态、价值观念对我国政治文明产生的负面影响

现代民族国家的发展与意识形态有着紧密联系。作为一种统治工

---

① 李三虎：《全球历史意识中的社会主义政治文明》，《探求》2002年第5期。
② 萧功秦：《改革中期社会矛盾与政治稳定》，《战略与管理》1995年第1期。

具,意识形态是代表统治阶级根本利益的情感、表象和观念的总和,其重要的政治功能就是维护、论证统治阶级政权存在的合理性,推动大规模社会政治动员,实现政权的转移。在以西方发达资本主义国家为主导的全球化进程中,伴随经济扩张的是西方的强势文化及带有强烈政治色彩的意识形态宣传。苏联解体后,以美国为首的西方发达资本主义国家把"西化"、"分化"以及"和平演变"的图谋直接锁定在中国,利用其强大的技术资源优势,凭借网络信息技术的高速发展,打着民主、自由、人权的旗号,推行文化霸权,传播它们的意识形态、价值观念、思想文化和生活方式。美国控制了全球75%的电视节目的制作和生产,当今传播于世界各地的新闻,90%以上由美国和西方国家垄断,使得我国占主导地位的意识形态和价值观念受到冲击,在一定程度上削弱了维持社会向心力的凝聚因素,影响着我国民众对本国政治制度及其政治领导的评判标准,影响着我国的政治文明建设。

全球化的发展使超越国界的普遍政治价值的存在已经作为一种不言而喻的公理被越来越多的国人所接受,这要求我国的政治系统必须做出积极的回应,如果不回应或回应得慢或回应得不好,都会带来问题。改革开放以来,中国人民不仅得到了经济上的实惠,也享受到了政治进步带来的利益。但在中西文化的碰撞之下,某些人渐渐对政府和现存政治制度的不满增强,对我国政治文化的认同感降低。一方面是因为我国现实政治发展水平低,民主化、法制化程度低;政治运行机制、运行程序不规范、不健全等;另一方面社会公众的政治评价标准不再是基于纵向比较,更多的是横向比较,而这种标准在相当程度上吸收了当今世界各国的民主理念,国外的一些政治运作机制、程序也受到国内民众的重视,所以全球化的冲击与国内的政治现实形成强烈对比,这就要求我国的政治文化、政治理念也要进行深层次的变化。而这种变化需要一个过程,在此过程中,西方文化中带有强烈意识形态色彩和霸权色彩的冲击将是我们必须采取措施应对的一个重要问题。

(三)国家主权相对弱化给我国政治文明建设提出新课题

16世纪,法国的思想家布丹第一个提出国家主权学说,随着国际关系发展的客观需要,其内涵和构成已经发生了很多变化。20世纪60年代中期以后,国家主权由最初的政治和安全上的独立权、平等权,扩展到经济领域并有了经济主权的概念。到20世纪90年代,主权延伸到文化领域被广泛使用。国家主权泛指国家维护本民族传统价值和生活方式等方面的至高无上的权力。由此,国家主权发展成为涉及政治安全、经济社会生活、文化传统、价值观念等体系庞杂、内容繁多的新概念。随着国家主权概念的泛化,全球化对国家三权的冲击和挑战也涉及经济、政治、文化等诸多领域。

随着全球化的发展,民族国家所作的政治决策和所发生的政治行为会迅速地影响到世界各个角落并会相应地引起世界性反响。民族国家的独立自主、领土完整和安全存在着国际社会强行干预的风险,一些全球性政治机构、国际组织制约着民族国家政治权力的行使。同时,又不得不承认有其合理性的新的国际权力体系与机制正在形成,从而增大了国际社会干涉的可能性。"在这一点上,全球化拥有一种强大而复杂的影响,关于人权和民主治理的全球化的规范正在穿透国界,重塑传统的主权和自治概念……这种规范已经形成并且正在不断发展,它使制止严重侵犯人权和人类安全的国际干预具有合法性。"[①]另外,一些国际性问题的出现,如核扩散、贩毒、艾滋病、环境保护等问题,在现有的民族国家框架内是无法建立应付这些全球性危机的控制机制的,从而使国际组织的功能和作用扩展、加强,并为外在力量干涉国家主权创造了可能性。

20世纪90年代以来,少数发达国家凭借在全球化中的主导地位,在全球范围内施展政治支配力和影响力,打着民主、人权的幌子,粗暴干涉他国内政,宣扬所谓"主权过时论"、"主权有限论"、"主权消解论"等,使一些主权国家难以独立自主地处理国内事务。

---

① 俞可平:《经济全球化与治理的变迁》,《光明日报》2000年11月4日。

对此，我们必须立足中国的现实情况，保持清醒的头脑和敏锐的洞察力，认真落实科学发展观，推进社会主义政治文明建设。

三、全球化背景下的政治文明建设路径

全球化把开放的中国纳入国际社会的发展轨道。中国的政治文明在不改变社会主义性质的前提下，在制度安排、程序设计、行为规则等方面，可吸收西方政治文明的优秀成果，体现人类政治文明的共性。

（一）把握建设中国特色社会主义政治文明的基本内涵

根据中国特有的国情，借鉴人类政治文明发展的共性和基本成果，发展有中国特色的社会主义民主政治。具体来说，包括三个方面：一是坚持共产党的领导，这是中国特色政治文明建设最关键的特殊性。只有坚持党的领导，才能保证政治文明的方向。离开了这一点，就不可能发展出社会主义的民主政治，甚至会造成政治上的无序和混乱。二是坚持人民当家作主，让人民群众真正享有民主权利，这是社会主义民主的精神实质，是现代政治文明最本质的特征，是中国政治文明建设最本质的要求。三是坚持依法治国，这实现社会主义民主政治的制度化、规范化、程序化，保证党的领导和人民当家作主顺利实施的基本途径，这是中国政治文明建设最重要的环节。这三个方面共同构成了当代中国政治文明主体结构，也是我国政治文明建设的"三位一体"原则。

（二）中国社会主义政治文明建设必须植根于中国大地，体现中国特色

一个国家政治文明的发展模式和制度设计必须合乎本国的国情，不能把某一种特定的民主制度模式作为判别是否民主或者民主成熟水平的标准，更不能把它当作政治实践中必须完全效仿的样本，这与政治文明间的相互借鉴是根本不同的。当代中国的政治文明建设，最主

要的是体现社会主义的本质要求，维护最广大人民群众的根本利益。因此必须从社会主义初级阶段的实际出发，坚持社会主义的价值取向、坚定不移地走适合我国国情的政治发展道路，坚持社会主义政治制度的自我完善和发展。

第三节 科技发展给政治文明建设带来的机遇与挑战

科技与文明已在人类的历史上留下了光辉的足迹，写下了灿烂的篇章，体现了社会的发展进步状况。科技发展和政治文明高度相关，它们相互作用、相互影响。

一、科技发展给政治文明建设提供了机遇

第二次世界大战以后，科学技术的突飞猛进为社会的加速发展注入了强劲的动力。随着科学技术在世界范围内的快速发展，其在社会发展中的作用日益明显。科学技术的发展为政治文明建设提供了机遇。

（一）科学技术推动政治文明的发展

科学技术是指科学的发展及其成果在生产实践领域中的应用。它既是人类文明的重要成果和标志，又是推动社会文明发展的重要力量。它不仅是推动物质文明和精神文明发展的决定力量，也是推动政治文明发展的重要动力。"科技革命最先作用于生产力，引起产业革命，产业革命导致社会结构的变革，社会结构的变革引起政治结构的分化，并引起社会变革，促进社会发展。"①科学技术的地位和作用首先在生产力发展过程中体现出来，再推动生产关系变革，从而推动政

---

① 向华文：《科技革命与社会制度嬗变》，中央编译出版社2003年版，第43页。

治文明和人类文明的进步和发展。

马克思主义极为重视科学技术对社会发展的重要作用,在马克思看来,"科学是一种在历史上起推动作用的、革命的力量"①。马克思指出科学技术作为生产力,是通过"物化"形式体现的,它表明"社会生产力已经在多么大的程度上,不仅以知识的形式,而且作为社会实践的直接器官,作为实际生活过程的直接器官被生产出来"②。以上表述起码包含三层意思:一是科学已经在很大程度上变为直接的生产力,从而对社会生活和政治生活实施改造,推动社会和政治文明的发展;二是社会生产力可以通过物质生产力和"精神生产力"(或"知识的形式"的生产力)被生产出来;三是指明了物质生产力和精神生产力的内在联系。列宁则把科学技术看成实现共产主义的重要条件和手段,他指出:"共产主义就是利用先进技术的、自愿自觉的、联合起来的工人所创造的较资本主义更高的劳动生产率。"③

邓小平继承和发展了马克思主义的科学技术观,分析和审视当今世界科学技术和社会发展的新特点和新趋势,提出了"科学技术是第一生产力"④的论断。"科学技术是第一生产力"包含着丰富的内涵,可以从以下两方面来理解:其一,科学技术渗透到生产力的劳动者、劳动资料和劳动对象等诸多客体要素中,对生产力发展具有乘数作用,即生产力=(劳动者+劳动对象+劳动资料)×科学技术。也有的学者认为这种推动力具有指数效应,即生产力=(劳动者+劳动对象+劳动资料)的(科学技术)次幂。当然,这些公式所表达的不是这种效应的精确性,而是说明科学技术在现代生产力发展过程中,发挥着第一位的和决定性的作用。其二,科学技术对生产力的发展具有先导性和主导性,起着加速作用。现代科学技术飞速发展,科学技术直

---

① 《马克思恩格斯选集》第3卷,人民出版社1995年版,第777页。
② 《马克思恩格斯全集》第46卷(下册),人民出版社1980年版,第220页。
③ 《列宁选集》第4卷,人民出版社1995年版,第17页。
④ 《邓小平文选》第3卷,人民出版社1993年版,第274页。

接而迅速地转化为生产力。科学、技术、生产三者的关系由先前的"生产──→技术──→科学"变为了"生产──→技术──→科学"和"科学──→技术──→生产"的双向过程，科学技术的作用更为突出。综上所述，"当今世界，科学技术飞速发展并向现实生产力迅速转化，愈益成为现代生产力中最活跃的因素和最主要的推动力量，科学技术为劳动者所掌握，就会极大地提高人们认识自然、改造自然和保护自然的能力；科学技术和生产资料相结合，就会大幅度提高工具的效能，从而提高使用这些工具的人们的劳动生产率，就会帮助人们向生产的广度和深度进军"①。科学技术是第一生产力，科学技术的飞速发展，必然促进生产力的迅猛发展，生产力是推动政治文明前进的物质力量，是政治文明发展的根本动力。

(二)科学技术为政治文明建设提供智力支持

科学包括科学知识、科学思想、科学方法和科学精神。科学成为日益深入到社会生活各个领域的东西，不仅社会的经济活动受其影响，而且社会意识形态也越来越多地受到科技的严重制约。② 科学技术已经渗透到社会生活的各个方面，为政治文明的发展提供智力支持。

科学知识和科学思想为人类政治文明的进步和发展提供锐利的思想武器。翻开人类政治思想史，我们可以发现每一次思想的解放和政治理论的重大进步都是以科学的新发现或技术的新进展为背景的；而每一次科学的重大发现和技术的重大进展，都导致新的思想解放和新的政治理念的形成，从而推动政治文明的发展和进步。"政治学的发展与人类思维的进步是联系在一起的。只有当人类思维已经进展到能够充分把握自身生活的程度时，政治生活的神秘性、彼岸性才会消

---

① 江泽民：《在中国科学技术协会第四次全国代表大会上的讲话》，1991年5月23日。
② 邢媛：《当代社会发展观导论》，社会科学文献出版社2002年版，第100页。

失。在人类思维还没有达到尽善尽美的高度时,人类所获得的对政治生活的认识具有相对的意义,它无论是在广度还是在深度上都表现为有限的理性。"①科学技术的不断发展,促进人们的思维方式变革,推动人类政治思维方式的进步,从而推动政治文明的进步和发展。

科学精神为人类政治文明的不断前进提供精神动力,它大致包括以物为尺度、追求真实、探索规律、推崇理想、重在获取真知、注重实证判据、实现最大功效等内容,也可表述为"客观精神"、"理性精神"、"实证精神",等等。② 科学精神既是科学技术活动的准绳,也是人们正确认识社会和人类自身的基础,正如江泽民所说,科学精神"对树立正确的世界观、人生观、价值观,掌握科学的工作方式和方法,做好经济、政治、文化等方面的领导工作和管理工作,也具有重要的意义"③,"科学精神的精髓是实事求是"④,实事求是恰恰是社会主义政治文明的重要内容。众所周知,科学和民主是一对"孪生子",是近代文明的两大基石。科学技术的发展和进步丰富着人们的知识,提高着人们的能力,增强着人们的自信。人类越来越认识到自身的力量和价值,人的主体性的张扬和主体地位的彰显在社会政治生活中必然表现为民主思想的兴起。科学精神向政治思想领域渗透,终将促进民主意识的增强和活跃,一方面,科学技术的发展能够培养出民主思想;另一方面,科学技术也只有在民主的环境中才能健康发展,科学技术发展客观上要求建立一个民主的社会。⑤ 总之,政治文明的进步与科学技术的发展相辅相成,相互促进,一方面,政治文明为科学技术发展提供政治方向、制度保障;另一方面,政治文明每一

---

① 严强等:《宏观政治学》,南京大学出版社1998年版,第59页。
② 肖峰:《论科学与人文的当代融通》,江苏人民出版社2001年版,第115页。
③ 《江泽民论有中国特色社会主义》(专题摘编),中央文献出版社2002年版,第272页。
④ 《江泽民论有中国特色社会主义》(专题摘编),中央文献出版社2002年版,第273页。
⑤ 李元书主编:《政治发展导论》,商务印书馆2001年版,第348页。

第三章 机遇与挑战：和谐社会对政治文明建设的要求

个成果的取得、每一点的进步都与科学技术的发展密切相关。科学技术不仅通过促进生产力的发展推动政治文明的进步，而且渗透到社会政治生活的每一个方面，为政治文明提供物质基础和技术支撑。

二、科技发展对政治文明建设的挑战

科技是把"双刃剑"，对政治文明建设既有促进的积极作用，也有弱化的消极影响，这已经成为绝大多数人的共识。但是把政治文明建设中所出现的问题统统归为科技发展，则是唯科学主义倾向。另外，政治文明建设在现代科技背景下，发展状况出现了许多新形式，呈现许多新特点，研究这些新形式、新特点及其产生的原因，对政治文明建设是十分必要的。

人类政治生活质量的重要标准之一是民主政治发展的程度，而民主政治在民主政体中主要表现为人民参与政治。在一定程度上讲，人民参与政治的广度和深度可以说是一个国家政治发展的"晴雨表"。而当科技发展特别是网络信息化被广泛应用于政治后，它必将推动公民与政府官员的直接对话，提高民意在政府运作中的分量，从而在很大程度上改变政治参与的结构和模式，使政治参与呈现出一些新的特征，从而促进政治文明。

当然，网络媒介给现代政治文明的进程带来的并非都是福音，它也给传统政治带来了挑战。网络技术的广泛应用导致社会传播中把关人角色的弱化，个人用户可以在网络论坛上自行发帖等做法增加了政治文明在内容控制上的难度。而必要的政治控制对于政治体系的有效运作是必需的，对于发展中国家特别是后发展国家来说则更加不可或缺，这是同后者的"被动处境密切相关的，他们必须在公民的攀比、激进情绪和国家的实力之间找到合适的平衡点，既不能一味冒进，也不能止步不前"①。美国政治学家塞缪尔·亨廷顿在《变化社会中的

---

① ［美］塞缪尔·亨廷顿：《变化社会中的政治秩序》，上海三联书店出版社1998年版，第12页。

政治秩序》中，曾经论证过后发展国家必须把政治参与控制在系统能够承受的范围内。当政治制度化还不够成熟时，失去控制的政治参与必然导致政治动乱的来临。此外，从国际政治来看，由于网络的全球性特征，网络新媒介对政治生活的介入，必然会扩大不同国家的不同的政治制度、政治观念、政治行为方式等之间的相互激荡，从而给处于弱势地位的广大发展中国家带来如何维护自己的政治独立、维护自己的政治秩序方面的新挑战。可以说网络新媒介参与社会政治生活，对发展中国家而言带来了对政治控制的双重挑战。但是，必须看到，网络新媒介参与社会政治生活已是大势所趋。面对它对政治控制的挑战，不能采取停止使用网络的因噎废食的做法，而是应当因势利导，重新调整通过传播进行政治控制的方式。科技发展，特别是网络信息化进程的快速推进，给政治文明带来了一系列的问题，具体表现在如下几个方面：

（一）政治参与的目的不明确

无论是传统的政治参与形式，还是时政论坛这种政治参与的新形式，其目标均指向公共政治生活，但是论坛网民政治参与的主观目的性并不明确。大部分言论只是网民对一些政治现象或事件有感而发，并不以影响政府决策或政策为目的。只有在一些重大事件上，如在形成网络舆论监督的典型案例时，网民会迅速作出反应，形成巨大的舆论风潮，给政府或有关部门带来不容漠视的舆论压力，从而改变政府决策或政策。这种政治参与目的的不明确性给决策者分析研究和采纳意见造成了模糊，增加了难度。

（二）缺少道德和法律底线

有些时政论坛的网民为吸引眼球，把历史人物、英雄人物作为批判的对象。在他们眼里，秦桧成了"忠臣"，岳飞成了"大奸大恶之徒"，刘胡兰是小孩子"不懂事"，董存瑞成了"傻瓜"，邱少云成了"白痴"等。古今中外，真善美和假恶丑不容混淆，公众心中也有一条道德和法律底线。在法国，圣女贞德永远是民族英雄，民众不会容许对她调侃打诨；在美国，马丁·路德·金是反种族歧视的无畏战士，公众不会容忍对他丑化戏谑。尽管网上是匿名的，网络世界是虚拟的，但纯粹的虚拟社会是不存在的，每一个网络终端都与现实社会相连。每位网民同时也是一位公民，坚守法律和道德的底线，应是每位网民的责任与义务。这些偏激言论既不利于政治参与目标的实现，也不利于社会的稳定。

（三）网络时代政治参与动因复杂化

在传统社会，公民参与政治的动因一般出于自身物质利益，或精神上的信仰与理想。而在网络时代，网民参与政治的动因却要复杂得多。除了利益和理想之外，网民有时甚至为了获得某种技术突破的快感，或者为了某一未经确认的政治信息而一时兴起参与到网络政治中。近年来国际上出现重大政治、军事事件时大量涌现的"哄客"、"黑客"及其在网络上的表现就是例子，反映了网络时代政治参与的复杂性。

江泽民在2001年初的全国宣传部长会议上指出："要高度重视互联网的舆论，积极发展、充分利用、加强管理、趋利避害，不断增强网上宣传的影响力和战斗力，使之成为思想工作的新阵地，对外宣传的新渠道。"在党的正确方针的指引下，我国的网络政治参与得到了前所未有的发展，并开始在我国的政治文明和政治发展中发挥越来越重要的作用。

三、科技发展进程中政治文明建设的途径

网络信息化是现代政治、经济、科学技术发展到一定阶段的产物。在社会主义和谐社会的进程中，网络信息化的作用是很明显的。通过建立电子政府，开展电子政务，实现政府管理的电子化、网络化。利用信息化手段开展政务公开和政府信息公开，保证民众的知情权；通过信息网络扩大民众参政议政的渠道，促进群众参与社会管理；增强人民对政治制度设置、法律法规出台的社会监督力度；方便

和提高广大人民群众的科学文化素质和生活质量等。可见，网络信息化为政治文明建设提供了广阔和有效的信息平台，为政治活动、政治文明创造良好的社会氛围。有的学者指出："以前曾经倡导过但由于当时生产力水平过低没有能够实现的理想境界——'既有民主，又有集中；既有自由，又有纪律；既有个人的心情舒畅，又有集中的统一意志的生动活泼的局面'就会在网络生产方式下成为真正的现实。"①网络信息化为民主政治的发展开辟了广阔的前景。它不仅为不同国家和民族间政治文明的学习、交流和借鉴提供了物质条件支撑，而且也为世界政治的协商、合作，为世界政治向民主化、文明化发展提供了内在动力。

从国内外政治实践来看，网络信息化必然反映出一定的政治思想、政治文化和政治文明，所以政治文明与网络信息化建设是互为表里、相互对应、相互联系的。社会主义政治文明建设离不开社会主义网络信息化建设，相应地，网络信息化建设也离不开社会主义政治文明的建设和发展。无论是社会主义政治文明建设，还是网络信息化建设，都是社会主义现代化建设中的新生事物，都是一场崭新的社会实践。只有经过反复的实践和比较，在党和国家的正确领导下，团结广大人民群众共同努力，不懈奋斗，才可能摸索出政治文明与网络信息化建设之间的内在规律。

第四节　多元文化环境中政治文明建设的机遇与挑战

经济全球化不可避免地带来文化在全球范围内以空前规模进行交流、碰撞和重构。文化作用于政治，最基本的方式是作为政治运行的环境和背景，最直接的方式是渗透到政治活动之中。因此，全球化的文化碰撞和冲突，必然导致全球文化的协调和整合，形成一种新的文

---

① 陈筠泉、殷登祥主编：《新科技革命与社会发展》，科学出版社2000年版，第47页。

化格局。这种文化格局既有各民族文化个性丰富多彩的共存共荣,又有获得广泛文化认同的全球伦理和全球价值观。随着中国经济与社会的不断繁荣和稳定,中国将逐步成为多元文化的交汇处,这种多元文化必将对政治文明产生深远的影响。

一、多元文化环境为政治文明建设提供的机遇

多元文化是全球化进程的结果,作为一个世界文化开放、发展的过程,无疑将为我国社会主义政治文明建设提供新的政治文化资源和国际文化环境。

(一)多元文化将推动中国社会主义政治文化的不断革新

政治文化是由得自经验的信念、表意符号和价值组成的体系,这个体系规定了政治行为所发生的主观环境。[1] 政治文化制约和影响一国政治结构的运行状态,乃至政治发展的模式。多元文化给政治心理、政治思想等政治意识的形成提供了一个十分广阔的思维时空,有利于形成一些新的思想观念和意识,从而破除旧思想、旧观念的束缚。

中国两千多年的民族融合和文化交流,形成了统一的中华民族和以儒家思想为主体的正统文化。儒家的"大一统"政治思想固然对形成和巩固封建专制主义统治起了重大的作用,但长期形成的中国封建的政治文化,造就了人们普遍的皇权意识、等级意识、官本位意识、人治观念、权力崇拜与惧怕的政治情感等,这些对中国的政治发展产生了极大的负面影响,也是当代中国政治发展的重要阻碍。当前,民主、自由、公正、人权等现代政治价值,开放的政治心态,民主的政治观念,改革进取的思想精神,与强权政治斗争的政治立场,振兴民族的统一政治认同,参政议政的政治欲望等,正随着多元文化而日益

---

[1] [美]迈克尔·罗斯金等:《政治科学》,华夏出版社2001年版,第131页。

成为世界范围内的普适的政治价值和政治评价标准。国内外的民主诉求，使我们的政治文明诉求在这个时期内骤然提升。近些年来，我国公民的自主意识、平等意识、法制意识有了很大的提高，利用各种文明不断的交汇与碰撞的时机，通过制定相关政策，加快了中国特色社会主义政治文化的形成。

（二）多元文化进程有利于我国吸收和借鉴国外先进的政治文明成果

政治文明是人类政治发展的共同财富，是人类政治智慧的结晶。人类政治文明的发展，必然存在自身发展和创新的规律。政治文明的演进过程，是政治权力及其资源的分配、控制与整合日趋合理的过程，是人的价值的不断被发现、人的权利逐渐被尊重的过程，是制度设计、制度安排日趋科学和不断创新的过程，是以政治观念变革为先导、以政治心理为依托、以政治社会化为主要途径的政治文化的变迁过程，是政治行为渐趋自觉、理性和规范的过程，是一个受经济、政治、文化等社会环境因素制约、作用、共生的过程。而这些共同规律都是不以人的意志为转移的，要求不同国家在其政治文明建设过程中必须遵循，统治阶级要维持其统治只能而且必须服从政治制度发展的客观规律。

新中国成立不久，毛泽东等领导人就多次阐明不同政党和政治制度之间可以相互借鉴、取长补短。在20世纪50年代中期，毛泽东明确提出："我们的方针是，一切民族、一切国家的长处都要学，政治、经济、科学、技术、文学、艺术的一切真正好的东西都要学。"[1]这体现了我党在对待人类政治文明有益成果问题上的唯物辩证的态度。改革开放后，邓小平强调"必须大胆吸收和借鉴人类社会创造的一切文明成果"[2]，主张通过吸收世界各国制度的进步因素，完善我们的制度，使之成为世界上最好的制度。但在实践中，这些"吸收"

---

[1] 《毛泽东著作选读》（下），人民出版社1986年版，第740页。
[2] 《邓小平文选》第3卷，人民出版社1993年版，第373页。

和"借鉴"更多地表现在经济领域而不是政治领域。多元文化的发展，给我们提供了一个很好的机会。当然，吸收和借鉴外国的政治文明成果，不是简单的制度移植和条文照搬，而是要结合我国国情有所选择、有所舍弃并加以改造，使之在当代中国政治文明建设中切实发挥效用。

（三）多元文化有利于我国向国外推介、宣传自己的政治文明建设成就

多元文化的发展，不仅意味着中国改革开放将进入一个全面深化和发展的新时期，而且也意味着中国将全面进入多元文化的进程，中国与世界的交往将更加频繁。中国在深受世界文明进步影响的同时，也会对世界政治的发展起到一定的促进作用。利用各种传播手段，实事求是地宣传我们国家的经济、文化特别是政治发展的成就，改变或者影响外国人对我国的民主建设的不正确、不合理的看法，提高我国政治文明发展的本土价值及其全球价值，从而使中国特色的社会主义政治文明表现出对自身价值的更强信心，体现出它维护自身存在意义的努力和张力。当然，在这一过程中，不能过分强调政治文化的民族特性，一味排斥外来文化的影响，滋长文化盲目主义，否则将妨碍自己国家的交流和进步，跟不上时代发展的步伐。

二、多元文化环境对政治文明建设提出的挑战

在多元文化进程中，不同文化之间的交往在促进文化的融合时，也会造成文化之间的冲突。一些国家也会借多元文化之便，借助渗透全球的媒介推行西方的政治价值、政治模式、政治思潮、生活方式，这无疑会影响甚至改变人们的政治理念，产生某种离散效应。

（一）多元文化将会影响我国社会主义政治文明建设

多元文化增加了西方价值观念、各种思潮的传播机会，影响着人们的价值观念和生活方式，侵蚀着人们的政治信仰。多元文化的发

展,使全人类共同的精神文化财富和共同的价值观念凸现,各民族的文化缺点以及文化价值观念上的差异越来越突出,并且使西方第一次拥有较大优势和自由空间来贯彻它关于普遍价值的解释。德国的赖纳·特茨拉夫教授指出:"在这里,人们重视的并不是我们的全球化状况,而是其他人即我们的竞争对手或我们的合作伙伴的世界观的形成、改变或者贬值。在有关全球化压力下人类共存条件文化对话的出路问题上,这些具有决定性的意义。"①美国凭借其在全球化过程中的主导地位,向全世界输出其价值观。在西方文化的强大攻势下,我国的价值观念受到了西方价值观念的挑战,人们的文化品味和文化习俗正在日趋西方化,可口可乐、迪斯尼等具有象征意义的美国文化正逐渐改变着人们的生活方式、生活观念。另外,一些别有用心的人大肆宣扬"历史终结论"、"民族国家终结论"、"马克思主义失败论"等,攻击马克思主义及其在意识形态领域的统治地位,丑化共产党的形象,以期推翻共产党在中国的统治,把我国纳入所谓"民主国家"的行列。

(二)多元文化为西方反华势力推行"西化"、"分化"阴谋提供了途径

首先,借助广播电视等新闻传媒。西方资产阶级认为,安装新的发射机和设备对东方进行广播,要比设置导弹更为重要。据统计,针对我国新疆地区进行渗透的电台就有"自由亚洲之声"、"美国之音"、"东突之声"、"塔什干国际广播电台"、"BBC"等。西方国家借助多元文化背景下日益发达的传媒手段,进行貌似公正、合理的宣传,以达到制造混乱、挑起矛盾的目的。其次,借助互联网。自1997年10月起,中国互联网信息中心(CNNIC)每年两次定期发布《中国互联网络发展状况统计报告》,截至2008年12月底,中国网民数量由1997年的62万增加到2.98亿。在国际互联网的信息中,80%以上的网上

---

① [德]赖纳·特茨拉夫:《全球化压力下的世界文化》,江西人民出版社2001年版,第15页。

信息和95%以上的服务信息是由美国提供的，而我国仅占1%左右。西方发达国家凭借其在技术、经济和语言上的优势，在网络所及的范围内，宣传自己的意识形态和文化风格。再次，通过文化交流进行渗透。西方国家利用我国改革开放的机会，大量向我国出口精神文化产品。据统计，美国《读者文摘》48种国外版的月发行量为2500万册，仅在我国香港年订阅量就达30万册。最后，有的国家设立健全的机构对此类活动进行直接或间接的管理和指导，甚至制定明确的对外文化侵略。美国新闻署署长约瑟夫·杜菲就曾指出，尽管20世纪90年代国际形势发生重大变化，但是美国新闻署的核心目标没有发生变化，即用外国文化所能信赖和接受的语言解释和鼓吹美国的政策，以增进美国的国家利益。

（三）破坏了广大人民参与政治文明建设的整体合力

全球化打破民族的藩篱，把各民族文明都卷进大交流、大融合的浪潮中，引发民族文明的认同危机。罗伯特·赖克20世纪末指出："我们正在经历一场变革，这场变革将重新安排即将到来的世纪的政治和经济……每一个国家的基本政治使命将是应付全球经济的离心力，这种力量正在拆散把公民联系在一起的纽带。"①资本主义文化的扩散，实质上就是消费主义文化的张扬。它鼓吹绝对的个性自由，攻击社会公德准则，凸显非理性和价值相对主义的后现代文化，消解民族认同。英国诺丁汉特伦特大学的汤林森博士对全球化的结果这样评论："全球化的效果，势将削弱'所有'民族国家的文化向心力，即使在经济上强势的国家，亦不能幸免于此。"②同时，世界多数地方的多数人（特别是城市居民）已经比他们几十年前的先辈有多得多的知识和见识，强得多的政治分析、比较能力以及显著得多的自主性，因而

---

① ［美］罗伯特·赖克：《国家的作用》，上海市政协编译组、东方编译所编译，上海译文出版社1994年版，第1页。
② 赵修艺：《解读汤林森的〈文化帝国主义〉》，上海人民出版社1999年版，第13页。

他们对于国家权威的高度忠诚、崇敬和顺从已不再是可以非常当然地假定的了。① 西方意识形态的渗透，对中国式发展道路的歪曲和攻击，反华势力的本土培植等必然加剧当代中国文化的嬗变与冲突，在一定程度上可能会消解民族认同感，不利于形成广大人民参与政治文明建设的整体合力。

三、多元文化环境中政治文明建设的路径

多元文化背景下，社会主义政治文明建设面临的机遇和挑战是均等的，我们应当如何应对多元文化浪潮的冲击？如何有效地遏制多元文化带来的负面影响，进行社会主义政治文明建设？这需要我们以世界的眼光、开放的姿态参与和融入多元文化，并给予科学的回应。在党的创新理论指引下，结合当代中国的社会实际，开发中华民族几千年累积的文明智慧，借鉴其他国家和民族的文化精华，规避文化失落，克服文化惰性，进行文化选择，建设文化中国，已是一项十分迫切的历史任务。

（一）正确处理政治文明建设中传统与现代的辩证关系

列宁曾指出：马克思主义"并没有抛弃资产阶级时代最宝贵的成就，相反却吸收和改造了两千多年来人类思想和文化发展中一切有价值的东西"②。同样，中国的传统政治文明应成为当代社会主义政治文明建设的重要资源。我们既要借鉴和发扬中国传统政治文明的智慧，又要立足于时代特征，把握社会主义政治文明建设的当代路向。

第一，高扬传统的民本思想，推进民主政治。中国传统的民本思想是高扬民众之根本的理念，其在政治生活中的实践产生了诸如"文景之治"、"贞观之治"、"康乾之治"等古代盛世。但缺乏民主的封建

---

① K. J. Holsti. International Politics: A Framework for Analysis. Englewood Cliffs, N. J. Prentice-Hall, 1995.

② 《列宁选集》第4卷，人民出版社1995年版，第299页。

第三章　机遇与挑战：和谐社会对政治文明建设的要求

专制社会是不可能从根本上实现民本思想的。无论是汉高祖刘邦，还是唐太宗李世民，其实践民本政治的目的无非是为了安一姓之天下，不可能真正做到以民为本。人民民主是社会主义政治文明的核心，建设社会主义民主既是社会主义现代化建设所要达到的目的，同时又是实现社会主义现代化的重要手段。在当代社会，我们要大力发展人民民主，保障人民当家作主的权利。人民民主的不断扩大和提高，与党的领导和依法治国相辅相成，共同促进社会的发展和政治文明的进步。

第二，高扬传统的德治思想，推进德治与法治的有机统一。中国古代的德治思想倡导为政以德的圣贤政治，是中国独特的政治文化传统。但这一思想以农业社会的自然经济为根基，强调"三纲五常"等建立在封建等级制度上的一套礼仪规范，维护封建统治阶级的利益，不可避免地走向人治。虽然中国封建法律思想史上也出现过"法治"这一提法，如韩非子的"治民无常，唯以法治"①；管子的"以法治国，则举措而已"②，然而，无论是从其主体、客体，还是从其内涵、目的等方面来看，这种"法治"实质上还是人治，其主体是皇帝，客体是民众；其内涵在于以严刑酷法来威慑百姓，使老百姓屈从于专制统治。现代的德治则是建立在法治基础上的德治，是把德治与法治看作同等重要的德治。建设社会主义政治文明，必须落实依法治国与以德治国并举的战略，实现民主的制度化和法律化。

第三，弘扬民族精神，高扬和谐文化，促进政治文明建设。民族精神是一个民族在漫长的繁衍生息过程中逐渐形成的渗透在其思想文化、思维模式、伦理道德、风俗习惯、心理结构、语言文字之中的共同的价值观，是一个民族赖以生存和发展的精神支撑。作为一种内在的凝聚力，它是推动中华民族政治文明建设的内在精神动力。③"大

---

① 《韩非子·心度》。
② 《管子·明法》。
③ 张静：《论中华民族精神在建设和谐社会中的价值》，《探求》2005 年第 4 期。

道之行也，天下为公，"这是政治文明的典型表述。和文化中包括非常丰富的和谐政治文化，是中国政治文明的反映。

（二）积极主动参与全球化进程，借鉴和吸收人类政治文明的优秀成果

人类政治文明是一个由低级形态向高级形态逐渐发展的积累过程。政治文明的多样性、民族性，使不同政治文明之间的开放、借鉴、依存成为必要和可能，某些类型政治文明的具体规范、程序、形式、载体，可以给其他类型的政治文明提供借鉴。文化的全球化发展趋势为各国政治体系创造了开放的条件，社会主义政治文明不能脱离人类政治文明而孤立存在，在坚持社会主义方向的同时，必须主动走上面向世界的变革之路，应该也能够与其他类型的政治文明通过碰撞发展自己，显示自身的优越性，推进人类政治文明的发展。一方面，社会主义政治文明应当借鉴和吸收人类政治文明的优秀成果，尤其是资本主义政治文明的精华，改变过去那种凡是西方的东西就是姓"资"、就是腐朽没落的错误认识；另一方面，要把灿烂的中华文化传播于全世界，在教育、文化、科技等领域加强国际交流，发挥国际合作的作用，在建立世界文化新格局中作出中华文化应有的贡献，创造能够为世界各国所认同和接受、具有中华民族优秀文化内核又广泛吸收世界各国、各民族文化精华的新文化，在中华文化和世界文化之间跨越"文化沟"，构建"文化桥"。

（三）多元文化背景下社会主义政治文明建设的创新

第一，要适应多元文化的时代发展要求，培育社会主义新型的政治文化。政治文化是政治生活的灵魂，它支配着人们的政治行为方式，影响政治体系的确立和稳定，是制约政治发展的重要因素。多元文化加速瓦解了我国传统政治文化中的封闭性和保守性，增强了政治文化对社会变革的适应性和包容性，但也增加了我国政治文化复杂性和多元化的趋势。社会主义政治价值观的主导地位和统合作用面临着挑战，现实社会中存在着对马克思主义理论的怀疑和漠视，对社会主

第三章 机遇与挑战：和谐社会对政治文明建设的要求

义和共产主义理想的动摇和淡化；改革开放过程中出现的诸如极端民主化，盲目崇拜西方政治模式的思潮和倾向；国家和经济管理中的贪污受贿、渎职、铺张浪费等弊端，这些都与社会主义政治文化自身发展存在不足有关。因此，在社会主义政治文明建设中，要适应多元文化发展的要求，建设民族性、科学性、大众性和民主性相统一的中国特色社会主义政治文化。

第二，要解放思想、实事求是、与时俱进，不断完善社会主义政治制度。目前，全球社会主义运动处于低潮，社会主义政治文明建设面临着各种挑战。然而，最大的挑战是自我的挑战，是自身的缺陷。社会主义政治制度是社会主义制度优越性的重要表现。但在较长的时期，却忽视了制度的不断完善和健全，"未能通过民主参与体制、民主决策体制、民主管理体制和民主监督体制的改革和完善，有效地遏止和消除政治文明建设中诸如权力过分集中、官僚主义严重、政企职能不分、缺少权力制约等现象"①。要探索适合中国国情的社会主义政治制度，必须解放思想、实事求是、与时俱进，着重加强社会主义民主政治制度建设，实现社会主义民主政治的制度化、规范化、程序化等。

第三，改革与完善党的领导方式和执政方式，提高党的领导水平和执政能力。在社会主义国家，党是整个政治生活的领导力量，党的领导是社会主义民主政治建设的基本前提。党与国家、社会所形成的高度紧密关系，决定了党的组织形态、制度形态和运作形态，将直接影响整个国家的政治生活。党要在这种影响中真正成为社会主义政治文明建设的领导力量，就不能脱离社会主义民主政治建设和发展的基本规律，为此，我们应该在推进民主政治发展的同时，按照"三个代表"重要思想的要求，以科学发展观为指导，不断改进党的领导方式和执政方式，全面提高党的领导水平和执政能力。

---

① 高健生：《政治文明：20 世纪社会主义的实践思考》，《马克思主义研究》2001 年第 2 期。

第四章 滞后与阻抗：和谐社会进程中的政治不文明

中国改革开放30多年来，尽管取得了举世瞩目的经济成就，但是由于经济体制的深刻变革，社会结构的深刻变动，利益格局的深刻调整，思想观念的深刻变化，中国社会中的不和谐现象却与日俱增。社会的不和谐已经影响到社会的稳定。当前影响社会和谐的因素是复杂的，其中由于政治不文明导致的社会不和谐因素是十分重要的方面。它们是和谐社会进程中的不和谐音符，阻碍了和谐社会的进程。研究这些不和谐的音符，对于和谐社会进程中的政治文明建设具有重要的现实意义。

第一节 政治腐败现象的存在是政治不文明的首要因素

党员干部的权力是党和人民赋予的。只有确保权力是用来为人民谋利益，服务于公共领域，真正代表最广大人民群众的根本利益，才能有党群关系、干群关系的亲密和谐。中国共产党历经革命、建设和改革，已经从领导人民为夺取全国政权而奋斗的党成为领导人民掌握全国政权并长期执政的党，已经从受到外部封锁和实行计划经济条件下领导国家建设的党成为对外开放和发展社会主义市场经济条件下领导国家建设的党，处于新的执政环境中。经济市场化、利益和价值观念的多元化、社会分层化和对外开放的不断发展，对执政党的执政能力提出新的考验。当前，公共政治权力部门化、资本化甚至私有化等权力异化现象的存在,以权谋私、权钱交易、权色交易等腐败现象尚未从根本上得到遏止,严重践踏着社会的公平正义,破坏党群关系、干群关系,已成为影响和谐社会构建的首要因素。

一、政治腐败及其特点

根据 2006 年"两会"调查的"群众关注十大焦点",被排到首位的是"反腐倡廉,严惩腐败"。而 2009 年"两会"结束后,在某网站推出的互动平台上,网民选出了本次"两会"最受关注的十大提案议案,反腐占了两席。当前和今后可能引起社会冲突、影响社会稳定的最大问题是腐败,这也是导致社会最不和谐的声音、最不和谐的行为、最不和谐的矛盾。老百姓最痛恨的是特权和腐败;社会反映最强烈的是特权和腐败;影响政党与政权根基的也是特权和腐败。

(一)政治腐败存在的现状

腐败是指国家公职人员个人或其所在单位利用自身所掌握的公共权力或资源谋取私利(包括单位利益)的各种行为,简称为以权谋私。何增科在《中国转型期的腐败与反腐败问题研究》中将腐败的构成要素分为五方面:一是腐败行为的主体,通常是公职人员;二是腐败行为的动机或目的,通常是追逐私人利益;三是腐败行为的手段,通常是凭借机构或职务上的便利;四是腐败行为的方式,通常是非规范地运用或滥用公共权力;五是腐败行为的后果,通常是公共利益或公民权利受到侵害(见下表)。①

---

① 何增科:《中国转型期的腐败与反腐败问题研究》,《马克思主义与现实》1999 年第 5 期。

中国转型期腐败行为的构成要件

腐败行为主体	公职人员个人	具备或不具备法人资格的、拥有公共权力或资源的单位、部门或行业
腐败行为动机	谋取各种物质的或非物质的私人利益	谋取单位利益、地方利益或部门利益
腐败行为手段	利用职务上的便利来实现私人目的	利用法定的机构性权力或国家赋予的公共资源实现局部利益
腐败行为方式	违反法律规范滥权谋私	违反公认的道德规范但有合法外衣的滥权谋私
腐败行为后果	侵害公私财产，侵犯公民权利，危害国家正常的管理活动	侵害对象相同，但危害性更大，因为它是以法定的机构性权力或资源为后盾，具有一定的"合法性"和强制性力量

从一些国际组织运用主观测量法对世界各国腐败状况的分析来看，我国的腐败现象比较严重。胡鞍钢教授和他的博士生过勇就四个国际组织五种腐败评价指标即透明国际的清廉指数和行贿指数、世界银行的腐败控制指数、世界经济论坛的全球竞争力报告（GCR）指标、瑞士洛桑国际管理学院的世界竞争力年鉴（WCY）指标进行了综合分析，得出的结论之一是中国已属于世界上腐败比较严重的国家之一，他们用图表加以说明：

1980—2001年透明国际关于中国的清廉指数[①]

年份	1980—1985年	1988—1992年	1993—1996年	1997年	1998年	1999年	2000年	2001年
清廉指数	5.13	4.73	2.43	2.88	3.5	3.4	3.1	3.5

---

① 数据来源：透明国际网站，http://www.gwdg.de/uwvw。

第四章 滞后与阻抗：和谐社会进程中的政治不文明

我国在五种腐败指标中的排名情况①

	数据年份	样本国家数	中国得分	中国的排名
清廉指数	2001 年	91	3.5	57
行贿指数	1999 年	19	3.1	19
世界银行控制腐败指数	2000 年	151	−0.289	82
GCR 贿赂和回扣指数	1998 年	59	3.53	31
WCY 贿赂和腐败指标	1999 年	47	2.222	37

（二）政治腐败的类型

我国转型期政治腐败可以根据不同的标准划分为不同的类型，我们将根据这些不同的标准多角度地透视腐败行为。目前被中国有关部门归入消极腐败现象范畴的现象包括四大类：1. 国家工作人员的职务犯罪，特别是其中的经济犯罪。2. 部门和行业性以权谋私的各种不正之风。3. 利用公款进行的奢侈性消费和挥霍浪费的不正之风。4. 党员干部腐化堕落、道德败坏行为等。

经济学家胡鞍钢从经济学角度做了如下四种划分：寻租性腐败、地下经济腐败、税收流失性腐败、公共投资与公共支出性腐败等。第一种是寻租性腐败，指为获取纯粹转移所花费的稀缺资源以及垄断、管制和其他相关制度及实践带来的传统净损失。在中国，价格双轨制、经济特权和经济垄断权、进口高关税和进口配额、政府对某些地区或集团的"优惠政策"，常成为寻租性腐败的土壤。第二种是地下经济腐败，指未向政府申报和纳税，政府未能控制和管理，其产值和收入未能纳入国民生产总值的所有经济活动，可具体分为非法的地下

---

① 数据来源：胡鞍钢和过勇的文章《我国属于世界上腐败比较严重的国家之一——从国际视角看我国的腐败状况》，该文为作者提交给 2000 年 7 月在清华大学国情研究中心主办的"腐败与发展"研讨会论文，载于该中心的内部刊物《中国国情分析研究报告》2001 年第 71 期。

经济活动,如走私贩私、毒品生产、运输及其黑市,地下工厂生产的假冒伪劣商品;合法经营取得非法收入的经济活动,如部分或全部收入隐匿不报,逃避税收,以及其他未统计的地下经济,如私下交易等。第三种是税收流失性腐败,是指违反公平竞争的各种合法性税收减免以及对海关税收等部门官员贿赂、收买、与其勾结分赃等方式引起的海关税收和其他税收的流失,前者是以合法的形式,但是相当于一种租金,被减免税的企业或个人从中获益;后者为非法性收入。需要指出的是,并不是所有的税收流失都是源于腐败,两者具有交集。第四种是公共投资与公共支出性腐败,在中国还包括国有经济投资(指国有企业和国有事业单位投资)、政府采购合同、政府其他公共支出,包括由政府资助的机构(学校、医院)在支出中的腐败损失。这既是一种经济腐败又是一种政府腐败,中国许多重大的腐败带来的损失常常发生于这些领域。①

何增科则是这样对其进行分类的:1.根据腐败行为主体的性质和数量,可以将腐败区分为个体腐败和群体腐败,后者是指某个或某些单位的公职人员大规模地或集体性地从事腐败活动,诸如"窝案"、"串案"、单位犯罪、部门或行业性以权谋私行为等就属于群体腐败的范畴。2.根据腐败行为主体的层级分布状况,可以将政治腐败区分为高层腐败(省部级以上官员)、中层腐败(县处级以上)、基层腐败或低层腐败。3.根据腐败行为发生的领域或部门,可以将腐败区分为政治和行政领域的腐败、经济领域的腐败和社会领域的腐败,并可在每一领域中进行细分。4.根据腐败行为动机的不同,可以将政治腐败区分为逐利型腐败、徇私型腐败和因公型腐败。5.根据不同形式腐败的制度性成因的差异,可以将政治腐败区分为传统型腐败、过渡型腐败和现代型腐败。6.根据腐败交易中各参与方的得失情况,可以将腐败区分为互惠型腐败(又称交易型腐败)、勒索型腐败。7.根据腐败行为违法违纪程度和直接危害程度,可以将腐败区分为轻微腐败、一般腐败和腐败犯罪,后者又可细分为普通腐败犯罪和严

---

① 胡鞍钢:《腐败造成了多少经济损失》,《中国改革》2002年第5期。

重腐败犯罪。8. 根据领导层、官员和民众对各种腐败行为的宽容程度排序，可以参照美国学者海登海默的分类法将腐败区分为白色腐败、灰色腐败和黑色腐败(见下表)。①

中国转型期政治腐败的类型划分

划分依据	具体分类		
腐败行为主体的性质和数量	个体腐败	群体腐败	
腐败行为主体的层级分布	基层腐败	中层腐败	高层腐败
腐败行为的多发领域或部门	经济领域	政治和行政领域	社会领域
腐败行为的动机	因公型腐败	徇私型腐败	逐利型腐败
腐败行为的制度性成因	传统型腐败	过渡型腐败	现代型腐败
腐败交易双方得利情况	互惠型腐败		勒索型腐败
腐败行为后果	轻微腐败	一般腐败	腐败犯罪
人们对腐败行为的宽容程度	白色腐败	灰色腐败	黑色腐败

对于我国当前腐败的表现形式也有不同的衡量标准，按照中纪委监察部、最高人民检察院等反腐败部门的总结，目前比较流行的一些腐败形式为："一把手腐败"、"用人腐败"、"司法腐败"、"公贿"、部门或行业性不正之风、公款消费、"(公共)工程腐败"、"购销腐败"、"审批权腐败"、新闻出版教育学术等领域腐败等10种类型。

许连纯等在《中国现代化进程中的腐败问题研究》中将我国当前腐败犯罪的动向和表现形式归纳为以下20条：1. 党员干部违法违纪案件增多。2. 腐败的渗透面不断扩大。3. 涉案金额越来越大。4. "集体腐败"现象。5. 高官腐败现象。6. 59岁现象。7. "一把手"现象。8. 司法腐败现象。9. 工程腐败现象。10. 色情腐败现象。

---

① 何增科：《中国转型期的腐败与反腐败问题研究》，《马克思主义与现实》1999年第5期。

11."前'腐'后继"现象。12. 教育腐败现象。13."腐而不败"现象。14."笑廉不笑贪"现象。15. 买官卖官现象。16. 贪内助现象。17. 贪官善于作秀和包装现象。18. 贪官年轻化现象。19. 小人得志现象。20. 文凭腐败现象。

这表明现行的政府治理结构和治理方式还存在着严重缺陷，同时也指明了对政府治理结构和治理方式进行改革和创新的着力点之所在。

(三) 政治腐败的主要特点

北京市纪委课题组编写的《我国经济转型时期腐败滋生和蔓延的特点、原因和对策》将新形势下腐败的特征归纳为：1. 腐败行为主要存在于行政权力干预经济活动的领域。2. 腐败行为集中在作为体制转换交汇点的国有企业。3. 腐败行为集中在监控系统的乏力部位。4. 腐败行为集中在人、财、物供求的关键环节。5. 官员和国有经济领域人员是被腐蚀的主要对象。

何增科从腐败构成要件对转型过程中政治腐败的发展演变呈现的特征进行了如下的归纳[①]：1. 个体腐败和群体腐败并存，群体腐败呈上升趋势。2. 腐败行为主体正在从基层向中层和高层领导干部蔓延。3. 腐败行为已经从改革开放之初的一般经济管理部门扩散到了党政领导机关、组织人事部门、行政执法机关和司法机关等要害部门。4. 就腐败行为的动机来看，因公型腐败、徇私型腐败和逐利型腐败同时存在，其中逐利型腐败呈恶性发展的趋势。5. 就腐败行为的制度性成因来看，传统型腐败、过渡型腐败和现代型腐败同时并存，其中以过渡型腐败为主。6. 就腐败交易双方利益情况来看，互惠型腐败有演变为勒索型腐败的内在趋势。7. 就腐败行为的后果来看，轻微腐败和一般腐败大量地发生，普通腐败增长势头不减，重大腐败犯罪或者说腐败大案要案呈现上升趋势。8. 就公众对腐败的宽

---

① 何增科：《反腐新路——转型期中国腐败问题研究》，中央编译出版社2002年版，第48页。

容程度来说，出现了"两头热，中间冷"的局面。领导层和一般民众对许多腐败现象的看法是一致的，认为它们应属于黑色腐败或者至少是灰色腐败，应当受到舆论的谴责和法纪的制裁，但许多官员把黑色腐败变成了灰色腐败甚至白色腐败，进而认为灰色腐败和白色腐败不是腐败，在这种态度支配下不少腐败分子缺乏犯罪感和羞耻感，腐败案件的查处也是阻力重重。

二、政治腐败的危害性

当前，在党内和社会上存在的腐败现象，严重损坏了党和政府的形象，损害了人民群众的切身利益，使干群关系紧张，在个别地方甚至激化社会矛盾，引发群体性事件，成为社会经济发展的绊脚石，阻碍社会发展的步伐，是我国当前社会不和谐的首要因素，严重破坏和极大地阻碍着社会主义和谐社会构建的进程。具体表现为：

（一）腐败阻碍了经济的增长与发展

第一，腐败阻塞经济增长的渠道。如造成人才的不合理配置，扭曲了企业的发展和非官方经济的增长；因腐败产生了被不诚实的高层官员操纵的机会，从而会导致公共投资不合理，降低了公共税收；腐败扭曲了政府支出的结构，降低了政府投资特别是在基础设施投资方面的效率。目前腐败已对中国造成重大的经济损失，初步估计，在20世纪90年代后半期，仅几种主要类型的腐败所造成的经济损失和消费者福利损失平均每年就占全国GDP总量的13.2%～16.8%。①第二，降低投资。来自一些国家的大量证据表明，腐败显著地减少了国内和外国投资，对于一个腐败国家来说，如果将腐败水平降低到新加坡的水平，那么这个国家对外国投资的影响，与将企业边际税率降低20个百分点具有相同的效果。国内外经验表明，反腐败有助于创

---

① 胡鞍钢：《中国：挑战腐败》，浙江人民出版社2001年版，第60～61页。

造良好的投资环境，吸引外资和私人投资，提高投资率，进而促进改革增长。

(二)腐败加剧了社会不公带来的矛盾

不劳而获，少劳多获；多劳少获，甚至劳而不获；同劳不同获，以及其他的社会不公，如起点不公、机会不公、待遇不公、规则不公、结果不公等无不与腐败有关，影响了社会不同群体对制度正义的信心。对某些行贿者和受贿者而言，腐败可能具有"润滑剂"的作用，但对全社会而言，腐败却不会创造新的社会财富，只是将大量的社会财富从广大消费者手里转移到少数垄断生产者手中，将大量的国家财政收入和支出、国有资产、公共资源转移给少数腐败分子、特殊利益集团及其利益相关者。这既对中国的经济增长和社会发展及人民生活福利产生了巨大危害，同时也对中国的社会稳定、长治久安构成了巨大隐患，腐败成为人与人之间关系紧张的重要根源。

(三)腐败破坏了社会主义和谐文化的构建

建设和谐文化，是构建社会主义和谐社会的重要任务。社会主义核心价值体系是建设和谐文化的根本。所谓和谐文化，"就是人类社会在历史发展中形成的以和谐为思想内核和价值取向，融思想观念、理想信仰、社会风尚、行为规范、制度体制于一体的一种文化形态"①。它包含社会发展的基本理念和理想追求，也包括对社会发展的总体认知和评价，还包括社会发展的实践取向和制度构建。建设和谐文化，社会成员人人有责。但由于领导干部的特殊的社会地位和社会角色，他们的思想行为在社会成员中起着示范和表率作用。当前，有些党员干部在思想上被教条主义、本位主义、利己主义、金钱至上的枷锁束缚了头脑，或理想信念动摇，或党性观念淡薄，或不思进取，产生小富即安，小进则满的情绪，或创新意愿不足，精神状态保

---

① 雷莹：《先进文化 和谐文化 文化和谐》，《光明日报》2006年5月25日。

守萎靡。他们在人格上具有双重性,言行不一;在行为上把人民赋予的权力作为自己谋私的手段,大肆侵吞公款,贪污受贿,生活腐朽糜烂,品德低下,把人民群众的疾苦置于脑后,把党群、干群关系变成"油水"关系。这些腐败现象不仅严重践踏了社会主义核心价值观,引发了部分社会成员的效仿,毒化了社会风气,而且破坏了和谐的人际关系和讲诚信、讲正义、讲公平和积极健康的和谐社会氛围的形成。

三、导致政治腐败的主要原因

(一)体制、机制和制度的不健全是导致腐败等政治不文明现象蔓延的制度原因

新中国成立以来,我国在经济上实行高度集中的计划体制,在政治上推行高度集权的领导体制,在文化上形成了僵化的意识形态管理体制。这些高度集中的管理体制强化了权力的过分集中,助长了官本位意识、人治意识和腐败等现象。自我国确立社会主义公有制的经济制度以来,政府掌控了所有物资资源并垄断了全部的经济活动。在没有对政府官员进行有效监督的情况下,客观上成为腐败滋生最大的基础。之后,沿用多年的计划经济体制被打破,社会主义市场经济体制尚不完善,新旧体制转换中的缝隙和漏洞为腐败现象的蔓延留下了空间。此外,政府的传统职能也没能随着经济改革的步伐而转变,行政权力缺乏制约和监督,以民主建设为中心的政治体制改革滞后,权力继续过多地介入市场为腐败提供了"土壤"。

根据近些年来中纪委全会的工作报告和最高人民检察院的工作报告,每种腐败形式的流行背后都有着深层的制度性原因:1. 一把手腐败的流行,反映出现行领导体制和权力运行机制中权力过分集中,缺乏有效的监督制约,缺乏透明度等弊端。2. 用人腐败彰显出现行干部人事管理制度在干部任用上缺乏民意表达机制和由少数人选人的弊端。3. 行政执法和司法腐败的原因在于现行体制缺乏必要的独立

性和监督。4. 公贿反映出现行的政府管理体制中财权和事权过于向上集中的弊端。5. 基层政权腐败说明现行政治体制中基层权力的获得和运用机制规范化程度较低。6. 审批权腐败反映了现行审批制度中审批事项过多、审批手续繁琐、审批权集中于个人的弊端。7. 寻租性腐败在于现行经济管理体制中政府干预和保护过多。8. 垄断性腐败反映现行公共服务供给体制中存在的行业或部门行政性垄断的现实。9. 税收流失性腐败反映出现行税收征管体制中税收减免开的口子太多并且政出多门的弊端。10. 公共投资和公共支出领域的腐败反映出现行财政投资管理体制中财权分散监管乏力的状况。

（二）官员们在认识上的偏差是导致腐败现象蔓延的直接原因

近些年来，随着我国社会利益结构的逐渐分散化、多元化，随着一些政府及其工作人员利益意识的日益激发，一些原本应该为公众利益服务的政府部门，正在千方百计地利用手中的公共权力，从事各种实际上的营利活动。他们对政治权力资源的公共性与私人占有性这一矛盾的不正确认识致使公共权力出现了异化。具体表现为：一是由于极左意识形态的纠缠，把权力结构本身的工具性与其承载的阶级利益和意识形态的目的性混为一谈，利益驱动使其倾向于追求权力的无限扩张，权力非法扩张的一个主要形式就是腐败。二是对经济发展与政治改革内在的一致性认识不足，在某些基层组织权力运作问题积重难返的情况下，仍固执地以为经济上去了，一切问题都可以迎刃而解。三是权威道德化评价对制度建设迫切性的遮掩。一旦高级官员腐败的道德黑箱被曝光，"以身作则"的负面影响也因此暴露无遗，一批自暴自弃的小人物步其后尘。四是对国情的保守性理解，无视人民民主参与意识的觉醒和现代通信手段所提供的条件，使"国情"往往成了敷衍塞责、拒斥对权力予以督导的遁词。有些人至今仍缺乏直面权力异化的客观性和普遍性的政治勇气和心理准备，把权力腐败归咎于个人的私德失检（如"放松世界观的改造"、"个人主义膨胀"），或是外在因素的诱导（如"经不住西方资产阶级思想的腐蚀"），而不愿承认即使在社会主义条件下，无节制的权力本身就有促使人的世界观恶化

第四章 滞后与阻抗：和谐社会进程中的政治不文明

的天然倾向，也有异化的内在可能。①

四、反腐倡廉，提高党的执政能力建设

党风正则干群和，干群和则社会稳。加强政治文明建设，就是要反腐倡廉。反腐倡廉是加强党的执政能力建设和先进性建设的重大任务，也是维护社会公平正义和促进社会和谐的紧迫任务。只有坚持反对腐败，才能实现以优良的党风促政风、带民风，营造和谐的党群干群关系，促进社会主义和谐社会的构建。2007年1月胡锦涛在中纪委第七次全体会议上发表重要讲话，深刻阐述了加强领导干部作风建设的极端重要性和紧迫性，强调要认真解决领导干部在思想作风、学风、工作作风、领导作风、生活作风等方面存在的突出问题，在领导干部中大力倡导八个方面的良好风气，全面加强领导干部作风建设，为和谐社会进程中的政治文明建设提供了有力保障。

（一）坚持社会主义核心价值体系，加强思想政治教育②

思想政治教育的核心是理想信念教育。当前，理想信念教育就是要启发、引导、教育人们超越个人、家庭、群体的狭隘界限，认同、接受、实践我们党所提出的我国社会的发展目标，弘扬中华民族的精神与追求，为实现中国特色社会主义的共同理想，为建设社会主义和谐社会而努力。具体应从以下三方面开展工作：

一是要加强对领导干部的思想政治教育和党纪国法教育，不断夯实廉洁从政的思想道德基础，筑牢拒腐防变的"不愿腐败"的思想道德防线。克服消极腐败现象，最根本的是解决世界观、人生观、价值观问题，理想信念和道德是思想和行动的"总开关"、"总闸门"。理想的滑坡是最致命的滑坡，信念的动摇是最危险的动摇，道德的堕落

---

① 吴建华：《公共权力的异化和制约》，《哲学研究》2003年第9期。
② 郑永廷、张静：《思想政治教育：建设社会主义和谐社会的内在需求》，《思想理论教育》2005年第5期。

是腐败的前奏。在现实中，一旦理想信念丧失，道德堕落就必然导致腐化堕落。当前最紧要的是进行理想信念、职业道德、社会公德和党纪国法的教育。通过理论学习、典型教育、警示教育等多种途径，教育领导干部用马克思主义武装自己的头脑，坚定理想信念，牢固树立正确的世界观、人生观、价值观、权力观、利益观和地位观，坚持社会主义核心价值体系，深入践行社会主义荣辱观，严格执行党的纪律，做到自重、自省、自警、自励。

二是要全面加强领导干部的作风建设，弘扬新风正气，抵制歪风邪气。要大力倡导勤奋好学、学以致用，坚持理论联系实际的马克思主义学风，牢固树立终身学习的思想，提高构建社会主义和谐社会的能力；要大力倡导心系群众，服务人民，真抓实干，务求实效，始终坚持党的群众路线，多办顺应民意、化解民忧、为民谋利的实事；要大力倡导顾全大局，令行禁止，发扬民主，团结共事，秉公用权，廉洁从政，严格执行民主集中制的各项制度规定，自觉接受党组织、党员和群众的监督；要大力倡导艰苦奋斗、勤俭节约、生活正派、情趣健康、讲操守、重品行的作风，注重培养健康的生活情趣，保持高尚的精神追求。

三是要加强对广大人民的反腐教育，深入推进廉政文化建设。要注意从青少年开始抓起，抓好各类人群的防腐、反腐教育，大力培植"以腐败为耻、以廉洁为荣"的价值观念和舆论环境；保护和鼓励人民群众的反腐的热情和积极性，提高人民群众的维权和监督意识，在全社会倡导"反对腐败、人人有责"的社会氛围。

（二）坚持制度创新，配置科学、程序严密的权力运行机制

制度问题更带有根本性、全局性、稳定性和长期性，必须依靠制度创新从源头上预防和治理腐败。邓小平从总结历史经验教训、防止出现大的失误，特别是避免出现像"文化大革命"那样的悲剧重演的高度，提出了要从制度上将权力的运作纳入法制化的轨道。他说："我们过去发生的各种错误，固然与某些领导人的思想、作风有关，但是组织制度、工作制度方面的问题更重要。这些方面的制度好可以

使坏人无法任意横行,制度不好可以使好人无法充分做好事,甚至会走向反面。"①他的这一关于权力制约的思想具有很强的针对性和前瞻性,具有十分重要的现实指导意义。

一是要按照"民主决策,相互制约"的原则推动分权化改革,避免权力的过于集中。要根据新的情况合理划分中央与地方各级政府的职责权限并用法律的形式加以保障;在坚持党的领导的前提下对同级党委、政府、人大、政协、司法机关之间进行明确的职责分工,保证同级党委、政府、人大、政协、司法机关依法履行自己的职责;要按照民主集中制的集体领导和个人分工负责相结合的原则,进一步明确领导班子内部分工,坚持重大问题由集体讨论决定,防止"一把手"个人说了算,要切实做到各司其职,各有其权,各负其责。

二是要按照"公正公平,阳光透明"的原则规范行政权力运行的程序,解决权力运行过程中的随意性和滥用问题。要进一步推动党务公开、政务公开,在严守党和国家机密的前提下,对领导干部的职责、权限以及决策内容、形式、程序等事项,在适当范围内进行公开,接受干部群众的监督,切实纠正某些领导干部在执行规章制度上搞特殊化和"制人不制己"的行为,继续深化干部人事制度、司法体制和工作机制、行政审批制度、财政管理制度、投资体制、金融体制等方面的改革,打破权力的神秘感,杜绝暗箱操作。

三是要强化责任约束、坚决执行和不断完善问责机制,实现行政执法从"权力行政"到"责任行政"的转变。现代政府是责任政府,全心全意为人民服务、对人民负责是党的宗旨,因此要建立和完善党代会对党员、人代会对选民负责任的制度体系,要健全党委会及其常委会对党代会、一府两院对人代会及其常委会负责任的制度体系,不断强化党政官员的问责制,特别是实行过错责任追究办法,对破坏法律规则、滥用行政执法权力者进行严厉惩戒,这不仅保证了法律规则得到贯彻实施,而且也是预防腐败、取信于民的主要举措。

---

① 《邓小平文选》第2卷,人民出版社1994年版,第333页。

(三)完善监督体系,形成一张反腐倡廉的合力网

加强监督是反腐治本措施的重要一环。只有全员反腐、全员拒腐,形成一张反腐倡廉的合力网,才能真正克制腐败,政治文明建设才有希望,社会才能和谐发展。因此,现在要做好以下几方面的工作:

一是要加强党内监督。实行党代会常任制,完善党委会向党代会报告工作的制度;通过完善上级纪委的派出制度和上级党委对下级的巡视督察制度,加强上级对下级的监督;进一步明确和规范党委会及其常委会的职责范围、议事规则和决策程序;认真实行领导班子民主生活会制度,加强领导班子内部的同级相互监督;坚持实行党内民主,完善选举和罢免制度,加强下级对上级的监督。

二是要加强权力机关和民主党派的监督。要认真落实《各级人民代表大会常务委员会监督法》,进一步完善现有的监督机制,明确人大监督的职责权限和手段,规范监督程序,发挥人大的监督作用;要强化司法机关内部和同级行政机关之间的相互监督制约;要不断探索和完善新时期民主党派对执政党民主执政进行监督的机制。

三是要加强群众监督。邓小平早就提出:"要有群众监督制度,让群众和党员监督干部,特别是领导干部。凡是搞特权、特殊化,经过批评教育而又不改的,人民就有权依法进行检举、控告、弹劾、撤换、罢免,要求他们在经济上退赔,并使他们受到法律、纪律处分。"①当前特别要保护公民举报腐败的权利,完善信访制度、行政复议制度、行政诉讼制度和国家赔偿制度等,创建快捷、便利、保密、反馈的信息举报绿色通道。

四是要加强舆论监督。舆论监督是揭露和打击腐败最为有效的形式之一,对腐败行为予以曝光,容易引起社会的关注和公众的广泛监督,对腐败的制约形成巨大的威力。要完善保障舆论监督的法律法规,落实新闻工作者的采访权、报道权、评论权、批评权,给新闻工

---

① 《邓小平文选》第2卷,人民出版社1994年版,第332页。

作者更多的舆论监督的权利,从而给反腐败工作增添新的锐利武器。

第二节　封建政治残余是政治不文明的遗毒

用以民为本代替以官为本、用民主代替专制、用科学代替愚昧、用法治代替人治是现代政治文明的基本特征,也是和谐社会进程中对政治文明的基本要求。因此,彻底肃清政治不文明的遗毒,是我国社会主义和谐社会进程中不可回避的重要课题。

一、官本位是政治文明的障碍

江泽民对官本位进行了科学界定,他指出:"所谓'官本位',就是'以官为本',一切为了做官,有了官位,就什么东西都有了,'一人得道,鸡犬升天'。"①官本位至少包括了四点内容:公共权力的运行以"官"的利益和意志为最根本的出发点和落脚点;严格的上下层级制度,下级对上级唯命是从,上级对下级拥有绝对的权力;以是否为官、官职大小、官阶高低为标尺,参照官阶级别来衡量人们社会地位和人生价值的社会心理;在此基础上形成的敬官、畏官的社会心理。在日常生活中,官本位现象通常表现为官僚主义和享乐主义、形式主义和主观主义、自由主义和个人主义。官本位现象,在中国可谓历史"悠久"。古人虽有"万般皆下品,唯有读书高",但其最终目的仍是"学而优则仕"。江泽民指出:"这种'官本位'意识,流传了几千年,至今在我国社会生活中仍然有着很深的影响,一些共产党员和党的领导干部,也自觉不自觉地做了这种'官本位'意识的俘虏,于是跑官、买官、卖官的现象出来了;弄虚作假、虚报浮夸,骗取荣誉和职位的现象出来了;明哲保身,不思进取,但求无过,一切为了保官的现象出来了;以权谋私的现象出来了。"②

---

① 江泽民:《论"三个代表"》,中央文献出版社2000年版,第77页。
② 江泽民:《论"三个代表"》,中央文献出版社2000年版,第77页。

（一）官本位的主要表现与特点

张怀重在《试论官本位产生的原因及对策》中列举了官本位思想在当前的主要表现：一是主观主义和形式主义：脱离群众，脱离实际，好摆门面，好说空话，因循守旧，照抄照搬，公文旅行。工作中表现为好大喜功，提出不切实际的高指标、高速度，盲目攀比；热衷于评比、检查、表彰和达标等政绩工程；追求"轰动效应"，为求得眼前一时之效而不惜损害长远利益和全局利益。二是官僚主义和享乐主义：高高在上，滥用权力，不思进取，办事拖拉，压制民主，欺上瞒下，专横跋扈。工作中追求规格档次级别，生活中贪图享受，作威作福，把自己凌驾于法律和人民之上，甚至称霸一方。三是自由主义和个人主义：放弃原则，丧失党性，以权谋私，任人唯亲，拉帮结派，贪赃枉法。他们追求虚荣、权力，跑官、要官、买官、卖官、骗官、以色换官，甚至一些人为了当官不惜用迷信或雇凶杀人等违法手段。

金维克、李广智在《官本位行为的表现、危害及根治的基本思路》中分析了官本位者求"官"和选"官"的方式。求"官"主要有四种方式：一是骗官，靠弄虚作假、欺上瞒下，求得一官半职或实权岗位。二是买官，通过送礼、行贿等办法，打通"关节"，以求职位升迁。三是跑官，为了升官，四处活动，到处找关系托人说情，严重干扰了单位的正常工作。四是闹官，为了个人提拔而与领导胡搅蛮缠。选"官"有三种方式：一是任人唯上、唯亲、唯顺。这是官本位者考察、选拔干部的基本方针。唯上是因为上级主管部门或主要领导决定官本位者的"官运"，所以他们对领导意图、长官意志历来领会得"透"、贯彻得"实"。唯亲、唯顺是因为官本位者要巩固自己的地位、树立自己的权威，必须有一帮得力助手，这种唯上、唯亲、唯顺的选干方式，不仅为善于钻营者投机取巧提供了方便，也在干部队伍中形成不好的风气，助长官僚主义的蔓延。二是平衡关系。官本位者为了维持或使自己的官位得到晋升，十分注意协调方方面面的关系，在提拔干部这一敏感问题上更是以平衡关系、不引起矛盾为出发点，这必

第四章 滞后与阻抗：和谐社会进程中的政治不文明

然使一些没有什么能力、也没有什么"毛病"的老好人占据领导岗位，影响事业的发展。三是论资排辈。有些官本位者选拔干部十分看重台阶和资历，往往把工作年限、任职时间、职务档次作为硬指标，而政治素质、能力水平、实际贡献仅作参考，这样必然会严重压抑人才。

在现实生活中，官本位思想在我们党员干部队伍中一直没有得到很好的清理，尤其是在我国向市场经济转轨的过程中，这些封建遗毒与一些腐朽落后的资产阶级思想纠缠在一起，以新的面目和特点表现出来，肆虐横行，吞噬着党的健康的肌体，成为滋生腐败和各种丑恶现象的温床。它主要表现在以下几个方面：一是官本位思想泛滥。与经济体制改革的突飞猛进相比，政治体制改革步履维艰，究其深层原因，干部队伍里浓厚的官本位思想是一个重要制约因素。现实生活给官本位思想提供了得以泛滥的各种条件。从物质利益的角度看，做官有稳定的相对高的收入，权力可以带来不少灰色收入。同时，做官还可以为其家人和亲属带来荣耀和各种实惠。在多重利益的驱使下，许多人把"官"视为百业之首，对做官推崇备至。"学而优则仕"成为不少人奋斗的目标和手段。二是官风不正，贪污腐败现象比较严重。权力本身具有两重性，既可用来为人民服务，也可用来谋取私利。在官本位思想控制下的权力必然背离为人民服务的宗旨。求官自保的私利足以使为官者丧失忠于职守的责任感，从而也就会淡化和丧失掉服务人民的意识。一些人唯上不唯下，对民意和普通群众的忧乐疾苦置若罔闻、漠不关心。一些人以玩弄权术为乐，以庸俗的中庸之道平衡关系，不求有功，但求无过。更有一些党员干部扭曲手中的权力，大搞权权交易、权钱交易、权色交易等。这些现象表明在一些人那里，人民的"公仆"已蜕化为"官老爷"，官本位思想已取代了为人民服务的宗旨。三是官本位与金本位结合，封建遗毒与资产阶级腐朽思想糅杂在一起。一些官本位思想浓厚的人，在市场经济的大潮中，极易感染资产阶级的"拜金主义"。由于目前的中国在体制转轨过程中缺乏对权力的有效监督，一些人便利用权力大肆攫取金钱，一些党员干部把手中的权力作为筹码，搞权钱交易、贪污受贿、挪用公款等。

(二) 官僚主义是官本位最突出的表现

"官僚主义"在《辞海》中的解释是："指脱离实际、脱离群众、做官当老爷的领导作风。如不深入基层和群众，不了解实际情况，不关心群众疾苦，饱食终日，无所作为，遇事不负责任；独断专行，不按客观规律办事，主观主义地瞎指挥等。有命令主义、文牍主义、事务主义等表现形式。官僚主义是剥削阶级思想和旧社会衙门作风的反映。"官僚主义是官本位思想的表现形式之一，常常与形式主义相伴在一起，是党和国家政治生活中广泛存在的一个大问题，是和谐社会构建中最有害的障碍之一。

1953年，毛泽东在《反对官僚主义、命令主义和违法乱纪》中列举了官僚主义的二十种表现。邓小平也对官僚主义的表现进行了归纳："高高在上，滥用权力，脱离实际，脱离群众，好摆门面，好说空话，思想僵化，墨守陈规，机构臃肿，人浮于事，办事拖拉，不讲效率，不负责任，不守信用，公文旅行，互相推诿，以至官气十足，动辄训人，打击报复，压制民主，欺上瞒下，专横跋扈，徇私行贿，贪赃枉法，等等。"[①]当前，官僚主义的表现可以说是五花八门，归纳起来主要有以下各种：一是方向不明。二是思路不清。三是不思进取。四是唯我独尊。五是庸俗贪婪。六是脱离实际。七是贪功诿过。八是不负责任。九是不干实事。十是消极懒惰。上述这些官僚主义作风极大地损害着党在人民群众中的威信，影响着党和政府同人民群众的鱼水关系，制约着改革开放和社会主义现代化建设的进程。旅美历史学家黄仁宇在其历史著作《放宽历史的视界》一书中对中国存在了几千年的官僚政治的特点有过一番笼统的概括，其中有一点是：这制度以上级的理想为原则，不以下级实情为准据，是以经常要由上至下施加压力。官僚行政之用心设计必以保全这组织上的逻辑为主，不仅下层利益可以因保全这逻辑而被抹杀，很多官僚本身的性命亦可以为之牺牲。当代美国最负声望的中国问题专家费正清在其《伟大的中国

---

① 《邓小平文选》第2卷，人民出版社1994年版，第327页。

革命》一书中对中国官僚政治也有过论述：地方官员的士气，他们对中央的忠诚，是决定成果的关键因素。他们用报告请示办法把事情向上级推，直到得到批准为止，而不切实地为人民服务。

（三）官本位意识是和谐社会进程中建设政治文明的重大障碍

随着社会主义现代化建设的深入发展，官本位意识的危害已经越来越大，是建构和谐社会的重大障碍，如果任其泛滥成灾，不仅无法建构起和谐社会，还有亡党亡国之可能，所以，江泽民强调说："对历史遗留下来的这种官本位意识，必须狠狠批判和坚决破除。"①其危害具体表现为：

第一，官本位意识会危害到党和政府的形象和声誉及其执政能力。具有官本位思想的人，他的指导思想是个人主义、形式主义，作风是官僚主义、享乐主义。在官本位意识影响下所造成的官价值至上、官真理至上、官利益至上、官僚主义泛滥和官商勾结等现象，一方面将败坏党的声誉，损害政府的形象，阻碍了党的先进性发挥，动摇了党的执政地位；另一方面会严重影响党的执政能力和政府的行政能力。当前，党内的官本位思想是封建思想和小资产阶级思想在党内的反映，它与我党的执政本质是不相符的，是腐败产生的根源。以官僚主义为特征的官本位思想是小生产的产物，同社会化大生产是根本不相容的。在社会主义中国，党是领导我们事业的核心力量，政府是我们发展社会主义事业的具体领导者和组织者，社会主义现代化建设和和谐社会的构建，其关键在党，其关键在政府。由于官本位意识影响所造成的种种恶果，会在不同程度上影响党和政府的权威以及它们的执政能力和行政能力，因而也必将会不同程度地影响到社会主义现代化建设和和谐社会建构的历史进程。

第二，官本位意识会危害到党群和干群关系。在官本位意识影响下，官价值至上所造成的官民等级关系，破坏了社会主义社会应有的人与人之间的平等友爱关系；官僚主义严重，破坏了应有的党群和干

---

① 江泽民：《论"三个代表"》，中央文献出版社2000年版，第77页。

群关系，造成了党群干群关系的隔阂，引起了广大群众的强烈不满。我们的党和政府是广大人民群众根本利益的忠实代表，是为人民执政和行政的，我们的党和政府最大的政治优势是密切联系群众。然而，在官本位思想影响下产生的种种不良现象，在不同程度上削弱和动摇了这一最大的政治优势，如果任其发展下去，就会危及我们党的执政地位，影响我们国家政权的性质，影响民心的向背，就有自我毁灭、人亡政息的危险。

第三，官本位意识会危害到民主和法制建设。在官本位制度下，社会会形成一个等级分明的秩序。一个金字塔式的权威结构把权力集中在几个人手里，一切决策和决定不是看客观真理的多少，而是视官阶的高低，这样就不可能真正做到决策的民主化、科学化和法制化。在这种情况下，唯有官的决策和决定才是正确的，唯有官阶高者的决策和决定才是正确的，而群众的建议、下级干部的意见就难以被采纳，更不可能对决策和决定产生什么影响，于是，一切按长官意志定决策做决定。官本位意识阻碍了社会的公民意识、平等意识、自主意识、法制意识的充分发展，也阻碍了社会主义民主政治的充分发展，对社会主义民主政治制度和法制建设造成严重的阻碍。

第四，官本位意识会危害到经济建设。历史揭示，官本位是在经济、科学文化不发达的情况下，国家对经济、政治、文化实行高度集中统一管理的特殊产物。社会愈贫穷落后，官的地位便愈重要，权与利便密不可分，形成金字塔形的单一利益结构，这种利益结构使各种社会组织及其所属人员失去改进工作、奋发向上的压力和动力，从而使整个社会失去了应有的生机和活力。改革进行到今天，官本位成了改革继续深入的突出障碍，官本位的特权与建立社会主义市场经济和社会主义民主政治是格格不入的。一是官本位者奉行与市场经济相对立的价值观，他们不愿接受市场经济的新观念，工作上因循守旧，缺少开拓进取精神；不深入群众，不深入实际；不研究解决新情况、新问题，这与市场经济的讲竞争、讲发展、讲效益的观念是完全不符的。二是官本位者只谋官位，不谋事业，将精力都用在谋求职位的升迁上，极力搞短期行为，追求轰动效应，严重阻碍了改革的顺利进行。三是官本位者不愿失去既得利益，对于触及自身权威和利益的改革，想方设法拖延其进程或使其走形变样，使许多政策出台后在实践中总是发生扭曲变形现象。四是在社会主义初级阶段、市场经济仍然不成熟的条件下，一些有权者通过操纵改革，使权力资本化、货币化，官商勾结，导致了腐败的滋生蔓延和市场的不公，严重挫伤了广大群众的积极性、主动性和创造性，出现了许多"形象工程"、"政绩工程"、"首长工程"等，在不同程度上成了"烂尾工程"、"亏本工程"、"负债工程"、"扰民工程"，这一切在不同程度上影响到经济建设的发展。

第五，官本位意识会危害到社会主义精神文明建设。官本位意识也危害到了社会主义精神文明建设和整个社会主义现代化建设事业，具体表现为：一是强化当官心理，追逐仕途利益。在现行官制下，个人在社会中的地位主要取决于他的行政级别，个人的价值也用行政级别来衡量，看得见及看不见的巨大实惠刺激着人们当官的欲望，人民"公仆"的官制也就变味成为当官做老爷的官本位。这些因素强化了官本位意识，使更多的人崇拜权力，追逐仕途，"于是跑官、买官、卖官的现象出来了；弄虚作假、虚报浮夸，骗取荣誉和职位的现象出来了；明哲保身，不思进取，但求无过，一切为了保官的现象出来了，以权谋私的现象出来了"①。二是重官职轻业务，违背各类人才成长和管理规律。在官本位思想下，重官职轻业务，使各行各业的专门人才的待遇不可避免地低于行政官员，专门人才呕心沥血、埋头苦干所获的文凭、学位、职称、科研成果等，有些官员利用权力就可轻而易举地得到。这不仅压抑了专门人才的积极性，而且导致大批人才涌向仕途，造成官吏队伍日益膨胀。用管理行政官员的简单划一的方式管理各类专门人才，不仅违背了他们各自不同的成长规律，抹杀了人才多样化的特点，而且阻碍了他们的健康成长，造成官吏冗滥、合格人才不足的局面。

---

① 江泽民：《论"三个代表"》，中央文献出版社2000年版，第77页。

二、宗法意识是封建残余的遗毒

宗法意识是长期以来形成的一种建立在以父系家长制为核心和以血缘家族、尊卑有序为基础的思想意识，它是中国古代社会构成的重要方式。中国古代社会是一个由差序伦理整合起来的宗法社会，以血缘关系为基础，标榜尊崇祖先，维系亲情，在宗族内部区分尊卑长幼，并规定继承秩序以及不同地位的宗族成员享有不同的权利和义务的法则。贯通中西的费孝通先生，在60年前将整合中国社会的伦理道德秩序称为差序结构，即在宗法社会里，各种社会关系都是以"己"为中心构成的同心圆，自里面的"己"出发，自内而外，就形成了似石子丢进水中形成的同心圆波纹那样的层次关系，一圈圈推出去，愈推愈远，愈推愈薄，这就形成了贵贱、亲疏的差等次序即"差序结构"。当代政治生活中主要表现为家长制观念、宗派主义、等级特权意识、裙带关系、宗族势力、封建迷信等。

（一）宗法意识在当代政治生活中的主要表现

一是家长制观念，亦称"家长制作风"，表现为家长式的人物个人高度集权，个人决定重大问题，个人凌驾于组织之上，驾驭组织行使个人意志，使组织成为个人工具，以组织的名义牟取自我利益或泛化了的自我利益。当今社会，部分领导干部作风不民主，听不进不同意见，以"家长"的话论定是非。有的单位"一把手"一手遮天，把责任主管的单位看作自己的势力范围和领地；有的国有企业领导把自己主管的企业变成"父子公司"、"夫妻店"、"家族行"，胡作非为。邓小平曾在《党和国家领导制度的改革》中就对家长制作风进行了集中揭露与深入批判："不少地方和单位，都有家长式的人物，他们的权力不受限制，别人都要唯命是从，甚至形成对他们的人身依附关系。"① "把自己所领导的地区和部门有意地或无意地看作个人的资本

---

① 《邓小平文选》第2卷，人民出版社1994年版，第331页。

和独立王国。"①家长制作风是宗法制残余在现代社会的突出表现，它严重阻滞了社会主义民主和法治建设。

二是宗派主义，指在一个政党或团体的对内对外关系上，以宗派为出发点的思想和行动，是组织关系上党风不正的一种表现。它的主要特点是：思想上自私狭隘，妄自尊大，自以为是，争名誉，争地位，争出风头，把个人利益放在第一位，把党的利益放在第二位；在党内闹独立性，只顾局部利益，不顾全体利益，企图使全体利益去服从他们的局部利益；在同志关系上，拉拢一些人，排挤一些人，拉帮结派，进行无原则的派别斗争，搞小组织分裂活动；在处理本单位、本部门与外单位外部门的关系上，搞本位主义，在处理与党外关系上搞关门主义。对内产生排内性，破坏党的统一和团结，对外产生排外性，破坏党与人民群众以及与其他党派的关系。1941年9月10日，毛泽东在中共中央政治局扩大会议上专门发表了《反对主观主义和宗派主义》的讲话：宗派主义是党性不纯的一种表现，宗派主义可以闹到使我们党完全孤立起来，可以闹到使我们党内部不团结，甚至使我们党解体。

三是等级特权意识。等级是指建立在人格不平等和人身依附关系基础之上的政治、社会结构与政治制度。特权是指在法律和制度之外的政治上和经济上的权力。两者都是受封建主义残余影响的表现。等级观念是宗法伦理之首要特征，它导致中国人长期以来对权力高度崇拜，忽视了对个人主体意识的培育。在传统中国，建立在小农经济基础之上的宗法伦理是通过家族本位和君权主义表现出来的，它的"亲亲"、"尊尊"的伦理规则深刻地反映出它的等级差异精神。在当今社会，它又以新的面貌表现出来。一些公务人员因自己的功劳和职务以"老爷"自居，以此作为特殊化的资本搞特权，认为自己可以不受法律的约束，为所欲为，置身法律之外，进而违反党纪国法。

四是裙带关系，是指基于血缘关系产生的、具有强烈的利益色彩的、狭隘并且是排外的社会关系。它是古代亲亲伦理政治原则在社会主义初级阶段的突出表现。它主要是基于功利的需求，附带社会角色

---

① 《邓小平文选》第1卷，人民出版社1994年版，第203页。

感、认同感、寻求自信等精神方面的需求。随着文化的逐步发展，裙带关系也被进一步地推向官场、商场、学界等权力场，上下级之间、同事之间、亲朋好友之间组成多层次、多角度、多维度的关系网。裙带关系的含义也从最开始的血缘关系扩展到姻缘关系、拟制血缘姻缘关系，诸如同学关系、战友关系、老乡关系、同事关系、同学的战友的关系、战友的同学的关系，等等。

五是宗族势力。在中国历史上，宗族势力是乡村社会的主要统治力量，如在农村，族权高于一切。新中国建立初期，农村的宗族势力在土地改革和农村社会主义改造运动中受到了毁灭性的打击。但是，宗法制度在中国存在了几千年，宗法观念已深深地植根于人们的心中。近些年来在一些地方，宗族色彩日益浓厚，利用祭祀祖先、唱族戏、婚丧嫁娶等活动将村民族人联系起来；修族谱、立宗祠、祭祖宗、寻亲会祖等活动逐渐开展起来，甚至宗族械斗也在农村蔓延开来；更为严重的是，一些地区的宗族大姓利用自己的关系和经济优势，通过合法或不合法的途径，把持正式组织，控制基层政权。家族组织和势力的存在，破坏了乡村的政治运作规则，阻碍了乡村的民主政治建设。

六是封建迷信。封建迷信是新中国建立后约定俗成的一个专用名词，特指人们相信星象、占卜、巫医、风水、命相、鬼神等思想与行为。中华人民共和国成立后经历政治运动的打击，曾沉寂了很长的时间。但改革开放以来，由于种种的原因，又沉渣泛起，特别是在广大农村不仅普遍存在，而且有扩大和蔓延之势。其主要的表现是：建庙祭祖，焚香磕头，巫婆神汉活动猖獗，算命先生、风水先生生意兴隆，各种非正式宗教组织活动频繁，丧事大操大办，等等。值得注意的是，在部分农村甚至出现了封建迷信占领意识形态主流，封建迷信和宗法势力相互勾结，干预农村政务的现象。如果任其发展，势必影响农村经济的正常快速发展，影响农村社会的稳定，成为构建和谐社会、建设社会主义新农村进程中的阻力，因而应尽快引起各级政府和有关部门的高度重视。

（二）宗法观念阻碍了政治文明建设的进展

目前社会上出现了以宗族为基础的地方豪强和望族势力称霸一

第四章 滞后与阻抗：和谐社会进程中的政治不文明

方、宗族组织凌驾于人民政府之上、一些基层政权被大宗族控制的"家天下"和独立王国的不正常现象。在这些地方，族规就是"国法"，族长就是"法官"，私设公堂、草菅人命的事经常发生，宗族势力破坏了国家地方司法权，构成了对国家政权的巨大威胁。此外，"和为贵"的伦理观与现代法文化中的诉讼意识形成尖锐冲突。受这种伦理思想的影响，再加上传统中家族组织的普遍存在，法律上的纠纷多局限于家族内进行调解，尽量避免对簿公堂，以谋求一种体面的、符合宗法人伦的解决方式。这种轻讼、厌讼、无讼观念至今仍存在于百姓心中，影响着法律功能的有效发挥。现代社会许多人依旧保持着"和为贵"的心态，即使是存在法律上的纠纷也要尽一切努力设法平息，变有讼为无讼。这种心态遏制了人们运用法律追求正义的诉讼意识的形成，人类追求正义的本能被这种伦理思想消解，不利于社会主义法治建设。

等级观念给中国社会带来的弊端之一就是社会主体地位的消失，每一个社会主体往往从属于比其更高的等级阶层。这样的等级观念导致社会主体权利的弱化和国家权力的强化，其结果就是官阶越高，社会地位也就越高，权力就越大。在等级伦理之下，个体融入群体，个人毫无权利可言，没有公平、正义，只有绝对的服从，导致普通民众对权利的轻视，对法律规则的蔑视，对权力的盲从，使得人们在行为选择时，首先考虑的是这一选择是否符合领导的要求，会不会冒犯当权者的利益，而不管该行为是否符合法律和正义。人的个体主体意识丧失，权利意识、平等观念匮乏，很难形成追求权利与自由的行为模式。权力在得不到有效制约的时候就必然会膨胀，走向绝对化。权力的呼风唤雨使得人们对它顶礼膜拜。绝对化的权力反过来又巩固了人们的等级观念，使其成为人们心理结构中的超稳定系统。等级观念已深深地渗透到国人的心里，成为现今中国法治社会建设的首要障碍。

裙带关系在满足其基本需求之后，必然会创造出新的需求，因此"营私"也就越来越成为裙带关系的主要业务，由此衍生出腐败、资源分配的不公平、法律的不公正也就成为一种必然。因此，腐败、不公平、不公正的重要原因在于裙带关系，裙带关系的基础在于家庭，本质在于国家、社会义务的不履行或不当履行。

社会主义政治生活中各种特权思想的发生，既是政治体制不健全的结果，也是封建残余思想尚未肃清的表现。在计划经济向市场经济转轨过程中，政府部门有意无意地受集权思想的支配，想方设法垄断权力而不肯轻易地放弃，强化了现有体制的稳固性，妨碍经济和政治体制的转轨，一些国家机关的工作人员受封建特权思想的影响，表现为无视党的原则，无视群众意见，喜欢大权独揽、小权不放，这些都严重影响着我国经济和政治体制改革的进程，也成为社会主义政治文明的障碍。

三、导致封建政治残余的主要原因

（一）封建思想的遗毒

作为封建腐朽思想产物的官本位思想，是伴随着两千多年的封建专制社会的发展而形成、逐步强化并最终固化为人们心理和思维定势的。商鞅的以吏"为天下师"①和韩非子、李斯的"以吏为师"②开了官本位的理论先河。"学而优则仕"是封建社会的一种基本价值取向，官位高低是衡量人的社会地位和人生价值的唯一标志。官本位的观念在中国可谓根深蒂固，其遗传性影响到今人的世界观、价值观和人生观的形成，尤其是各级领导干部身处官场，受害更深。鲁迅曾批判道："中国人官瘾实在深……那魂灵就在做官。"③经过长期的历史演化，官本位意识已成为一种社会习惯和群体的深层心理。当今，"在文化心理方面，人们认为国家干部地位是最高的；对于各种特权，在老百姓的心理上也认为是合理的"④。具体说来，它的产生、形成和

---

① 《商君书·定分》。
② 《韩非子·五蠹》和《史记·秦始皇本纪》。
③ 《华盖集续编·学界的三魂》，《鲁迅全集》第3集，人民文学出版社1981年版，第206页。
④ 关海庭：《"文化大革命"与当代中国政治发展》，《当代中国史研究》1996年第1期。

第四章 滞后与阻抗：和谐社会进程中的政治不文明

得以延续的原因表现为：首先，等级森严的官僚体制是其滋生的载体。中国封建社会创立了人类古代历史上最完备的官僚体制。从夏朝建立我国历史上第一个奴隶制王朝，经过秦始皇统一中国，建立中央集权制封建国家，到清朝的皇帝统治下的省、道、府、县，官一直是居于社会的核心位置。等级森严的体制在统治者内部强化了人与人之间的不平等意识，为官本位思想奠定了基础。这种完备的官僚体制与封建专制的特点是相适应、相配套的。其次，封建专制统治是其形成的根本原因。在封建专制社会里，整个统治阶层与普通民众存在着一条鸿沟。从帝王到各级官僚，都实行着不同级别的专制统治，垄断社会政治经济权力，左右国计民生。封建时代的专制统治赋予了"官"丰富的内容和宽广的意义，即"官"不仅意味着权力、财富、金钱和荣耀，而且还象征着一个人的成就、价值、能力和水平，显示着一个人的智慧和才华等。其后果之一就是助长了整个社会的"官为尊，官为贵"的共识。最后，封建伦理道德起到了推波助澜的作用。在长达两千余年的封建社会里，儒家的德、礼、仁、义思想在国民意识中根深蒂固，紧紧束缚着人们的民主思想、平等观念、开放意识。数千年来，中国老百姓养成了逆来顺受、任劳任怨的忍耐性格。

（二）经济因素是直接原因

中国封建社会是一个以小农经济占主导与支配地位的农耕社会，这是导致生产力落后、部分民众生活贫困的重要经济根源。它为封建残余滋生和蔓延提供了天然的社会经济和社会心理基础，影响到了我国的政治生活与社会生活。"小农经济是传统农业社会在现代社会的经济遗存，它是封闭而非开放的，保守而非进取的，更多的是与宗法、等级、特权、集权、专制相关联。"①中国古代社会的经济基础是一家一户为生产单位的自给自足的农耕经济，在这种经济基础上建立了封建宗法制度和家国同构的封建专制制度，这种制度的基本特色就是严格的封建等级制度。这种封建等级制度以"三纲五常"为伦理核

---

① 叶剑锋：《肃清封建主义残余影响》，《理论导刊》2003年第1期。

心,强调人间等级秩序的合理性、正当性,滋生出官本位观念、宗法意识、特权思想和个人崇拜等观念。小生产者的家长制在封建社会始终占据统治地位,加上半闭锁的地理环境,使得"中国百姓更容易把自己固化于血缘与地缘的小群体中,从而生出强烈的宗派性。乐于参与宗派间无谓的摩擦与争斗,形成一盘散沙状态"①。在思想上宗族意识是一种自我封闭性极强的社会意识,它具有血缘性、封闭性、等级性、狭隘性、反民主性及存在的广泛性等特点,宗法意识主导下的民众只知道有家庭、宗族而不知道有国家、社会;只知道宗法意识而没有权力意识、公民意识、法律意识、民主观念和公共精神,而且"小农经济的狭隘、保守、自私、封闭、迷信与宗法性可以消解民主政治的任何积极成果"②。

四、肃清封建残余是构建我国和谐社会的基本要求

如前所述,民主、科学、法治是现代文明的本质要求。官本位和宗法意识严重践踏了"以民为本"的现代理念,是影响社会稳定、激化社会矛盾的重要因素,是实现民主法治、维护公平正义的主要障碍,因此应引起我们的高度重视。

(一)加快社会主义民主法治建设是克服官本位和宗法意识的关键

以人治代替法治,是官本位和宗法意识的要害所在。要真正贯彻"以民为本",实现社会主义社会人民当家作主,必须重视社会主义民主法治建设。一是要完善法律制度,夯实社会和谐的法治基础。维护社会主义法制的统一和尊严,树立社会主义法制权威。坚持公民在法律面前一律平等,尊重和保障人权,依法保证公民权利和自由。二是要加快建设法治政府,全面推进依法行政,严格按照法定权限和程序行使权力、履行职责,健全行政执法责任追究制度。三是要深入开

---

① 于洪生主编:《破译迷信》,山东人民出版社2000年版,第25页。
② 叶剑锋:《肃清封建主义残余影响》,《理论导刊》2003年第1期。

展法制宣传教育，形成人人学法、守法、用法的氛围。四是要坚持司法为民、公正司法，推进司法体制和工作机制改革，建设公正、高效、权威的社会主义司法制度，发挥司法维护公平正义的职能作用。

（二）加强社会主义先进文化的建设，铲除封建残余的思想文化基础

一是要加强对所有社会成员特别是广大党员干部进行马克思主义指导思想、中国特色社会主义共同理想、以爱国主义为核心的民族精神和以改革创新为核心的时代精神以及社会主义荣辱观的教育，树立科学的世界观、人生观和价值观，树立民本意识，克服当官做老爷的封建思想，增强公仆意识。二是加强对官本位和宗法意识等封建残余的揭露与批判，营造以讲民主、讲平等、讲科学为核心内容的积极健康的思想舆论氛围，普及提高广大群众的参政议政、依法维护自己的权利的意识和能力，普及科学知识，弘扬科学精神，养成健康文明的生活方式，形成平等、互助、礼让、宽容的和谐的人际关系。

（三）深化政治体制和干部制度改革，创新有效监督机制

一是要按"精简、高效"的原则进行机构改革，推进干部人事制度改革，完善领导干部的遴选、任期、考核、奖惩、退出机制，打破领导干部的"大锅饭"，实现干部的能上能下。二是打造责任政府，建立对领导干部的监督体系。关于此问题，笔者已在前节叙述，这里不再重复。

（四）充分发挥政府的引导作用，破除封建迷信

加快建设社会主义新农村建设的步伐，推动农村经济发展，改善农村医疗条件，提高农村人群的社会保障水平，使如何增加收入、奔小康、建设新农村成为农村社会生活的主题；充分发挥党员的模范带头作用，带领、教育、引导广大群众，彻底破除农村的封建迷信活动，加强农村精神文明建设，坚持文化、科技和卫生"三下乡"活动，不断提高、丰富农民的文化知识水平和精神生活，让社会主义的先进文化占领农村，用先进的文化击溃落后的文化，用健康的活动替代愚昧的活动，使封建迷信活动失去赖以滋生的土壤；宣传、帮助和引导农民正确区分封建迷信与传统民俗、宗教信仰，对于传统民俗、风俗、合法的宗教活动要根据国家的有关规定予以尊重，对于封建迷信活动应给予坚决地抵制和严厉地打击。

第三节 民主政治的理性选择

胡锦涛在党的十七大报告中指出，人民民主是社会主义的生命。发展社会主义民主政治是我们党始终坚持不渝的奋斗目标。民主政治是社会主义政治文明的基本特征，也是构建和谐社会的政治保障。没有民主，就没有社会主义，也就没有社会主义现代化，和谐社会建设更无从谈起。只有让人民群众享受充分的民主，才能调动广大人民群众的积极性、主动性和创造性，才能使人民内部矛盾得到正确处理，使社会公平和正义得到切实维护和实现，使社会保持安定团结的局面，从而逐步实现和谐社会的目标。虽然中国社会主义民主政治建设取得了巨大成就，但仍有许多需要克服和解决的问题。就总体而言，我国民主制度还不够健全，人民在社会主义市场经济条件下当家作主管理国家和社会事务、管理经济和文化事业的权利在某些方面还没有得到充分实现；民主缺失和民主泛化现象在许多领域仍不同程度地同时存在。如何通过克服这些现象，发展理性民主和社会主义民主政治，是我们建设高度的社会主义政治文明面临的重要历史任务。

一、"民主缺失"是当代社会发展的阻碍

民主是人类政治文明发展的成果，也是世界各国人民的普遍要求。民主不是抽象的，而是具体的、历史的。在不同的国家和不同的历史时期，民主的具体表现形式会有所不同。现代民主的内容主要包括四个方面，即公民的民主权利、国家的民主体制（如执政党和其他政党的关系、执政党与国家机构的关系、国家机构的内部关系，等

等)、政治运作的民主程序(如选举、决策、立法、司法等程序)和国家机关及其工作人员的民主方法。

当今世界,民主政治被公认为是政治现代化的核心目标,已经成为全球发展所追求的目标,也是全球政治发展的必然趋势。美国学者塞缪尔·亨廷顿不无根据地将20世纪70年代到90年代这个时期一些国家的政治民主化进程称为民主浪潮的第三波。① 特别是随着经济全球化的发展,民主不仅成为世界经济自由发展的客观需要,而且也使不同形式的民主的竞争成为意识形态竞争和文化软国力竞争的重要领域。

国务院新闻办公室2005年10月19日发表的《中国的民主政治建设》白皮书指出:"中国的社会主义民主政治,使占世界约五分之一人口的这个东方大国的人民,在自己的国家和社会生活中当家作主,享有广泛的民主权利,这是对人类政治文明发展的重大贡献。"②特别是近20多年来,中国社会主义民主政治建设在实践中取得了许多重大进展。

但是,由于受中国特有的政治历史环境、经济滞后条件和思想文化状况等历史因素的制约,中国的社会主义民主政治建设表现出其特有的长期性、复杂性和艰巨性。由于漫长的封建社会和百余年的半殖民地半封建社会的历史重负,造成了中国专制传统很深、民主政治不发展的状况;旧中国落后的经济基础和经济发展的不平衡,以及新中国建立后长期实行集权式的计划经济模式,无法为民主政治提供充分的经济基础;我党在革命和战争时期必须坚持的集权领导方式在执政时期没有及时得到转换等原因,决定了目前我国的民主政治仍然不健全,在许多领域仍存在着"民主缺失"或"缺失民主"的现象,具体表现在如下几个方面:

---

① [美]塞缪尔·亨廷顿:《第三波——20世纪后期民主化浪潮》,三联书店1988年版。

② 国务院新闻办发布:《中国的民主政治建设》,2005年10月19日。

(一)基本的民主制度尚不健全

人民代表大会制度是中国人民当家作主的根本政治制度。人民通过全国人民代表大会和地方各级人民代表大会,行使国家权力。人民代表大会的职权主要有四项:立法、监督、人事任免、重大事项决定。我们建立了一套包括选举、听取"一府两院"工作报告、执法检查、代表评议、对选举和任命的干部进行述职评议、个案监督等制度,人民代表大会的作用得到不断的加强。但其作用的发挥与人民群众日益增长的民主要求和期望还存在不小的差距,尚难让人民群众满意。从人大代表的选举来说,虽然直接选举人民代表的范围扩大到乡镇一级,并实行了差额选举,但其候选人的产生缺乏公开透明和令人信服的程序,代表名额的分配不尽合理,突出表现在农村与城市每一代表所代表的人口数的比例严重不平衡;从人大常委会和职能部门的组成来看,仍存在着把人大作为安排退居"二线"的干部的平台,一定程度上降低了人大的威信与作用;从人大的监督作用来看,虽然我国宪法对人大及其常委会的监督地位作了明确的肯定并制定了人大监督法,但由于监督机构不健全,监督法规的实施办法不完善,致使监督效果不理想,人大及其常委会的监督往往停留于搞调查、听汇报、作批评、提建议,因而弹性较大,刚性较小。

中国共产党领导的多党合作和政治协商制度是当代中国的一项基本政治制度,是中国共产党与各民主党派在中国革命、建设和改革的长期实践中确立和发展起来的,是中国共产党同各民主党派风雨同舟、团结奋斗的成果,是由我国国家性质、国情、国家利益和社会发展要求所决定的。近些年来,多党合作和政治协商制度呈现出发展的势头和活力,中共中央、国务院在重要领导人选决定与重大方针政策和重要文件出台前,总要召开党外人士协商会、座谈会、情况通报会,倾听和采纳民主党派、无党派人士的意见和建议。但无论是从他们参政议政的主动性,还是从他们参政议政的广度、深度上看,仍然存在不足;参政党素质有待提高,参政功能发挥得不够;虽长期共存、肝胆相照、荣辱与共,但在互相监督上由于没有良好的实现机制，监督作用发挥得有限。

(二)党内民主有待加强

以党内民主推动人民民主，以党内和谐促进社会和谐，是新时期中国民主政治发展的战略选择。正因为如此，早在20世纪五六十年代，邓小平就指出："这种(民主的、生动活泼的)局面首先要从党内造成……如果党内不造成，国家也造不成。我们党一定要造成这样的生动活泼的政治局面，我们党内一定要有充分的民主。"①中共十四届四中全会把发扬党内民主以推进人民民主，确立为社会主义民主政治建设的一条重要途径。特别是中共十六届四中全会全面从提高党的执政能力的高度提出了加强党内民主的一系列举措。由于党内权力运作体系设计不尽合理、民主集中制的监督机制不健全和部分领导干部的个人专断、"家长制"和"一言堂"等原因，目前党内民主建设仍难尽如人意，突出表现在：一是党员的参与权、选举权、被选举权、监督权、罢免权、撤换权、申诉权、控告权、作证权与辩护权等民主权利需要得到进一步的尊重和维护，侵犯党员民主权利的现象时有发生，一定程度上存在党员民主权利虚泛化倾向，特别是由于党内监督制度不健全，致使广大党员不能对党的干部实行有效监督；二是以公开党内权力运作过程为主要内容的党务公开制度不健全，实施不力；三是部分党组织民主集中制落实不力，权力过分集中于少数人甚至一个人手中，导致个人专断。不少领导班子实行的是形式上的集体领导制度、事实上的个人专断制度。党内民主的缺失是产生错误的政绩观、导致决策失误乃至产生腐败的重要成因，同时也严重破坏了党内关系的健康发展和党内和谐气氛的形成。如何破除计划经济条件下形成的高度集权的理念，大力强化党员干部特别是领导干部的民主观念、平等观念，通过制度建设使集体领导原则具体化、制度化、规范化已成为目前急需解决的问题。

---

① 《邓小平文选》第1卷，人民出版社1994年版，第306~307页。

(三) 基层民主尚在发展中

扩大基层民主是完善中国特色社会主义民主政治的必然趋势和重要基础。目前，中国已经建立了以农村村民委员会、城市居民委员会和企业职工代表大会为主要内容的基层民主自治体系。公民有序的参政渠道增多，民主的实现形式日益丰富。但作为一种崭新的实践，基层民主仍存在许多问题，主要有：地方政府的一些人通过操纵选举的办法影响选举的严重违法违规的行为时有发生；部分地方政府官员的执政观念尚未完成转变，一定程度存在着无理干预居民和村民自治的现象，侵犯了居民和村民的民主自治权利，甚至引发了干群关系紧张；对基层组织实行的民主选举、民主决策、民主管理和民主监督缺乏完整的司法保障体制；基层自治组织发育和发展不平衡，部分基层自治组织自治能力不强，不知如何实行自治或无视法制的现象同时存在；基层群众的理性民主意识和使用民主权利的能力有待加强；农村村民委员会、城市居民委员会和企业职工代表大会在如何维护其成员的合法权益和民主权利方面的作为严重不足。

(四) 人权事业任重道远

尊重和保障人权，保证人民依法享有广泛的权利和自由是发展社会主义民主的内在要求。2004年3月，十届人大二次会议审议通过的宪法修正案，将"国家尊重和保障人权"载入宪法，揭开了中国人权事业发展的新篇章。在新中国建立60年经济社会发展成就的基础上，中国人民今天享有着过去从未有过的全面、真实和充分的人权。人民的生存权和发展权、公民权利和政治、经济、社会、文化权利得到保障，少数民族权利和妇女、老年人、未成年人等特殊群体和残疾人等弱势群体的合法权利已被高度重视。但应看到，由于历史和人口基数大的原因，我国的人权发展水平总体的起点较低；由于近些年来收入差距扩大，出现了富裕阶层和弱势群体的分化，公民在生存权、发展权、政治、经济、社会、文化等权利的保障和满足方面产生了严重的不平衡；在劳动保障、工资待遇、政治诉求表达等许多方面还局部存在着歧视妇女、老年人、农村人群、农民工等弱势群体的现象；由于一些地区和部门存在着官僚主义、腐败等现象，侵犯公民人权和合法权益的情况时有发生。

二、"民主泛化"是民主发展进程中的误区

在我国的社会主义民主政治渐进有序发展的进程中，不仅要解决许多领域的"民主缺失"问题，而且也要高度警惕各种"民主泛化"现象对社会主义民主政治的健康发展与和谐社会构建带来的破坏。民主的"泛化"现象是当代西方民主的重要特征和重要发展新趋势，其原意是"既表现为民主由政治的领域向非政治的领域延伸，运用民主的方法、民主的原则来处理经济、社会各种单元之间关系，处理各种单元内部关系以及各种人际关系中的矛盾；也表现为由国家的民主、或者说由阶级的民主扩展到成为社会中多数人的民主；甚至表现为把民主的法则和制度运用到处理国家与国家之间的关系，运用到国际组织之中。"①笔者认为，所谓政治民主泛化，是指因过度使用民主和不适当使用民主而使民主超越其适用领域、适用阶段而异化为民主发展的对立面，是民主使用中的不理性行为的综合。从现实来看，由于受西方极端民主主义思潮的影响和公民对民主的不适应性等原因，在我国的政治生活和社会生活中仍存在部分的有自由化倾向的人的政治自由化、网络政治言论的"大字报化"、基层民主的实用化、政治信息传播的随意化等民主泛化现象，它们成为民主发展进程中的"噪音"，严重影响了民主的健康发展和社会的稳定和谐。

（一）政治自由化

部分有自由化倾向的人打着维护"民主"、"自由"的旗号或打着"维护社会主义"的幌子在体制外发表攻击四项基本原则或反对改革开放的各种言论，甚至组织各种破坏活动的种种行为，有"左"和

---

① 肖勇：《论我国基层自治的依据》，《探索》2001年第1期。

"右"的两种表现：

一是资产阶级自由化。正如邓小平所讲："中国在粉碎'四人帮'以后出现一种思潮，叫资产阶级自由化，崇拜西方资本主义国家的'民主'、'自由'，否定社会主义。"①从西单墙事件、1986年至1987年方励之等人发表一系列自由化言论到1989年发生"六四"风波是我国发生的第一波资产阶级自由化狂潮。在我党旗帜鲜明地掀起了批判资产阶级自由化的高潮后，这一思潮在20世纪90年代初曾有所收敛。但随着苏东剧变，特别是以美国为首的西方国家打着"民主"、"自由"的旗号加大对我国实施"西化、分化、渗透"的战略，资产阶级自由化思潮又有所抬头，特别是随着经济全球化的发展和世界信息技术的巨大进步，为西方民主观念的传播提供了便利的条件。美国等国家为建立其主导的世界秩序，借助其强大的经济和军事实力，更加强调其民主的普世性，加大了西方价值观的推广，鼓吹"国家主权过时论"、"国家主权有限论"、"人权高于主权论"，抛出"全球治理理论"、"政治全球化论"等，力图按照它们的观念来塑造世界。国内少数知识分子充当了其代言人，他们以发表文章、举办论坛和讲座、发表网络政治言论等形式，在政治上以反腐败为幌子，攻击共产党的领导，主张多党制和竞选制；在经济上以所有制改革为旗号，企图取消公有制，全盘私有化；在文化上，极力贬低中国传统文化，美化西方文化；在思想上，鼓吹多元化、自由化；在行政上，通过对社会舆论和部分行政官员施加影响，充当某些利益集团的代言人，干扰公共政策的制定；在学术上，以新自由主义和极端民主主义为武器，以学术争鸣为幌子，疯狂贩卖西方的激进学术理论；在民主问题上，他们不顾中国的国情，鼓吹民主泛化，主张激进的休克式的民主改革。

二是"新左派思潮"。在改革开放的进程中，始终存在着坚持改革开放的主流声音与反对改革开放的"噪音"。一些人以"维护正宗的马克思主义"自居，不顾中国的国情，无视改革开放取得的巨大成

---

① 中共中央文献研究室：《邓小平年谱》（下），中央文献出版社2004年版，第1047页。

就，僵化地教条地照搬马克思主义，或用一知半解的理论，公开攻击改革开放政策。20世纪90年代初出现的所谓"万言书"就是例证。随着我国社会主义事业的健康发展，这些言论已逐步失去了影响力。但近些年出现的"新左派"产生了很坏的影响。他们以"抵制经济全球化"、"维护民族和国家利益"为幌子，以平民代言人自居，或通过宣扬"极端民族主义"论调，否定我国主动适应经济全球化发展客观要求的一系列政治、经济、文化和外交政策，反对我国加入世界贸易组织，挑拨我国与他国的外交关系，与我国提出的"构建和谐世界"的理念格格不入；或鼓吹所谓"新国家主义"，以所谓"国家至上理念"，排斥个人自由或个人利益，迷恋专制与专权，对我国不断发展的社会主义民主政治说三道四；或不能正确理解市场经济发展过程中出现的新现象，排斥新出现的社会阶层，鼓吹平均主义，散布仇富言论，挑拨各阶层的关系，严重影响社会各阶层的和睦相处和社会稳定。

（二）网络政治言论的"大字报化"

由于网络具有自由性、互动性、及时性、开放性，便于公众政治参与和自由的利益诉求表达，网络的发展为民主的发展提供了新的环境和手段，也拓宽了民主的内涵和表现形式。关于网络对政治民主的积极推动作用，有学者认为主要有：一是削弱了集权控制的能力，扩大了社群的分化，促进了交流的平等，提高了参与的能力；二是改善了民主参与的技术手段，推动公民与政府官员的直接对话，提高了民意在政府运作中的分量，从而在很大程度上改变未来政治参与的结构与模式；三是利益的表达和聚合更加自由，公民的民主意识得到强化。①

但是同样也是由于网络的自由性、开放性、匿名性（在世界大部分国家），以及对使用者道德水平的高度依赖性和相对较弱的社会控制等特点，网络民主又极容易异化和变味。目前在网络博客、论坛、跟帖等版块中广泛存在的"哄客"、"恶搞"、随意攻击他人等现象，

---

① 李永刚：《互联网络与民主的前景》，《江海学刊》1999年第4期。

使网络政治言论出现难以控制的"大字报化"趋势,其主要表现,一是随意发泄对党和政府、对公共政策的不满;二是对其他人群和个体发表不负责任的评价;三是随意披露别人的隐私,侵犯别人的人权;四是对某一社会现象和个体进行随意的"哄客"、"恶搞",等等,这些现象实质上是"电子大字报"的形式,不利于网络民主的健康发展。

(三)基层民主的实用化

近年来,以"超级女声"选秀为代表的大众娱乐的"民主化"现象引起了社会的关注。其实这是一种少数"FANS"控制结果的非大众民主现象。值得注意的是这种做秀式的"民主"已渗透进我国的基层政治民主中,基层民主的实用化现象时有发生。据2006年8月25日《生活报》报道:8月23日,大庆市出现了"一报难求"的怪现象,有人甚至出高价收购当日的报纸,最高的给出50元一份的价格。原来,在当日大庆几大报纸上均登着"大庆'十五'期间最具影响力人物选票",市民疯抢报纸都是冲着这一张张选票来的。据悉,由大庆市委宣传部组织的大庆"十五"期间最具影响力人物候选人事迹展示已经结束,23日起进入投票评选阶段。当日,在大庆各主要报纸上,都印发着大庆"十五"期间最具影响力人物的选票。无独有偶,在南京举行的以短信形式评选"十大优秀警察"的活动中,也爆出了候选人动员亲友大量购买手机卡投票的丑闻。这种娱乐"民主"向基层政治民主的不正当渗透在基层组织的选举中表现得特别突出。在农村村民委员会的选举中,以请客送礼、发送钱财和以同宗同族亲情等手段拉选票、控制选举的现象严重存在。用实用化的民主表达方式诠释政治、政治民主被实用化后,对政治民主的严肃性、公正性产生了消解和矮化作用,严重损害了选举的真实性、公正性和权威性,破坏了基础民主的健康发展,同时激化农村的宗族矛盾,影响农村的稳定。

(四)政治信息传播的随意化

一方面,科学技术的进步和广泛应用于人们的生活,使政治信息传播的媒体更加丰富多彩。传统的政治信息传播主要依赖口头语言、信函等书面语言、人体语言，但随着手机短信、电子邮件、即时聊天等电子媒体的发展，拉近了政治信息传播的时空距离，提高了政治信息传播的速度，也大大提升了政治信息传播对社会的影响力。另一方面，由于我国社会主义民主的发展，公民的言论自由得到充分的保障，公民利用各种媒体进行自由政治信息传播已变得几乎无所顾忌。在这样的条件下，政治信息传播的随意性增强，传播主体的社会责任遭受一定程度的消解，其主要表现，一是公众在政治信息传播中随意对国家制度、各级领导、公共政策品头论足的现象普遍化；二是随意性使政治信息传播容易成为传播影响社会稳定的谣言的主渠道（2003年在全国范围内公众通过手机短信相互传播有关SARS的谣言就是例证）；三是政治信息传播的随意性削弱了党和政府运用控制的媒体进行政策解释的权威性，也使政治信息传播提升了其在公众舆论中的影响力。因此，在构建和谐社会的过程中，如何引导公众的政治信息传播，使其在营造良好的党群关系、干群关系、人际关系中发挥积极作用是我们面临的新问题。

三、理性民主是和谐社会的呼唤

在构建社会主义和谐社会的进程中，必须不断发展社会主义民主，完善民主权利和保障制度，巩固人民当家作主的政治地位已成为人们的共识。但在这一过程中，面临着许多难题：一是如何实现坚持党的领导、人民当家作主和依法治国的有机统一，走出一条符合中国国情的民主政治发展之路，避免落入西方国家对我们实施的"全盘西化"的陷阱；二是如何实现与中国现代化进程相统一的民主政治的循序渐进的有序发展，按社会主义民主政治发展的客观规律，实行科学的民主制度设计、发展步骤和时间表等战略；三是如何正确处理发展民主政治与维护社会稳定的关系，通过发展理性民主加强民主的可控性，避免滥用民主等"民主泛化"现象对社会和谐与稳定造成冲击。解决这些难题，推动理性民主的发展，是发展社会主义政治文明、构建我国和谐社会的客观要求。

(一)建设具有鲜明中国特色的社会主义民主政治

中国的社会主义民主政治建设,始终坚持以马克思主义民主理论与中国实际相结合的基本原则为指导,借鉴了人类政治文明包括西方民主的有益成果,吸收了中国传统文化和制度文明中的民主性因素,具有鲜明的中国特色。一是中国的民主是中国共产党领导的人民民主,中国人民当家作主,中国的民主政治制度的创建、发展和完善都是在中国共产党领导下实现的。中国共产党的领导从根本上保证了人民当家作主。二是中国的民主是由最广大人民当家作主的民主。人民当家作主是中国社会主义民主的本质。在中国,公有制经济是社会主义制度的经济基础,这就从经济基础上决定了中国的民主不受资本的操纵,不是少数人的民主,是最广大人民的民主。三是中国的民主是以人民民主专政作为可靠保障的民主。一方面在人民内部实行最广泛的民主,尊重和保障人权,保证国家权力掌握在人民手中,为人民服务;另一方面对破坏社会主义制度、危害国家安全和公共安全、侵犯公民人身权利和民主权利、贪污贿赂和渎职等各种犯罪行为,依法使用专政手段予以制裁,以保障最广大人民的根本利益。① 坚持社会主义民主政治的中国特色,是保证中国民主健康发展、维护社会稳定和构建社会和谐的根本前提。

(二)坚持发展社会主义民主与依法治国的有机统一

依法治国是中国共产党领导人民治理国家的基本方略。实行依法治国,就是广大人民群众在党的领导下,依照宪法和法律规定,通过各种途径和形式,管理国家事务,管理经济和文化事业,管理社会事务,保证国家各项工作都依法进行,逐步实现社会主义民主的制度化、法律化。没有社会主义法制作为保障,全国就不能形成安定团结的局面,就不能有序地推进各方面的建设。一是要维护我国的宪法和法律的尊严。宪法和法律是党的主张和人民意志相统一的体现,规定

---

① 中国国务院新闻办发布:《中国的民主政治建设》,2005年10月19日。

了我国的社会制度和国家制度，公民的基本权利和义务，国家行政管理活动，公民的政治、经济、文化活动，违法犯罪的处罚，等等，是实现社会主义民主政治制度化、规范化、程序化的基本保障。二是要不断完善社会主义法律体系，依法办事，严格执法，加强执法监督，不断提高公职人员的依法行政、依法管理和维护公民民主权利的水平。三是要加强法制教育，大力培养公民的法律意识，提高公民在法律范围内理性地行使民主权利的水平。

（三）完善基本的民主制度，提高城乡基层民主的发展水平

一是要积极稳妥地推进政治体制改革，坚持和完善人民代表大会制度、中国共产党领导的多党合作和政治协商制度、民族区域自治制度。要适度扩大人大在立法、人事任免、重大事项决策、监督等方面的权力，制定相关的实施细则；进一步改善人大代表的结构、选举和素质，不断提高其参政议政水平；要制定民主党派与执政党相互监督的具体实施办法，使之落到实处；完善民族区域自治制度，推动少数民族地区政治、经济、文化和社会的发展，提高其民主自治的水平。二是健全城乡基层民主制度，丰富民主形式，实现基层民主政治制度化、规范化、程序化。要扩大和发展城乡基层民主，引导基层居民依法进行民主选举、民主决策、民主管理和民主监督，提高自我管理、自我教育、自我服务的水平；解决纠正侵害城乡基层民主权利的行为；加强对城乡基层民主意识的教育，克服基层民主的实用化现象，引导他们爱护并理性行使自己的民主权利，促进城乡基层民主的健康发展。

（四）尊重和保障人权，建立科学合理的利益诉求表达机制

一是要在保持经济高速发展、不断提高人民群众生活水平的同时，逐步提高人民的生存权和发展权的保障水平，特别是要加大对公民健康权、生命权的保护力度。二是认真落实2007年3月人大通过的《物权法》，对公民的财产权予以确认和保护，提高名誉权、姓名权、荣誉权、人格尊严权、人身及住宅不受侵犯权等权利的保障水

平。三是通过调整公共政策，加大监督监察等方法确保公民在劳动、休息、男女平等、社会保障权、受教育等方面拥有平等的权利，特别是认真执行妇女权益保障法、老年人权益保障法、未成年人保护法、残疾人保障法，加大对妇女、老年人、未成年人等特殊群体和残疾人等弱势群体的合法权利的保障力度；以建设社会主义新农村为契机，制定可行的办法提高农村人群、农民工的人权保障水平。四是拓宽社情民意的表达渠道，搭建多种形式的沟通平台，建立科学合理的利益诉求表达机制，依法保障公民的知情权、参与权、表达权、监督权。完善原有的利益诉求表达机制，切实克服不同人群在使用现有制度资源的过程中明显呈现出的不平衡性，实现制度内表达渠道的通畅；改革和完善信访制度，严格执行信访回复制度，推行信访受理责任制和失职责任追究制度，确保基层群众利益诉求表达渠道的畅通，及时了解、处理群众反映的问题，引导群众以理性、合法的形式表达利益需求，预防和及时化解社会矛盾；完善立法和重大决策听证制度，完善政府信息公开制度，完善监督制度，不断拓展人民群众的监督渠道，搭建公民参政议政的平台。

（五）发挥社会自治功能，促进利益诉求的理性表达

个体利益诉求有其分散性、局部性和不可控性，容易引发社会的不稳定因素。以社会组织代表其成员进行集中表达，是现代民主的特征之一。在我国，在民主基础上建立的工会、妇联、行业协会、学会等社会组织和人民团体，往往代表特定人群的利益诉求，它们在实现政府与人民群众之间的有效沟通与合作方面起着桥梁和中介作用。它们在实行民主管理、协调劳动关系、保障和维护职工合法权益、推进企事业单位的改革发展稳定等方面发挥了不可替代的作用。特别是随着政治体制改革的深化，社会组织和人民团体的自我协调、自我管理的职能将不断得到强化，因此要重视社会组织和人民团体的作用，加强工会、行业协会等社会组织的建设，既要引导它们通过民主管理，实现自身利益诉求的自主表达、自主维护；又要引导它们有组织地通过理性的方式和渠道合理表达组织及组织成员的利益诉求。

第五章 协同与共进：以和谐政治建设推进社会发展

政治文明建设是一个历史过程，它贯穿于和谐社会建构的全过程。在和谐社会进程中，和谐政治是其重要组成部分。和谐政治的标志是政治文明，和谐政治是和谐社会的题中之义。因此，政治文明建设必须同和谐政治、和谐社会建构同频，努力寻求和探索政治文明建设与和谐政治、和谐社会建构的共振效果，这是我们研究的归属。

第一节 和谐政治建设是和谐社会的保证

和谐政治主要体现的是作为从法理上代表社会民众的执政团队的社会治理行为能真正体现反映民意、获得民众的支持拥护而呈现的一种良性互动状态。政治和谐是指人类政治生活中各种政治行为主体之间、政治系统各子系统之间协调统一的一种状态。要达到政治和谐，唯有政治体制改革，理顺国家、人民和政党的关系，即搞好政府文明、人民文明和政党文明建设，使政治权力主体之间，公共权力主体之间，政治权力主体与政治权力客体之间，政治权力个体代表与政治组织之间达到和谐统一。十七大报告指出：人民民主是社会主义的生命，发展社会主义民主政治是我们党始终不渝的奋斗目标。要坚持中国特色社会主义政治发展道路，坚持党的领导、人民当家作主、依法治国有机统一。这三大基本政治制度是社会主义政治文明区别于资本主义政治文明的本质特征，也是社会主义政治文明建设过程中政治和谐的标志。

一、中国共产党的领导是政治文明建设的核心

党的领导是建设社会主义政治文明的核心，党通过人民代表大会制度和各项民主制度支持人民当家作主，把依法治国作为党领导人民治理国家的基本方略，维护了人民的权利，因此，加强党的建设，发扬党内民主，改革与完善党的领导方法和执政方式对发展社会主义民主政治，建设社会主义政治文明具有全局性的作用。①

（一）坚持中国共产党的领导

中国共产党始终代表先进生产力的发展要求，代表先进文化的前进方向，代表最广大人民群众的根本利益。"三个代表"重要思想是立党之本、执政之基、力量之源，是领导人民进行社会主义现代化建设的政治核心。坚持中国共产党的领导是社会主义和谐社会进程中政治文明建设的根本保证，是中国特色社会主义的首要内容和突出特色，也是四项基本原则的重要内容之一，任何时候都不能动摇，没有党的领导就没有人民当家作主的社会主义国家政权，就没有国内的政治稳定和友好的国际环境；社会主义政治文明建设就会迷失方向，丧失前进的动力、坚强的领导、严密强大的组织能力和广泛的群众基础，必然失败。具体表现为：

第一，党的领导是人民当家作主和依法治国的保证。中国共产党是中国特色社会主义的领导核心，是中国最广大人民根本利益的忠实代表者和拥护者。中国共产党执政可以领导和支持人民当家作主，最广泛地动员和组织人民群众依法管理国家和社会事务，维护和实现人民群众的根本利益。

第二，党的领导是人民利益得到维护的保证。我国是有十三亿人口和多民族的发展中大国，各族人民利益的广泛性和实现人民利益的

---

① 王仕民等：《中国化马克思主义——"三个代表"重要思想概论》，人民出版社2005年版，第308页。

复杂性和艰巨性，需要有一个总揽全局、协调各方的坚强领导核心来领导人民，掌握好国家权力，正确处理各种利益关系和各种社会矛盾。目前，我国正处于社会主义初级阶段，现阶段的经济与社会结构特征决定了我国在较长的时期内存在阶层差别，存在着一些不同利益和利益发展要求之间的矛盾。党从中国最广大人民的根本利益出发，正确处理各种利益矛盾，协调社会利益关系，正确全面地反映和维护人民群众的利益，避免利益冲突的发生。

（二）完善中国共产党的领导

社会主义政治文明建设不仅要坚持共产党的领导，而且要完善共产党的领导。十六大报告明确提出要把改革和完善党的领导方式和执政方式，作为政治体制改革的重要任务和执政党建设的重要内容，这对于进一步加强和改善党的领导，实现党和国家政治生活的规范化、制度化，推进社会主义民主政治建设，具有全局性、战略性的地位和作用。

第一，加强党的执政能力建设。十六届四中全会审议通过的《中共中央关于加强党的执政能力建设的决定》提出了党要"成为科学执政、民主执政、依法执政的执政党"。科学执政，就是党要以科学的理论为指导，通过科学的方法并形成科学的制度来执掌政权，把加强党的执政能力建设建立在更加自觉地运用客观规律的基础之上。民主执政，就是党要坚持为人民执政、靠人民执政的方针，充分尊重、支持和保障人民在政治生活中的主体地位，切实做到对人民负责、受人民监督；坚持和完善民主集中制，以党内民主带动和促进人民民主。依法执政，就是党要始终坚持依法治国的基本方略和基本方式，完善社会主义法制，建设社会主义法治国家，增强法制观念，严格依法办事，不断推进各项治国理政活动的制度化、法律化。科学执政是前提，民主执政是关键，依法执政是保障。

第二，改革和完善党的工作机构和工作机制。按照党总揽全局、协调各方的原则，规范党委与人大的关系、党委与政府的关系、党委与政协的关系、党委与人民团体的关系。规范的原则，是把过去党委对各种组织的要求改变为支持,即支持人大依法履行国家权力机关的职能,经过法定程序,把党的主张变为国家意志,使党组织推荐的人选成为国家政权机关的领导人员,并对他们进行监督;支持政府履行法定职能,依法行政;支持政协围绕团结和民主两大主题履行职能等,以便各种组织独立负责,积极主动地开展工作。我们党当前的工作机构和工作机制与这个改变还不完全适应,所以需要改革和完善。这是十六大报告中建设社会主义政治文明的一项重大措施,也是关系我国社会主义政治文明建设好与坏、快与慢的关键问题。

第三,要进一步理顺党政企关系,坚持党政企职能分开。在实践过程中各级党组织要尽量从具体的国家行政事务和企业管理中解脱出来,减少对政府和企业的干预,集中精力进行党的建设。还要进一步理顺党群关系,坚持党群职能分开。在实践过程中各级党组织要充分发挥各民主党派、人民团体和广大人民群众的积极性,自觉接受群众的监督。这对于我们党制定正确的大政方针、加强党和群众的政治沟通、实现党群关系的和谐具有重要意义。

二、民主制度是政治文明建设的基础

在和谐社会的内涵中,民主法治居于首位,是社会政治文明的主要内容,是和谐社会的重要特征也是和谐社会的制度基础。胡锦涛所指出的社会主义和谐社会应该是高度民主的社会。反过来说唯有社会主义性质的高度民主的社会,才能够真正在社会关系上和社会生活中体现为和谐社会。

关于社会主义民主的重要地位,邓小平有三个非常重要的思想:一是从社会主义根本属性的高度阐明民主与社会主义的内在联系,他认为"没有民主就没有社会主义"①。以人民当家作主为本质特征的社会主义民主政治,归根到底是由社会主义经济基础决定的。二是从

---

① 《邓小平文选》第2卷,人民出版社1994年版,第168页。

第五章 协同与共进：以和谐政治建设推进社会发展

社会主义全面建设的角度，阐明没有民主"就没有社会主义的现代化"①。只有发展社会主义民主，确保人民当家作主的权利，才能极大地调动和发挥蕴藏在人民群众中的积极性、创造性，使之成为推动社会主义现代化进程的强大动力。三是从社会主义自身的角度，揭示了没有民主就没有社会主义民主政治。新中国建立后的一段时间里，社会主义民主政治建设一度经历曲折，关键是民主遭到了破坏。十一届三中全会以后，我国社会主义民主政治获得全面发展，关键是社会主义民主获得了发展。我国政治建设正、反两个方面的经验表明，民主是社会主义政治的最本质的特征。

十六届四中全会的《中共中央关于加强党的执政能力建设的决定》强调要健全民主制度，丰富民主形式，扩大公民有序的政治参与，在当前我们建设社会主义民主政治时，应当注意构建、也必然能够逐步构建起政府与公民、官员与民众平等、良好合作，人与人、群体与群体相互友善、和睦相处的和谐社会。

（一）民主政治制度化

在政治领域，政治制度带有根本性、全局性、稳定性和长期性，它是政治文明的主要载体，也是政治管理和政治行为的基础。一个社会政治文明的发展程度主要取决于该社会政治制度的发展和完善的状况。邓小平在论及新中国建立以来我国政治发展的经验教训时曾说："我们过去发生的各种错误，固然与某些领导人的思想、作风有关，但是组织制度、工作制度方面的问题更重要。这方面的制度好可以使坏人无法任意横行，制度不好可以使好人无法充分做好事，甚至会走向反面。"②因此，建设社会主义民主政治，不仅要在理论上确认人民当家作主的地位，更重要的是要以健全的制度来保证人民民主权利的实现。发展社会主义民主首先要进行社会主义民主的制度化建设。随着社会主义市场经济的发展和我国加入世界贸易组织，必须积极建立

---

① 《邓小平文选》第2卷，人民出版社1994年版，第168页。
② 《邓小平文选》第2卷，人民出版社1994年版，第333页。

和完善具有中国特色的制度体系，包括人民代表大会制度、中国共产党领导的多党合作与政治协商制度、行政制度、司法制度、选举制度、监督制度等。体现社会主义民主政治和最广大人民根本利益的社会主义政治制度是构建和谐社会的政治保障。

首先，坚持和完善人民代表大会制度。《中华人民共和国宪法》第二条规定："一切权力属于人民，人民行使权力的国家机关是全国人民代表大会和各级人民代表大会。"一切权力属于人民，这是对我国国体的规定；人民行使权力的国家机关是全国人民代表大会和地方各级人民代表大会，是对我国政体的规定。各级人大的组织建设、日常管理以及人大权力的行使都要真正忠实反映和坚决贯彻最广大人民群众的意志。正如笔者在前一章所述，我们应不断完善人民代表大会制度，而决不能照搬西方国家的议会制和总统制。坚持和完善人民代表大会制度，保证人民依法行使民主选举、民主决策、民主管理、民主监督的各项权利。①

其次，坚持和完善中国共产党领导的多党合作与政治协商制度。主要是通过发挥政协的政治协商、民主监督和参政议政三大职能，推动社会主义民主政治的发展，以更好地发挥我国政党制度的特点和优势。决不能实行"资产阶级互相倾轧的竞争状态所决定的"② 西方国家的两党制和多党制。此外，还要巩固和发展最广泛的爱国统一战线，巩固和发展各党派、各团体、各民族、各阶层及一切热爱中华民族的人们的大团结。多党合作是世界政党政治中的一个创造，它以形成机制和共识的统一体现了一种具有和谐性质和特点的政治文明，并示范实施和促进着和谐社会的建构。多党合作的和谐社会，主要是指政党政治如何以多党合作制来领导和实施和谐社会的建构。此外，多党合作制自身表现出了两个主要方面的和谐：一是政党民主的形式创新。多党合作制作为一种政党民主的形式创新，本身就具有和谐的性

---

① 王仕民等：《中国化马克思主义——"三个代表"重要思想概论》，人民出版社 2005 年版，第 123 页。

② 《邓小平文选》第 2 卷，人民出版社 1994 年版，第 267 页。

质，或者说，和谐是内在于政党民主的形式之中的。二是减少政治浪费和提高政治效率的机制。多党合作通过本身就是和谐的方式来参与和谐社会的构建，其主要机制功能就是减少政治浪费和提高政治效率，这两者的统一就是政党政治的和谐状态。

（二）政治公开化

政治公开化，就是增加政治生活的透明度。人民有权利知道国家的政治决策过程，除了国家秘密以外的政治活动，都应该公开，使人民群众对政治活动和过程有充分的了解，最大限度地保障人民的知情权，这也是人民参与政治的前提。普通公民如果对政治过程及其相关信息不够了解，就无法对相关事项作出选择或者判断，在选举及对决策、公共管理和监督的参与中也就无从准确表达自己的意愿。[①] 因此，政治公开化具有积极的作用：一是促进政治沟通，加强公民对于政府的信任和信心，增强政府及其政策之于公众的亲和性，也有助于增强公众对于政府政策的理解甚至支持。二是当社会生活中发生某种重大事件时，这种信任和信心还有助于遏制流言和谣言的蔓延，有利于保持社会政治稳定。三是有助于维护政府的廉洁。就公众而言，有助于加强对政府行使公共权力过程及其结果的监督；就政府而言，有助于遏制政治过程中的腐败现象，及时发现并清除腐败分子，从而维护政府的形象。

十六大报告就已将我国近些年来在政治公开方面进行的有益探索加以高度提炼并重申，包括推行政务公开制度，推行电子政务，建立与群众利益密切相关的重大事项社会公示制度和社会听证制度等。一些地方政府还尝试了一些有益的做法，如允许普通公民查阅政府的"红头文件"，在街头散发政府公报等。各级政府和部门还建立了新闻发言人制度，定期或不定期地向大众传媒通报消息。此外，包括上述听证会以及公民旁听人大议事等在内的政治参与形式，都是推进政

---

① 韩旭：《试论我国社会主义政治文明建设的基本内容》，《学习与探索》2004年第2期。

治公开化的有效措施。

（三）政治参与化

政治参与是民主政治的必然要求，也是其主要的实现形式。公民的政治参与既是一个实现民主的过程，也是一个自我管理的过程。只有在积极的参与过程中，公民才能最大限度地表达自己的愿望，实现自己的利益。没有公民的积极参与，政府单方面很难有效地协调复杂的利益矛盾。让公民参与公共管理或自我管理，既是执政为民的必然要求，也是民主政治的最高表现。政治参与的广泛程度与一个国家政治文明程度成正比。广泛性包括参与主体和参与内容的广泛性。要努力扩大公民参与公共事务和政治生活的范围，提高公民的政治参与和社会参与程度。近些年来，随着我国民主化进程的顺利推进，市场经济体制的初步建立以及受西方新公共管理思潮的影响，我国公众的民主意识日益提高，参政议政的要求越来越强烈。公众参与政治，不仅有利于减少官僚主义和腐败现象，还是确保社会价值公平分配的重要途径，也是确保政策符合民意及政策合法化的根本途径。现阶段，我国的公众参与在其发展过程中还存在许多的不足，大致可归纳为公众自身的因素和外界环境的因素两个方面①：

就公众自身而言，表现为以下一些方面：一是公民政治素质及参与政治的能力较低。公民的政治素质直接关系到政治文明建设的前途和命运。当前我国公民的政治素质及政治参与水平普遍较低，政治参与的自觉性和能力较差，难以保证政治决策的民主化和政治监督的有效性，在某种程度上影响着政治和谐。二是传统参与方式与利益多元化的冲突。计划经济体制下，公民的个人利益和要求几乎完全服从国家需要、集体利益以及社会利益，普通公民的参与基本上是一些没有多少实际内容的政治参与。市场经济条件下，公众的政治参与打破了政府独揽权力的局面。这在本质上是多元利益主体之间的利益博弈，

---

① 万绍红：《论中国现代化进程中的政治文明建设路径》，《兰州学刊》2005年第3期。

第五章 协同与共进：以和谐政治建设推进社会发展

既表现在公众与政府之间，也表现在利益诉求不尽相同的公众团体之间。三是公众的参与缺乏组织依托。现实中，公众作为分散的个体，对政府决策的影响是微不足道的，公众只有更多地通过强大的组织力量来间接地参与政策决策。长期以来，公众的一切活动都依赖于如单位、居委会、村委会、工会、妇联等各种组织，而这些组织是在政府的扶持下成立的，具有鲜明的行政色彩，而且随着经济的发展，这些组织的制约力量越来越弱化了，因此，公众的一切参与活动必然会受到很大的制约。

就外界环境而言，表现为三方面：一是传统的政治文化环境难以推进公众参与。政治文化影响着甚至决定了公众参与行为的指向、方式和程度。我国传统的政治文化所导致的官本位思想、皇权意识、宗法意识等封建思想遗毒极大地压制了公众参与。现实中，一些政府官员不尊重公众应有的权利，认为公众应理所当然地接受和服从公共政策，使公众参与流于形式，严重阻碍了公众参与的正常发展，公众的主体地位被削弱。二是信息不对称。公众的知情权、参与权、监督权得不到体现。政策信息资源的封闭会导致公众缺乏知情权。而公众参与必须具备相关的公共事务的知识与资讯。政策信息的不对称和渠道不畅，造成公众或政策对象不能准确理解政策的价值目标，缺乏对政策的认同感，从而无法对政策制定或政策调整发表正确的意见和建议，参与的热情和效力大大降低。三是参与渠道较少，参与方式单一。目前，我国公众参与的正式渠道有两个：人民代表大会和政治协商会议及党和政府开设的来信来访、领导接待日、各种不定期座谈会等。前者为主要渠道，但对于普通公众来说能够直接参与的机会毕竟太少；后者为辅助渠道，它在很大程度上是为了党和政府密切联系群众、克服领导机关和领导者官僚主义作风而开设的，因此吸纳公众参与政治的渠道还需要拓宽，人民群众表达自己愿望的要求才能得到充分、及时的满足。四是公众参与的制度化程度不高，保障制度不完善。制度化程度的高低直接影响着公众参与的广度和深度。我国现行法律对公众的参与权虽有相关规定，但除民意代表制（人民代表大会制度）的制度化程度较高外，其他的制度化程度均较低，公众缺乏可以依据的法律规则和程序对公共政策的决策施加影响。而公众民主权利在法律上的存在，并不意味着其事实上的实现，只有在民主权利保障制度健全的情况下，才有行使权利的可能性。因此，公众参与需要靠一整套健全的制度来保障实现。

　　针对以上的不足之处，我们应从以下几个方面加强提高公众政治参与的措施①：一是加强对参与主体的民主政治教育。努力提高公民的现代政治素质，是当前我国政治文明建设的一项基础性工程。首先，要大力发展教育事业，提高公民的文化素质，促进公民认识和分析能力的提高，为公民参与政治生活、实现政治权利奠定必要的文化素养。其次，对公民进行必要的政治知识、法律和制度等内容的教育，使公民熟悉政治生活，了解民主规则和程序。再次，利用有利时机开展爱国主义和基本国情教育，培育公民的政治认同感和政治向心力。通过加强思想观念建设，提高人们的现代民主政治素养，使人们树立正确的民主观、法制观，构建以民主、法治、公平、公正、责任、平等为重要内容的政治理念。二是保障信息对称。信息对称指的是政府与公众之间通过信息交流实现双向互动式信息流通。信息交流包括两种情况，即政府向公众发布信息、公众向政府反映情况。前者也叫下向沟通，是以政府信息公开的形式向公众进行信息发布，用社会公示等制度将公共决策程序及理由等公开，将政府行为暴露给公众，以满足公众的知情需要。后者也叫上向沟通，是公众向政府反馈意见，方式主要是民意调查，既可以宣传政府的政策，获取民众的理解和支持，也可以掌握民众对政府行为的支持程度。民意调查是激发公众政治热情，培养和增强公众的民主意识、参政议政能力，推动政策决策民主化、科学化的有效手段。三是保障渠道畅通，扩大参与形式。要将公众的利益诉求转变为公共政策，就必须有通畅的表达渠道，使这些诉求输送到公共政策的制定者——政府手中，进而成为制定公共政策的素材。要扩大参与形式，保障渠道畅通，在我国应该充

---

　　① 周丽君等：《我国公众参与公共政策制定中存在的问题分析及提升措施》，《电子科技大学学报》2004年第9期。

分发挥人民代表大会和政治协商会议的相关职能,积极拓展公众参与的新渠道,如建立民意调查制度,完善听证会制度,积极培育非政府的民间调查组织,开展辩论会,建立政策咨询等参与途径。四是加强公众参与的制度化、程序化建设。公众参与的关键是需要相应的法律保障,在充分遵循宪法和法律赋予公众的政治权利和自由的前提下,应对公众参与的内容、方式、途径作出明确的规定,并用法律形式固定下来,依法确定政治参与权力的合理结构和科学合理的政治参与程序,明确规定政策制定者和执行者的义务和责任。只有在民主权利保障制度健全的情况下,公众才有真正行使参与权利的可能性。公众参与政策制定的方式和程序多种多样。除了我国有的人民代表大会制度和政治协商会议、公示制度、听证会制度外,在公众参与研究中、在其他国家的实践中成功运行的有:民意调查制度、信息公开制度、院外游说制度、协商谈判制度、公众请愿和公众投票制度,等等,这些都是实现政策制定的民主化与科学化的基本制度。

三、法治建设是政治文明建设的保障

社会主义和谐社会也应该是法治社会,只有社会主义性质的、实行法治的社会才能够真正在社会关系和社会生活中体现为和谐社会。所谓法治,是指社会公共权力持有者通过合法的手段取得一定的职位和权力,又通过正确制定法律和严格执行法律来治理社会。法治的直接目标是规范公民的行为、管理社会事务、维持正常的社会生活秩序,但其最终目标在于保护公民的自由、平等及其他基本政治权利。法治是政治文明的基石和保障,是形成稳定协调、运转有序的和谐社会的必然要求,也是实现社会关系与社会生活和谐的可靠保障。社会主义法治以对公民个人权利的保护为着眼点,以对公民间权益冲突的协调作为社会关怀的一种手段。无论是在及时化解社会矛盾、维持社会稳定方面,还是在促成人与人和睦相处等方面都起着基础性作用。没有健全的法制,没有对法律的充分尊重,就不可能有公民与公民之间以及公民与政府之间的良好合作,也就没有真正和谐的社

会秩序。

　　社会主义政治文明要求运用法治方法来治理国家，即依法治国。江泽民指出："实行和坚持依法治国……就是广大人民群众在党的领导下，依照宪法和法律的规定，通过各种途径和形式，管理国家事务，管理经济和文化事业，管理社会事务；就是逐步实现社会主义民主的制度化、法律化。"① 依法治国是中国共产党领导人民治理国家的基本方略，也是社会主义政治文明建设的重要内容；是中国特色社会主义政治文明的显著特点之一，同时又是完善党的领导和实现人民当家作主的基本途径和法制保证，是发展社会主义市场经济的需要，是社会文明进步的重要标志，是国家长治久安的重要保障。② 社会主义法治或依法治国的核心是法律面前人人平等。十六大报告指出："宪法和法律是党的主张和人民意志相统一的体现。必须严格依法办事，任何组织和个人都不允许有超越宪法和法律的特权。"法律面前人人平等是我国社会主义法制基本原则之一，任何组织和个人都必须无条件地遵守和服从法律，这是实现政治和谐的重要法律保障，中国共产党也不例外。因为只要有特权存在，就做不到"有法可依，有法必依，执法必严，违法必究"③。宪法和法律是在党的领导下制定的，中国共产党必须带头在宪法和法律的范围内活动，违反法律也应该受到法律的制裁。

　　坚持依法治国要求做到：一要树立法制观念。依法治国面临的首要任务就是全党全社会思想观念的转变和全民法律意识特别是各级领导干部法律意识的提高。首先要转变我国几千年来人治所积淀下来的陈旧思想，要把"治民"的观念转变为"民治"的观念，明确依法治国的主体是人民，政府及其官员的权力是人民授予的，彻底改变"臣民"、"子民"和"父母官"的陈腐观念。其次要增强领导干部

---

① 《江泽民文选》第1卷，人民出版社2006年版，第511页。
② 王仕民等：《中国化马克思主义——"三个代表"重要思想概论》，人民出版社2005年版，第134页。
③ 《邓小平文选》第2卷，人民出版社1994年版，第147页。

和公民的法律意识。在我国长期以来法律被当作有用的统治工具，是治民的有效手段，因而有的干部以言代法、以权压法，习惯以行政命令办事，而不习惯依法办事，致使一些公民和法人在合法权益受到侵犯时，首先想到的往往不是司法机关和求助于法律，而是托人情，通关系。二要树立并保证法律的至上权威。宪法是我国的根本大法，它规定国家的根本制度和根本任务，规定和调整公民的基本权利和基本义务，是一切组织和公民个人的行动指南，是一切法律、法规的制定依据，具有最高的法律效力和地位。法律是立法机关制定的，效力和地位仅次于宪法而高于其他制定法的法律，它规定和调整社会生活中某一方面的问题，因此，实行依法治国，必须在全社会树立法律至上尤其是宪法至高无上的权威，实现法律支配权力，权力服从法律，始终坚持宪法和法律在国家生活中的主导地位，任何人、任何组织都不能有逾越宪法和法律的特权，必须严格依法办事。三要加快立法步伐，提高立法质量。鉴于我国目前立法的领域、数量、质量等与建设社会主义法治国家的目标还有差距，应增强立法的民主性和开放性，为立法奠定民主基础、提供程序保障，对立法重点和利益协调方式进行相应的调整，实现立法与社会发展的和谐统一。四要严格执法。应确立司法公正的价值目标，全力构建维护社会公正的司法体制，确保审判机关和检察机关依法独立公正地行使审判权和检察权；实行司法公开接受社会监督，使司法成为维护社会公正的有效平台；充分发挥司法机关解决纠纷、化解矛盾、维护社会稳定的司法功能；提高司法效率，把效率和公正有机统一起来，及时化解社会冲突，为维护法律的尊严、公民的权利和社会的公正和谐提供有力的司法保障和良好的法制社会氛围。

第二节 继承与借鉴人类政治文明建设的优秀成果

社会主义政治文明是人类政治文明发展道路上崭新的路程，也是人类政治文明合乎规律的发展结果。一方面，它需要在社会主义政治建设实践中努力探索出一条具有自己特点的全新模式；另一方面，它又需要积极吸收人类政治文明的共同成果。江泽民在接受法国《国际政治》杂志记者采访时强调,在政治体制改革中,"我们既要坚持发挥我们自己的优良传统,也要积极吸收世界各国的一切优秀文明成果"①,因为"世界各种文明和社会制度应该而且可以长期共存,在竞争比较中取长补短,在求同存异中共同发展,在当今世界上,我们提倡'和',也就是说,各国应当在政治上互相尊重,经济上互相促进,文化上互相借鉴。这将有利于世界的和平与发展"②。

一、批判地继承中国古代政治文明的宝贵资源

一个国家的政治文明总是与该国的历史积淀相维系,带有显著的民族烙印,具有鲜明的个性。中国特色社会主义民主政治是深深植根于中华文明之中的,是中华文明的延续与发展,是中华民族走向伟大复兴的政治标志。两千余年的中国封建政治文明的积淀是构建社会主义政治文明的历史资源③,有些对于我们今天构建和谐社会仍有重要的借鉴意义:

(一)综合为治的理念

中国古人向来注重从整体性、系统性的角度对治国之道进行宏观的思考,他们认为,决定天下和平和人类幸福的关键是和谐,而要建立一个和谐的社会,单靠法律是不够的。正如《淮南子·泰族训》所言:"法能杀不孝者,而不能使人为孔曾之行;法能刑盗窃者,而不能使人为伯夷之廉。孔子弟子七十,贤徒三千,皆入孝出悌,言为文章,行为仪表,教之所成也。……无法不可以为治也,不知礼义,

---

① 沈冲、何熙杨:《第二个十年》第7卷,中共中央党校出版社1998年版,第25页。
② 《江泽民文选》第3卷,人民出版社2006年版,第523~524页。
③ 何菊仙:《构建社会主义政治文明的资源》,《高教论坛》2004年第4期。

不可以行法也。"因此，我们的祖先早在周朝就已提出礼乐刑政综合为治的治国理念与学说，它影响了中国两千多年，成为历代统治者一以贯之的管理国家的指导思想，是中国古代政治文明的鲜明特色。①强调综合治理、发挥整体功能系统的治国之道，对于我们今天进行和谐社会的建构具有重要的参考价值。社会转型时期，法治受到了空前的重视，而德治受到了冷落。有人认为，社会主义市场经济就是法制经济，但是仅有法制并不能使我们的社会管理和社会主义政治做到清明、廉洁、高效。在全面进行法制建设的同时，提高执法者的道德素质和政治素质是一个不可忽视的问题。因此，应该进行德治和法治的会通，德法兼治，互补不足。既不要像历史上的思想家那样，看到"法不自行"就崇德贬法，也不能像时下一些偏激的学者那样，看到市场经济时代法制的作用就崇法贬德。

（二）以民为本思想

儒家的仁政、民本思想一直是中国古代的正统思想。仁者爱人、为政以德是知识精英和普通百姓的共同追求，也是统治者治理社会、实现秩序期待、建立理想盛世的价值源泉和必经之途。仁政的主要内容包括：制民之产（保障人民生活），教以人伦（进行道德教化），不违农时（发展农业生产），省刑罚、薄税敛（减少税赋，减轻刑罚），取民之于有制（有限制地获取）等，这对于保障人民生活、缓和阶级矛盾的确是有积极作用的。相对于欧洲中世纪黑暗野蛮的宗教神权的统治而言，中国古人较早（远在商末周初）摆脱了神权思想的羁绊，形成一种远神近人、以人为本的文化取向。②孔子的"民惟邦本，本固邦宁"③，孟子的"民为贵，社稷次之，君为轻"④，这

---

① 焦利：《对中国古代法制文明与政治文明的反思》，《国家行政学院学报》2003 年第 5 期。

② 焦利：《对中国古代法制文明与政治文明的反思》，《国家行政学院学报》2003 年第 5 期。

③ 《尚书·五子之歌》。

④ 《孟子·尽心下》。

些与我们当今科学发展观中的"以人为本"思想是一致的。

（三）"以义为上"的义利观

儒家思想认为义即是公、利即是私，传统义利观整体上崇仰的是先义后利、重义轻利的基本精神，强调"天下至公"为义，个人利益只能在社会公利不受侵害的前提下才能得到满足。政治利益的公共性选择，一方面要求政治统治集团能够以人民之利为利，在统治政策的制定中以民为本，以满足百姓的物质利益为出发点；另一方面这种利益的公共性指向对社会个体的要求则是以集体主义为宗旨，强调整体利益、国家利益、长远利益高于一切，当个人利益与整体利益、眼前利益与长远利益发生矛盾时，应牺牲个人利益、眼前利益以维护国家与社会的长远利益，因此，先公后私、大公无私乃至公而忘私也就成为传统政治文明的根本旨趣。传统义利观所高扬的"公利"，虽然因社会经济政治制度的决定而带有深刻的时代印记，但是，"先天下之忧而忧，后天下之乐而乐"，"天下兴亡，匹夫有责"等一些政治伦理信条中所包含的基本精神，却反映了人类社会的共同愿望而体现出普遍的意义，其中所蕴涵的政治伦理价值充满了诸多合理因素，是任何社会都应确立的基本准则。①

此外，还有重视舆论作用、权力制衡机制等。对于这些思想、制度安排，我们要剔除其为封建专制服务之弊，推陈出新，进行创造性地转换，为社会主义政治文明建设提供有益的借鉴。

二、辩证地借鉴西方资本主义政治文明的有益成果

资本主义政治文明成果是人类文明成果的重要组成部分，在建立民主制度的过程中发挥了重要作用。社会主义民主是对资本主义民主的继承和发展，它应高于资本主义民主，建设高度的社会主义民主必

---

① 教军章：《中国传统政治文明内蕴的现代审视》，《社会科学》2003年第6期。

须对现有政治体制进行改革。江泽民在十六大报告中指出：建设社会主义政治文明"要坚持从我国国情出发，总结自己的实践经验，同时借鉴人类政治文明的有益成果，绝不照搬西方政治制度的模式"①。向资本主义政治文明学习，大胆汲取其先进成果，包括吸收借鉴资本主义有益的民主原则、民主形式、民主方法、行政管理的成功经验、法制建设的有益做法和世界各国反腐倡廉的有效措施等。

（一）吸收、借鉴资本主义有益的民主原则、民主形式、民主方法

一是权力制衡制度。西方国家权力制衡机制是比较完备的，不仅行政、立法、司法之间相互制衡，还包括中央与地方、上院与下院、行政系统与司法系统内部的相互制约，乃至非国家权力等社会力量对国家权力部门的监督制衡。我们可以借鉴其权力制衡的合理因素，进一步健全我国的人民代表大会根本制度，克服由于历史现实原因带来的党和国家的权力之间、人民代表大会与政府的权力之间、人民代表大会与司法机关的权力之间、人民代表大会与人大常委会之间的权力过分集中，缺乏制约从而未能充分发挥人民主权的积弊，使国家权力运行机制逐步实现规范、效能的目标。二是代议制度。没有代议制度及其发展，就没有社会主义法治及其发展，社会主义的民主与法治的精神实质是同一的。我们不能盲目照搬搞"两院制"，也不能搞西方式的一院制议会。坚持依法治国首先就要使人民代表大会制度成为法治的基石。在我国党的领导权力和人大的监督权力是最高层次的权力平衡关系，党对人大的制约体现党的领导，人大对党的制约体现人民民主。三是普选制。其中的内容和形式对于我们目前完善以公开、公平、竞争、择优为原则的干部选任制度有一定的参考价值。要逐步扩大"民选"的广度和深度，以健全的制度体系实现"用好的作风选人，选作风好的人"，并通过实行对主要领导干部的差额选举，使党政官员的选举更富有竞争力，真正贯彻人民的意愿。四是人权保障制度。社会主义高度重视"人的全面发展"，当然也应高度关注人权事

---

① 《江泽民文选》第3卷，人民出版社2006年版，第553~554页。

业建设，因此，我们要加紧人权立法，注意同《世界人权宣言》特别是我国已经参加的国际人权公约接轨。近代西方国家建立的各种人权保障制度以及与此相关的制度，诸如司法公正、律师自由、权利救济等构成法治的重要内容，经过改造可以为我们所用。

（二）吸收、借鉴资本主义国家行政管理的成功经验

西方资本主义国家经过不断地探求，在行政管理方面取得了许多成功经验，对此，邓小平指出："至于经济管理、行政管理的效率，资本主义国家在许多方面比我们好一些。"① 一是政党制度。中国共产党领导的多党合作制是适合中国国情的，但在有些方面也需要进一步改进和完善。在坚持"总揽全局、协调各方"的原则下，解决好以党代党的问题，明确参政党的政治地位和法律地位，以及参政党与执政党的党际关系，加强友好合作和相互监督，有利于释放参政党的政治活力。还要解决好以党代法的问题，按政党发展规律、法治化的要求和国际惯例，由法律详细规定政党活动。二是政党的定位问题。我们可以参考、比照西方有关"党民关系"、"党政关系"、"朝野关系"等方面的经验教训，党既不应当包揽一切，替人民当家作主，更不应当是国家机器本身，而应当是人民参与政治、当家作主的工具。党领导和执政的一切观念、内容、形式，都应当从这个基本的定位出发，继续以政治民主化和法制化为导向，调整或重构执政党同国家、公民、社会的政治关系，完善党的领导体制和改进党的执政方式。三是政府职能。这对我们正在强调的依法行政、转变政府职能有借鉴意义。我们要减少政府对公共权力的垄断，纠正行政行为不规范、行政审批事项过多、自由裁量权过大、政策透明度低等缺陷。积极发挥人民群众在公共管理中的主体作用，使人民群众能充分运用民主与法治的武器，防止政府脱离国家本质的消极现象，保持政府活动与社会主义国家本质的一致性。

---

① 《邓小平文选》第3卷，人民出版社1993年版，第240页。

(三) 吸收、借鉴西方资本主义国家法制建设的有益做法

我国法制建设比较落后，法律体系很不完备。西方议会民主强调依法治国，法律制度较为健全。我国正在实行依法治国，其前景是建设社会主义法治国家。毫无疑问，我们要比照、借鉴法治国家一系列的法律制度和法治理论，形成法律至上、司法独立、法治和民主相结合等法治理念，坚持不懈地推进立法进程，到 2010 年，形成完备的法律体系；到 2020 年，实现社会生活基本法制化。

(四) 吸收、借鉴世界各国反腐倡廉的有效措施

反腐倡廉历来是各国政治生活中的一件大事，也是一国民主政治发展的必然要求。改革开放以来，我国的腐败现象不断滋生蔓延，愈演愈烈，严重影响了经济的发展和社会的稳定。导致腐败的重要原因之一是我国的干部人事制度不健全。在这方面，发达资本主义国家有较多的法规和经验值得我们借鉴，其中的关键就是要实行国家公务员制度。西方完备的公务员制度，有利于资产阶级为自己选拔合格的人才，充分发挥各类人才的能力和积极性。我们可以借鉴西方竞争机制中的有益成果，加强公务员招考过程的制度化和法律化；对党政部门主要负责人实行公开招聘，竞争者发表施政演说，让人民群众评价、选择，等等。① 腐败产生的另一个重要原因是经济文化开放中的消极因素助长了国内的贪污受贿等腐败之风。针对这一特点，当代资本主义国家在反腐败斗争中采取了一些切实有效的措施，如加强防腐惩腐的立法工作，健全监督制度；要求各级重要政府官员公布个人及家人财产，自觉接受社会监督，等等，收效甚为明显。舆论监督在西方政治生活中的作用被人们形象地喻为"第四种权力"，在揭批腐败中发挥着特殊的作用。我国应当立足实际，创造自己的舆论监督，进一步加大政治生活的公开化、透明化程度，扩展舆论监督的广度、深度和

---

① 李明斌：《建设社会主义民主政治要借鉴资本主义政治文明成果》，《社会科学研究》2003 年第 2 期。

力度，制定一整套舆论监督的制度和法规，使之为健全和完善社会主义制度服务。

在吸收和借鉴资本主义政治文明成果、建设社会主义民主政治的过程中，我们应遵循以下几个基本原则：第一，解放思想、抓住机遇。正确地吸收、借鉴资本主义政治文明成果，首先必须解放思想，正确认识资本主义及其创造的政治文明成果，把制度特征和体制特征区别开来，把那些属于全人类的东西从隐藏于阶级、民族、国家的形式中分离出来，把那些本来就是非制度化的东西从已制度化的禁锢中解放出来。当前，我们正面临全球化进程中的"第三次民主化浪潮"，这是一个在全世界范围内正在加速进行的文明转换和社会变迁的过程。我们深化改革的过程中尤其需要解放思想，积极寻求、发现和把握机遇，借鉴国际的先进经验。如果思想不解放，视资本主义的一切为洪水猛兽，就只能拉大与发达资本主义国家的差距，继续落在别人的后面。第二，辩证看待，扬弃和创新。对待资本主义政治文明成果，我们要用马克思主义的科学态度辩证地对它进行分析、鉴别、扬弃和创新。防止两种倾向：一是片面地排斥和反对，只要是资本主义、资产阶级的东西就不能用；二是盲目地崇拜，只要是资本主义国家的东西就用"拿来主义"。长期以来，我们对资本主义与社会主义关系的认识始终停留在对立的层次上，没有把它们看成是对立统一的关系。我们学习和引进外国先进的东西，但决不能学习和引进资本主义制度。现代化不等于"西化"，政治文明也不等于照抄照搬西方模式。进行创新的同时坚持走自己的发展道路。第三，循序渐进。中国的民主政治发展是一个渐进的适应性变革过程。邓小平指出："民主化和现代化一样，也要一步一步地前进。"① 因此，我们要重视民主的实际成效而不是形式上的追求。要吸取前苏联、东欧等国搞激进政治改革、导致共产党丧权的教训，把保持稳定始终作为政治体制改革必须坚持的前提。

总之，人类文明的新旧交替、吐故纳新不是一个绝对否定、简单

---

① 《邓小平文选》第2卷，人民出版社1994年版，第168页。

抛弃的过程,而是一个辩证否定、不断扬弃的过程。社会主义政治文明建设,必须放眼世界,以宽广的世界眼光和博大的胸怀积极吸纳各国文明成果,才能不断地提升自己的素质,引领世界政治文明之风骚。社会主义政治文明建设不可能一蹴而就,我们要在思想上、理论上和部署上都作好充分准备的基础上,把政治文明建设有条不紊地向前推进。

第三节 在制度创新中强化政治文明建设

邓小平关于政治体制改革的思想是邓小平理论中最富有特色、最引人注目的部分。他认为:"党和国家现行的一些具体制度中,还存在不少的弊端,妨碍甚至严重妨碍社会主义优越性的发挥。"① 这些弊端广泛存在于政治生活的各个领域,影响了我国社会主义现代化与政治发展的进程,因此必须改革并完善党和国家各方面的制度,全面推进政治体制改革。当今社会主义和谐社会建构中如何建立民主化、科学化的决策机制,构建一个公正的、富有效率的行政机构,建立完善的用人机制,以及如何进行权力的制约和监督,是社会主义政治文明建设必须解决的课题。

一、改革和完善政治决策机制

决策是人们为了达到一定的目标出主意、作决定的过程。决策存在于社会生活各个领域乃至每个人的行动中,正确决策是各项工作成功的重要前提。② 公共事务的决策即制定公共政策的过程,关系到公众利益,因而成为政治文明建设中的一项重要内容。公共政策是公共领域里的行为规范、准则或指南,在社会主义和谐社会进程中起着非

---

① 《邓小平文选》第2卷,人民出版社1994年版,第327页。
② 孙向军等:《走向中国政治文明——社会主义政治文明论》,江西高校出版社2004年版,第311页。

常重要的作用：1. 公共政策是联结宏观社会与微观个体的桥梁。它把众多理性但有差异的个体与整体社会联结了起来。2. 公共政策是协调社会群体利益冲突的重要手段。通过规范人们的行为方向，制约违反规范的行为，控制利益冲突等，对各种客观存在的利益诉求实行调控。3. 公共政策是政治参与和政治表达的重要渠道。和谐社会的民主法治和公平正义特征要求政治系统建立起网络健全、程序完善、运行有效的政治参与和政治表达渠道，以使各种利益诉求进入政策议程。而政治参与中无论是政治支持，还是政治要求，最终都需要公共政策予以回应。可见，社会主义和谐社会的建构在很大程度上依赖于中国公共政策的科学化和民主化进程。

（一）决策的科学化与民主化

胡锦涛在"三个代表"重要思想理论研讨会上对决策科学化、民主化的意义进行了论述："各级党委和政府要坚持从群众中来、到群众中去的工作路线……推进决策科学化民主化，创新发展思路，努力使我们的方针政策更好地体现人民群众的利益，使先进生产力和先进文化更快更好地发展起来，不断让人民群众得到实实在在的利益。"[1] 在确立社会主义市场经济体制、构建社会主义和谐社会的历史进程中，几乎所有重大改革措施都要通过公共政策来推动。公共政策的科学性、合理性是决策过程科学化、民主化的集中体现。在政策制定、执行和检验过程中，应引入科学决策机制、公开讨论机制、社会监督机制、纠错机制等，这是决策民主化、科学化的应有之义，也是构建和谐社会的必由之路。

2003年以来，中国共产党和中国政府以"立党为公，执政为民"作为公共政策选择的价值基点，以五个"统筹"作为政策目标，已经明确显示出构建社会主义和谐社会的价值取向，并着手建立致力于社会安全、稳定、公平的协调机制和政策体系，如围绕"十一五"

---

[1] 胡锦涛：《在"三个代表"重要思想理论研讨会上的讲话》，人民出版社2003年版，第19页。

规划的发展目标与相关政策措施,已在进行细密的研究论证并广泛征求来自社会各方面的意见;政策听政制、问责制和公共安全事件新闻公布制度等,也已进入实际运作层面。这些举措标志着中国的公共政策选择,已经在民主化、科学化方面有了实质性的进展。但这还远远不够,尤其是涉及社会关系协调和利益取向的政策,如何使公民、社会的积极参与来维护和保证社会公平和社会正义,有效减少政策失误,并建立行之有效的纠错制度,以良性互动的政策机制推动构建社会主义和谐社会进程等仍是需要继续努力才能实现的目标。

（二）和谐社会建构中决策机制的改革和完善

当前,我国的一些公共政策还存在与构建社会主义和谐社会"不和谐"的一些方面,主要是有些公共政策不以市场为基础,以市场失灵为借口去替代市场,甚至破坏市场;有些不以法律为准绳,以公共政策去挑战法律的权威和尊严;另外,公共政策体系也不健全,不仅出现缺位、错位和越位现象,而且导致难以担负起协调利益冲突和体现社会公正的职责。政府应从以下一些方面去创新公共政策①:

一要加强和完善政策诉求的表达机制。政策诉求的表达是政策合法化的重要过程,也是现代政治体系的民主要求。健全的政策诉求表达机制不仅使所有社会主体有机会向政策主体表述对问题的关切和各自观点,而且能产生诉求表达的互动效应。当前我国的政策诉求表达机制亟待完善:第一,继续深化政策制定的民主参与。如听证会制度作为现代政府治理的一种重要工具,在我国的某些政策领域已被采用。第二,充分发挥现代信息技术的作用。现代信息技术不仅给公共政策的传导带来了便利,也给公众参与政策过程提供了新的手段。政府应完善电子政务和政府网站,使社会主体的政策诉求不仅可以快速地表达,而且能与政府在政策诉求上进行互动沟通。第三,坚定从过程上公开政策的取向。政务公开实施近二十年来,公共政策在内容和

---

① 严荣:《构建和谐社会需要创新公共政策》,《学习时报》2005年第9期。

规则方面的公开都已逐步展开并不断深化,但在过程上的公开却始终相对滞后,因而必须坚定过程公开的理念和取向,通过民主旁听等形式使整个政策向社会主体公开。

二要理性应对利益集团的参与。在市场化改革逐步深入之时,利益集团及其对公共政策的广泛渗入是我国公共权威必须正视的客观事实。在公共政策领域,利益集团以影响政策取向为宗旨,有社团型、机构型、非正式型等类别。对于利益集团,公共权威首先必须正视其存在;其次必须引导其合法的政策参与活动,控制和约束其非法的政策参与活动;再次在接受其政策诉求之时必须提高甄别能力以及协调能力。

三要完善社会政策。社会政策包括社会保险,社会救助,医疗卫生服务,房屋政策,教育政策,老人、青少年、妇女儿童的福利,社区与非营利组织发展,等等。是和谐社会中不可缺少的公共政策成分。完善社会政策,首先要使社会政策集中在政府关注的公共福利活动方面,实现社会引导以保障满足社会需求这一社会传统上;其次要把社会政策从传统行政中释放出来,强化经济政策和经济机制的自发作用;再次要转向需求的社会合作机制,即政府、企业与社会部门之间需要建立一种合作互动的良性关系,以缓解社会矛盾,适应日益多样化的社会需求。

四要重新界定公共产品的范围。随着社会经济的快速发展,公共产品的范围需要重新界定,以避免公共产品供给方面的越位、缺位和错位现象。首先,一些传统意义上的公共产品如今已属于市场调节的范畴,如价格管理、工资管理等,因而应减少或取消公共政策的干预。其次,当前社会矛盾比较集中和突出的一些领域迫切需要公共产品的供给,如农村的基础设施、社会保障、医疗服务,食品安全监管,煤矿安全生产监管,公共卫生防御体系,以及环境保护等。再次,也有一些领域的公共产品供给存在错位现象,如基础教育、网吧管理等。①

---

① 严荣:《构建和谐社会需要创新公共政策》,《人民之声报》2005年第70期。

二、深化行政管理体制改革

行政管理体制是政府的功能、组织结构、主体、运行状况等的总称。①它是政治上层建筑的重要组成部分，也是社会主义政治文明的重要内容。将其改革作为民主政治建设的一个重要组成部分，在一定程度上反映出一个国家民主政治建设的实际发展水平，其成效与结果将对民主政治的发展进程产生严重影响。党的十六大明确地把行政管理体制改革作为政治体制改革和社会主义政治文明建设的基本任务，指明了深化改革的战略方向，也提出了改革的具体内容和实际步骤。概括来说是"一个目标"、"三个转变"、"五个重点"。"一个目标"，就是建立与社会主义市场经济相适应，与社会主义民主政治相配套，行为规范、运转协调、公正透明、廉政高效的行政管理体制；"三个转变"，就是实现政府职能转变、管理方式转变、工作作风转变；"五个重点"，就是进一步转变政府职能，建立和完善适应新形势的政府公共管理职能体系；改进管理方式，推行电子政务，提高行政效率，降低行政成本；依法规范中央和地方的职能权限，理顺条块关系；推进机构改革，实现机构和编制的法定化；按照政事分开原则，改革事业单位管理体制。②

（一）我国行政管理体制的现状

改革开放以来，我国曾先后进行了四次大规模的政府机构改革，初步建立起了适应社会主义市场经济体制需要的行政管理体制。但由于行政管理体制的改革是一项极为复杂的系统工程，受客观环境的影响和条件的制约，现行行政管理体制仍然带有阶段性和过渡性的特

---

① 孙向军、戴木才：《走向中国政治文明——社会主义政治文明论》，江西高校出版社2004年版，第319页。

② 吴江：《政府创新：深化行政管理体制改革的新思路》，《人民论坛》2003年第4期。

点，还存在着不少问题。具体表现为：1．政府职能转变没有完全到位，政府管理的越位、缺位和错位的现象依然存在。2．政府组织机构及其权力、职责的配置还不尽科学，职能交叉没有得到根本解决，条块关系没有理顺。3．机构设置随意性大，定编定岗缺少法律的硬约束。4．行政程序和行政行为不规范，依法行政、依法办事的能力和水平还不高。5．政府管理方式和管理手段比较落后，行政透明度与行政效率不高，形式主义和文山会海现象还比较严重。6．行政成本过高，财政负担过重，预算缺乏约束。这些问题日益成为影响社会主义市场经济和社会生产力进一步发展的障碍。因此，深化行政管理体制改革，加大政府管理体制的创新力度，已成为各级政府应对我国加入世贸组织后的挑战、保持经济增长、维护社会稳定、推进各项事业发展的一项重要任务。①

（二）我国行政管理体制的主要措施

第一，转变行政管理理念。传统治理理念认为，社会管理的权力中心是一元的，只能是政府。政府运用权力，通过制定法规和实施政策，对社会事务实行无所不包的、自上而下的垂直管理。而现代治理理念则认为，社会管理的权力中心是多元的，可以是公共机构（政府），也可以是非公共机构（如社区、行业协会等非政治组织），还可以是二者的协作。社会管理是上下互动的协调过程，其实质是合作关系，而不是"治人"与"治于人"的关系。实践证明，只有牢固地树立起现代治理理念，才能适应体制转换和社会转型的需要，建立起政府、社会组织为主导，公民积极参与的社会管理新机制。

第二，转变政府职能。政府职能的转变是行政管理体制改革的核心和和谐社会建构的重大战略举措。十六大报告把政府的任务明确规定为经济调节、市场监管、社会管理和公共服务。过去我们主要关注的是前两者，从2003年"非典"以后我们逐步认识到社会管理和公

---

① 邓润子：《为什么要深化行政管理体制改革？》，《长城在线》2003年9月12日。

第五章 协同与共进：以和谐政治建设推进社会发展

共服务的重要地位。政府发展战略突破了单一经济建设为中心，调整为包括经济、社会、城乡、地区的可持续发展，包括人和社会的可持续发展。实现由单一经济建设型、管制型政府向公共服务型政府的转变。具体表现为：

首先，建立服务型政府。这是近年来理论界和各级政府在深化行政改革中提出的一个目标选择。服务型政府本质上是社会本位、民本位，它不同于传统的以官本位、权力本位为特征的管制型政府。在实践中，已有越来越多的地方政府认识到建立服务型政府的必要性，着手改革以往"重管理、轻服务"的政府管理方式，扩大政府公共服务的范围，提高公共服务的质量，为社会提供更多的公共服务。首先，政府要积极提供更多的社会公共产品，特别是在环境保护、生态平衡、义务教育、基础交通、公共安全、社会保障、社会福利等方面，政府要通过提供更多的社会服务，来增进公共利益。其次，政府在一定程度上要"还政于民"，日益放松对社会经济事务和公民私人事务的管制，更多地让公民和社会民间组织进行自我管理。再次，在政府必须履行管理责任的地方，政府也应当有服务意识和平等意识，而不是进行居高临下的家长式管理。最后，政府是市场产品质量和社会服务质量的管理者，相应地，公民对政府提供的管理和服务也应当有质量要求。一个良好的政府必须为公民提供优质的公共产品、公共服务和公共管理。①

其次，建立面向市场的政府。随着我国社会主义市场经济体制的不断建立和完善，政府的管理职能正在经历着一场深刻的历史变革。在认识市场经济中政府应该"管什么"的同时，还必须科学地把握政府"怎么管"，强调政府要面向市场有利于进一步明确市场经济条件下政府与市场的关系，充分发挥市场的作用，促进政府职能转变。政府发挥职能作用的主要方向应放在宏观调控、创造有效率的市场环境上，围绕市场行使好调节、培育、监管和服务职能。

---

① 俞可平：《社会公平和善治：建设和谐社会的基石》，《中国特色社会主义研究》2005 年第 1 期。

再次,建立责任政府。责任政府的提法,主要是为了按照依法行政的要求,强化政府责任。在以往权力高度集中的行政体制下,政府权力与责任严重脱节和失衡,现阶段推行依法行政的关键在于强化政府责任,使权力和责任挂钩,建立责任政府。行政改革应力争取得以下突破:一是赋予权力的同时必须明确责任;二是健全政府责任制度,制定落实法定质询、罢免等追究责任的具体程序,创设引咎辞职、责令辞职等易于实施的责任制度;三是推行行政执法责任制度,与政府外部评议制度相挂钩;四是加大执法监督的独立性、公开性和民主参与。①

第三,改进管理方式,推行电子政务,提高行政效率,降低行政成本。推行电子政务是适应信息化时代政府管理活动的需要。电子政务是政府管理方式的革命,不仅能够提高政府管理的效率,提高政府工作的透明度,推进廉政、勤政建设,更好地为公众服务。而且这场由新的管理手段所带来的管理方式上的革命将最终改变我们久已习惯的政府管理环境,引导我们逐步走向一个全新的政府管理世界。

第四,改革政府工作的考核指标体系。行政管理体制改革需要确定合理的目标、方法和步骤,但制定科学的政府工作的考核指标体系同样不应忽视。目前,我国各级政府的考核指标带有明显的 GDP 倾向,下边很自然地就把 GDP 增长作为压倒一切的任务。地方政府的考核中有"业绩指标"、"保底指标"的区别。GDP 是业绩指标,是否完成直接关系当事人的职位升迁;而公共卫生、社会环境等则是保底指标,只需不出事就行。至于行政成本现在还未纳入干部考核指标。正确的做法,应该是按照十六大提出的政府四大职能,设计政府工作的考核指标体系。经济发展状况是考核的主要内容之一,公式是 GDP 减去发展成本等于业绩。②

---

① 中国行政管理学会深化行政改革课题组:《深化行政管理体制改革的理论与实践》,《中国行政管理》2003 年第 3 期。

② 吴江:《政府创新:深化行政管理体制改革的新思路》,《人民论坛》2003 年第 4 期。

第五,依法规范中央和地方的职能权限,理顺条块关系。长期以来,中央与地方的权限缺乏明确的法律规定,上下级行政机关之间的事权不清,导致权限不明,职能交叉,既影响了行政效率,也损害了行政职能的发挥。十六大提出必须按照既有利于国家政权的统一,又要充分调动中央和地方两个积极性的原则,依法明确划分中央与地方的行政管理权限,中央与地方合理分权体制应作为我国的一项基本政治制度和行政制度,用宪法的形式固定下来,非法定理由不得随意变更。

三、推进干部人事制度改革

治国之机,在于明选。通过合理的制度选择优秀的人是政治管理机制的重要内容。人是政治活动的主体,实现对社会的治理需要一大批德才兼备的人才,没有高素质的人,再好的制度也是虚设。① 党中央对干部人事制度改革高度重视,十六大提出了要深化干部人事制度改革,"形成广纳群贤、人尽其才、能上能下、充满活力的用人机制"、"建立健全选拔任用和管理监督机制"、"健全公务员制度"、"扩大党员和群众对干部选拔任用的知情权、参与权、选举权和监督权"等多方面的内容,为干部人事制度改革作出了具体的安排。最近又集中出台的五个法规文件是干部人事制度改革的又一个重要阶段性成果。《党政领导干部职务任期暂行规定》对党政领导干部的职务任期、连任限制、最高任职年限、任期内保持相对稳定等问题作了规定;《党政领导干部交流工作规定》对交流的对象、范围、方式、组织实施、工作纪律、保障措施等作了规定;《党政领导干部任职回避暂行规定》对领导干部任职回避的适用情形、操作程序等作出了规定;《关于对党员领导干部进行诫勉谈话和函询的暂行办法》规定通过直接谈话或书面询问的形式对了解到的党员领导干部的有关问题作

---

① 孙向军、戴木才:《走向中国政治文明——社会主义政治文明论》,江西高校出版社2004年版,第344页。

进一步的了解和提醒;《关于党员领导干部述职述廉的暂行规定》规定党员领导干部要定期报告自己履行职责和廉洁从政等方面的情况。这五个法规文件和2004年4月集中出台的"5+1"法规文件,与《中华人民共和国公务员法》、《干部任用条例》、《党内监督条例(试行)》、《干部教育条例(试行)》等法律法规一道,初步构成了较为完备的干部人事工作法规体系,为加强干部队伍建设提供了有力的制度保证。① 深化干部人事制度改革的目标是建立健全用人机制、治理用人腐败、推行和完善公务员制度。

改革开放以来,在邓小平理论和"三个代表"重要思想的指引下,干部人事制度改革随着经济体制改革和政治体制改革的进程逐步展开,不断深化。特别是中央颁布《深化干部人事制度改革纲要》、《党政领导干部选拔任用工作条例》以来,改革的力度明显加大,党政领导干部制度的改革在推进科学化、民主化、制度化方面取得了显著成效。目前,我国干部人事制度和干部人才队伍建设总体是好的,但在很多方面也存在着不少问题:一是干部选拔使用制度不够完善,干部人事管理工作科学化、民主化、制度化程度不高。二是监督主体缺位,监督机制不健全。三是考评奖惩机制不健全,群众对民主评议干部信心不足。四是用人腐败现象严重。②

根据以上存在的一些问题和党中央制定的一系列干部人事制度改革的法规文件,我们应在以下一些方面作出努力:

第一,解放思想,观念创新。思想是行动的先导,深化干部制度改革,建立与社会主义市场经济相适应的选人用人机制,关键在于解放思想,实行观念创新。当前,妨碍干部制度改革的思想障碍大致有两类:一类是封建的、落后的习俗观念,如论资排辈、平衡照顾、官贵民贱、上荣下辱等。另一类是在战争年代和计划经济体制下形成的

---

① 贺国强:《不断深化干部人事制度改革》,《人民日报》2006年6月20日。

② 孙向军、戴木才:《走向中国政治文明——社会主义政治文明论》,江西高校出版社2004年版,第349页。

某些做法和观念,如由党组织直接任命管理一切干部才叫党管干部,加强党的组织领导就是加强党的部门对干部选任工作的直接管理等。我们要紧紧围绕树立和落实科学发展观、正确的用人导向和政绩观,认真学习党中央制定的一系列干部人事制度改革的法规文件,采取切实行动,把开拓创新贯穿于深化干部人事制度改革的每一个环节、每一项工作中,不断打开工作的新局面。①

第二,整体推进,重点突破。要按照中央的要求,加强对领导干部和干部选拔任用工作监督,在推行公开选拔领导干部、党政机关干部竞争上岗、党政领导职务任期制、完善考核、推进交流等方面取得新的突破,并以此推动改革的全面深化。重点在以下几方面实现新突破:

一是在干部选拔任用和管理监督上实现新突破。把民主、公开、平等、竞争原则贯穿于干部选任工作始终。要进一步加大使用干部的透明度,在选人用人上给群众更多的发言权。把选拔职位和任职条件公开,选拔的程序、办法、过程公开,考试成绩和选拔结果公开,选拔工作的全过程接受群众监督,使广大群众对选拔任用干部有发言权,从而杜绝跑官要官现象的发生。要进一步完善公开选拔的做法,使之走上科学化、规范化轨道。要实行领导干部任前公示制和试用期制。要在党政机关全面推行竞争上岗,营造公平竞争的良好环境,真正建立竞争机制。

二是要在扩大干部工作的民主上实现新突破。要进一步深化党内民主,积极探索发挥全委会在选拔任用干部工作中的作用,建立常委会定期向全委会报告干部工作制度;要进一步完善人民民主,充分发挥人大、政协和有关部门的作用,加大对领导干部评议的力度,充分发挥政协的民主监督作用。要进一步拓宽民主渠道,充分发挥群众在干部选拔任用工作中的作用。江泽民再三强调,干部的优劣和是非功过,群众看得最清楚,也最有发言权。只有走群众路线,实行领导和

---

① 社论:《进一步加快干部人事制度改革步伐》,《人民日报》2000年8月21日第1版。

群众相结合，才能真正把人选用好，要采取包括民主推荐、民主评议、民主测评等多种形式，扩大群众的民主参与。

三是要在完善干部实绩考察机制上实现新突破。政绩是一个人各方面素质的一种综合反映。根据科学发展观强调全面、协调、可持续发展要求进一步改进和完善干部考核评价的方式方法，突出综合考核评价，全面、系统、客观、公正地看待干部：要围绕经济、社会发展和可持续发展、社会评价指标等三个方面确定具体指标，政绩考核规范化、制度化。要建立政绩考察结果认定制度。客观、准确地认定干部的政绩。要坚持群众公认原则，不断扩大和完善群众参与干部考核工作的渠道与途径。普遍采取民主测评、民意调查、实绩分析、个别谈话和综合评价等方法步骤，突出综合考核评价，注重考核工作实绩。

四是要在推进干部能上能下上实现新突破。我国传统用人机制缺乏活力的症结在于能上不能下，因此，要从"上"、"下"两方面着手，突破"下"的难点。对于"下"，要打破传统的官本位意识，通过淘汰机制和更新机制，实行任期制、聘任制，推行辞职制度等。对于"上"，要打破论资排辈、平衡照顾等落后观念，通过竞争择优机制，把德才兼备的优秀干部选拔到领导岗位。

五是要在干部选拔任用工作责任追究制度上实现新突破。《党政领导干部选拔任用工作条例》第六十五条规定："实行党政领导干部选拔任用工作责任追究制度。用人失察失误造成严重后果的，应当根据具体情况，追究主要责任人以及其他直接责任人的责任。"按照这一规定，建立和完善干部推荐责任制、干部考察责任制、选拔任用干部决策责任制、用人失察失误追究制等。

四、加强制权和监督机制

权力是一把"双刃剑"，它既是社会正常运转不可或缺的一种力量，同时也可能因为被滥用而走向腐败，给社会带来极大的危害。阿克顿勋爵最早指出"绝对的权力导致绝对的腐败"，不受监督和约束的权力必会异化产生腐败。因此,通过多种途径,加强对权力的制约和监督,是社会主义政治文明建设的重要组成部分。①我们党一贯重视党内外的监督工作,积极探索和实践加强监督的有效形式和办法,《中国共产党党内监督条例(试行)》、《中国共产党纪律处分条例》、《建立健全教育、制度、监督并重的惩治和预防腐败体系实施纲要》等重要的党内法规的颁布实施,从理论、法规和实践上,都大大推进了对权力进行监督和制约的工作。十六大提出要"加强对权力的制约和监督",对于保证把人民赋予的权力真正为人民谋利益具有指导意义。

在市场经济条件下,我国的权力制约和监督机制暴露出越来越多、越来越大的问题。一方面,对权力行使者、权力行为过程、权力行为后果的监督不力;另一方面,社会群众、团体、舆论的监督作用不足,对权力制约的法律不健全、监督机构松散、导致了腐败现象滋生蔓延。实践证明,要有效地加强对公共权力的控制,必须从三个方面入手:一是加强对权力掌握者的思想教育和职业道德教育;二是加强对权力的制约;三是加强对权力的监督。三者相辅相成,不可或缺。教育是基础,制约是根本,监督是保证。针对我国权力制约和监督存在的问题,应从以下多个方面加强:

(一)加强对领导干部的监督

江泽民指出:"党要管党","从严治党中,首先要治理好领导班子和领导干部"②。人民管理国家和社会事务的权力,是通过各级领导机关和领导干部来掌握的。加强对权力的制约和监督,重点是加强对各级领导干部特别是主要领导干部的监督。我们党长期以来在加强对领导干部的监督方面,创造了一系列行之有效的监督方式,应当在实践中不断总结新的经验,使之进一步丰富和完善。一是要加强领导

---

① 孙向军、戴木才:《走向中国政治文明——社会主义政治文明论》,江西高校出版社2004年版,第359页。

② 《江泽民文选》第2卷,人民出版社2006年版,第499页。

班子内部监督。这是对领导干部最直接的监督。要按照民主集中制原则，建立重大事项决策规则和程序。对于涉及党的路线方针政策的事项，干部的任免、推荐、调动和处理，涉及群众利益的重要问题等，应当明确规定征求意见的范围和方式，论证的原则和要求，集体讨论决定的规则和程序，决策结果的公开方式，以及决策失误责任的追究办法等，以加强对决策的有效监督。二是要建立和完善对领导干部的管理和监督制度。针对领导干部在党性党风党纪方面存在的突出问题，制定和完善领导干部从政行为准则，进一步完善巡视制度，建立巡视工作机构，实现巡视工作的制度化、经常化。建立和完善领导干部诫勉谈话制度和回复组织函询制度，建立多种形式的领导干部述职述廉制度，健全重大事项报告制度，实行领导干部降职辞职制度，并加强对制度执行情况的检查，推动制度的落实，防止和克服形式主义。①

（二）建立健全科学的权力运行机制，把制约和监督有机结合起来

党的十六大提出的"结构合理、配置科学、程序严密、制约有效"的权力运行机制的"十六字"方针是一个统一的整体，揭示了完善的权力运行机制的四个要求或特征，是我国政治体制改革中的一项带有核心性质的重要任务。结构合理，就是要对权力进行合理分解，重点是把决策权、执行权、监督权适度分开，使不同性质的权力由不同的权力主体来行使。配置科学，就是不同的权力主体之间分工明确、各负其责，并且使职权和责任相统一。程序严密，就是要建立健全规范、缜密的权力运行程序，使各种权力都能依法有序运行。制约有效，就是不同权力主体之间既密切配合又有效制衡。建立健全科学的权力运行机制，既有利于加强对权力的制约，又增强了权力运行的规范性和透明度，这也是对权力进行有效监督的重要前提。

---

① 辛桂辛：《加强对权力的制约和监督》，《前线》2003年第8期。

按照"十六字"方针建立健全科学的权力运行机制,是对现行权力运行机制的完善和重大改革。应当特别注意把握好以下几个问题:一是权力运行机制的设计,要有利于巩固党的执政地位。任何一种权力运行机制的性质、内容和形式,都是由本国的社会制度决定的。我们建设的是中国特色社会主义,人民当家作主是社会主义民主政治的本质要求,党的领导是人民当家作主的根本保证。建立和完善权力运行机制的根本目的是为了加强和改善党的领导,巩固和发展社会主义制度,否则,如果动摇或者削弱了党的领导,就必然损害人民当家作主的地位,损害社会主义制度,这样的权力运行机制就是不科学的,政治体制改革也就失败了,前苏联就是前车之鉴。二是正确处理权力集中和分散的关系。对于防止和克服腐败现象来说,权力集中不一定绝对坏,权力分散也不是绝对好。有些环节权力过于集中,有些环节权力过于分散,都容易导致腐败现象的发生。关键是对权力的分解要合理,配置要科学,制约和监督要切实有效。该分散的权力一定要分散,该集中的权力一定要集中。三是把对权力的制约与保证决策效率有机统一起来。对权力的制约往往容易出现两个方面的问题:一方面是制约乏力,起不到防止滥用权力的作用;另一方面是过分强调制约,影响决策效率。科学的权力运行机制,应当是既能有效地防止和纠正滥用权力的问题,又能够保证决策效率。

(三)建立强有力的监督机构

进一步发挥司法机关和行政监察、审计等职能部门的作用。通过推进司法体制改革,进一步发挥司法机关在依法惩处腐败分子、预防职务犯罪方面的作用;发挥行政监察机关在严格依法行政、提高行政效率方面的作用。实践证明,实行经济责任审计是对领导干部特别是主要领导干部进行监督的一种有效手段。此外,还要把纪检监察监督与人大监督、政府专门机关监督、政协民主监督等结合起来,充分发挥各个监督部门的优势作用,加大监督的力度、改善监督的效果。同时必须切实加强对监督机关的监督,否则同样会导致腐败。

（四）进一步加强民主监督

改革和完善选举制度，把党的领导和依法选举有机结合起来，以科学的程序民主保证选举的民主；加强干部选拔任用工作的监督，以加强对权力授予的监督，这是对领导干部进行有效监督的关键。建立和完善民主评议制度、质询和罢免制度，认真执行政务公开制度。建立健全"便利、安全、高效"的举报机制，加强群众对领导干部的监督。[1]

（五）进一步发挥舆论监督和群众监督的作用

舆论监督是社会监督的一种重要形式和手段，具有公开性、及时性和群众性等特点，对加强领导干部的监督具有十分重要的作用。党组织要支持新闻媒体按照有关规定，揭露和批评领导机关和领导干部违背党的路线方针政策和国家法律的行为，以及严重侵犯群众利益的现象。同时，一定要切实加强对社会舆论的正确引导，提高舆论监督水平。

第四节 推进社会的全面发展

社会是一个由相互联系着的诸要素组成的整体系统，包含政治、经济、文化和社会四个子系统。政治文明、物质文明、精神文明、社会文明的"四位一体"共同统一于中国特色社会建设的历史进程中，共同促进社会的全面发展与和谐。只有坚持政治文明与物质文明、精神文明、社会文明的全面协调发展，才能真正实现社会和谐。

一、夯实政治文明建设的物质基础

物质文明是一切社会发展进步的物质基础，也是社会政治文明进

---

[1] 王仕民等：《中国化马克思主义——"三个代表"重要思想概论》，人民出版社2005年版，第158页。

步与社会和谐发展的前提和基础。没有物质基础和经济发展作保障，一切社会矛盾和社会问题都不可能得到有效解决。从鸦片战争开始的一百多年里，中华民族之所以积弱积贫、落后挨打、任人宰割，就是因为我国的物质生产水平和生产力发展水平落后，而且劳动人民创造的物质财富被极少数人占有，为少数人服务。旧中国物质文明的缓慢进步，使无数仁人志士的强国之梦无法实现。从现实来看，我国正处于并将长期处于社会主义初级阶段，人民日益增长的物质文化需要同落后的社会生产之间的矛盾仍然是我国社会的主要矛盾，统筹兼顾各方面利益的任务艰巨而繁重。从未来看，中华民族在国际政治舞台上有没有地位，有没有发言权，能不能维护自己的独立和尊严，祖国能不能统一，政治能不能稳定，从根本上来说，取决于我国物质文明的发展程度。社会要和谐，首先要发展。社会和谐在很大程度上取决于社会生产力的发展水平，取决于发展的协调性，所以，社会主义物质文明建设是关键。因此，必须把物质文明放在第一位，坚持以经济建设为中心，始终紧紧抓住发展这个执政兴国的第一要务，必须坚持用发展的办法解决前进中的问题，不断解放和发展社会生产力，不断夯实政治文明进步与构建和谐社会的物质基础。

（一）坚持"五个统筹"，进一步深化改革，扩大开放，发展社会生产力

改革开放是我们的既定选择。要立足国情，顺应历史潮流，要进一步深化改革，扩大开放，革除一切妨碍先进生产力发展的思维方式和思想观念，革除一切束缚发展的条条框框和陈规陋习，革除一切制约发展的管理体制和运行机制，深入进行经济体制的改革，完善社会主义市场经济体制，消除束缚生产力发展的体制性障碍。同时，顺应经济全球化的历史潮流，扩大对外开放，在国际间和全球范围内积极参与高层次的经济技术合作与竞争，吸取人类社会包括西方发达资本主义国家创造的物质文明成果为我所用。在物质文明的建设中必须坚持科学发展。切实抓好发展这个党执政兴国的第一要务，统筹城乡发展，统筹区域发展，统筹经济社会发展，统筹人与自然和谐发展，统

筹国内发展和对外开放，转变增长方式，提高发展质量，走新型的工业化道路，推进节约发展、清洁发展、安全发展，实现经济社会全面协调可持续发展。

（二）注重解决发展不平衡问题，发展社会事业，推动经济社会协调发展

一是要推进社会主义新农村建设，促进城乡协调发展。贯彻工业反哺农业、城市支持农村和多予少取放活的方针，加快建立有利于改变城乡二元结构的体制机制，推进农村综合改革，促进农业不断增效、农村加快发展、农民持续增收。坚持农村基本经营制度，保障农民土地承包经营的各项权利，发展农民专业合作组织，增强农村集体经济组织服务功能。强化支农惠农政策，增加国家对农业和农村的投入，完善农村金融服务体系。加快农业科技进步，推进现代农业建设，发展农业产业化经营，提高农业综合生产能力。调整优化农村经济结构，积极稳妥地推进城镇化，发展壮大县域经济。二是要落实区域发展总体战略，促进区域协调发展。要通过中央财政转移支付资金支持、政策倾斜等措施加大对欠发达地区和困难地区的扶持，继续推进西部大开发，振兴东北地区等老工业基地，促进中部地区崛起，鼓励东部地区率先发展，形成分工合理、特色明显、优势互补的区域产业结构，推动各地区共同发展。同时重点用于中西部地区，尽快使中西部地区基础设施和教育、卫生、文化等公共服务设施得到改善，逐步缩小地区间基本公共服务差距。三是要提高医疗、卫生、就业等社会保障水平。要建设覆盖城乡居民的基本卫生保健制度，加强公共卫生体系建设，健全医疗卫生服务体系，强化政府促进就业职能，统筹做好城镇新增劳动力就业、农村富余劳动力转移就业、下岗失业人员再就业工作，切实提高人民群众的物质生活水平和生活质量。四是要实施可持续发展战略，处理好人口、资源、环境之间的关系，加强生态环境的保护和建设。

只有社会主义物质文明建设取得长足发展，拥有高度发达的社会生产力和高于资本主义的劳动生产率，我们才能解决初级阶段所面临的社会主要矛盾，实现国家的富强和人民的富裕，增强综合国力，中华民族才能获得自尊和自信，从而屹立于世界民族之林，才能有政治文明的发展和社会的真正和谐。

二、强化政治文明建设的精神支持

精神文明不仅是构建社会主义和谐社会的精神支撑，而且为政治文明的建设提供坚实的思想道德基础、精神动力和智力支持。正如笔者在第四章所述，许多政治不文明现象的发生，都是与相关人群的思想道德素质、社会的教育发展水平和文化建设的因素紧密相关的，因此精神文明建设对加强社会主义政治文明建设、构建社会主义和谐社会有着不可替代的作用。

（一）建设社会主义核心价值体系，培育和弘扬民族精神是精神依托

马克思主义指导思想，中国特色社会主义共同理想，以爱国主义为核心的民族精神和以改革创新为核心的时代精神，社会主义荣辱观，构成社会主义核心价值体系的基本内容。党的十六大报告指出："民族精神是一个民族生存和发展的精神支撑。一个民族，没有振奋的精神和高尚的品格，不可能自立于世界民族之林。"准确把握中华民族精神的科学内涵和现代价值，充分认识民族精神在民族振兴、国家发展中的地位和作用，不断推动民族精神的与时俱进，对于增强新世纪新阶段中华民族的凝聚力和国际竞争力，对于全面建设小康社会，加快建设社会主义和谐社会，开创社会主义和谐社会事业新局面，具有重大的现实意义和深远的历史意义。

中国共产党高超的政治智慧和卓越的领导艺术之一就是始终高度重视继承和弘扬民族精神，善于培育和发展民族精神。中华民族精神是建设社会主义和谐社会的强大精神动力。在长期革命、建设和改革实践中，我们党紧密结合时代发展和社会进步的要求，不断推动民族精神的与时俱进，极大地丰富和发展了民族精神，把中华民族精神提

升到一个崭新的水平。我们党培育和倡导的民族精神,集中体现了党的先锋队性质、与时俱进的思想风范,体现了中国共产党人的崇高思想境界、坚定理想信念和蓬勃朝气、昂扬锐气、浩然正气,体现了党领导下的中国人民的爱国主义、集体主义、社会主义的精神和艰苦奋斗、科学创新的精神。这些精神把伟大的中华民族精神推进到新的时代高度,使民族精神焕发出新的活力,激励着一代又一代的共产党人和人民群众为了民族振兴而顽强拼搏,为了国家富强而努力奋斗。①

坚持弘扬和培育民族精神是我们进一步加强党的建设的必然要求。民族精神是提高党的执政能力的精神动力。民族精神是党保持同人民群众血肉联系的精神纽带。保持党同人民群众的血肉联系问题,从根本上说,就是保持党群关系的和谐问题,是一个确立马克思主义的世界观、人生观、价值观的问题。而马克思主义世界观、人生观、价值观的确立,离不开坚持和弘扬中华民族精神。

因此,坚持把社会主义核心价值体系融入精神文明建设全过程、贯穿政治文明建设的各方面。坚持用马克思主义中国化的最新成果武装全党、教育人民,用民族精神和时代精神凝聚力量、激发活力,倡导爱国主义、集体主义、社会主义思想,加强理想信念教育,加强国情和形势政策教育,不断增强对中国共产党领导、社会主义制度、改革开放事业、全面建设小康社会目标的信念。坚持以社会主义核心价值体系引领社会思潮,尊重差异,包容多样,最大限度地形成社会思想共识。用社会主义核心价值体系和民族精神武装干部与人民群众,克服各种政治不文明现象的思想根源,为建设高度的政治文明、促进社会和谐提供精神动力。

(二) 加强思想道德建设是内在要求

在经济全球化、文化多元化、社会信息化、发展多样化的历史背景下,在市场经济体制的激烈竞争中,我国社会主义现代化建设面临

---

① 张静:《论中华民族精神在建设和谐社会中的价值》,《探索》2005年第4期。

着复杂多变的国内外局势,其发展进程无疑会遇到各种矛盾甚至冲突,如地区之间、城市与农村之间、行业之间、阶层之间以及人与人之间的发展不平衡和收入差距扩大;一些人为了自身利益而不顾道德与法制,进行官场中钱权交易的以权谋私、市场中钱德交易的假冒伪劣、学场中钱学交易的弄虚作假活动;一些社会主体为了局部和眼前利益而不惜以牺牲长远利益、破坏环境与生态为代价,陷入片面发展。所有这些情况,都已经和正在我国社会发生。如果对这些不平衡状况与突出矛盾不进行有效引导与调控,我国社会就不可避免地会发生冲突甚至动乱。而社会冲突与动乱,不仅会使我们国家、我国的社会主体与个体丧失发展机遇,而且会使我国丧失民族振兴的目标。这些问题的存在,严重影响着社会主义政治文明的建设和和谐社会的目标的实现,因此,必须加强思想道德建设,为政治文明的健康发展和和谐社会的构建提供思想基础。

首先,要重视发挥思想政治教育为建设和谐社会所起的导向作用和协调作用。所谓导向作用,就是思想政治教育要为建设和谐社会起方向引导、目标指导的作用,就是要坚持用建设和谐社会的理论,即科学发展观和人的全面发展理论,动员群众、引导群众全面推进社会主义现代化建设;就是要把社会主义现代化建设的具体实践活动提到构建社会主义和谐社会的理论高度;就是要针对人们在价值取向、发展方向、工作目标上的片面性,进行矫正克服和全面引导,保证我国在主导方向上的共识性与一致性,增强民族的凝聚力和发展动力。所谓协调作用,就是起沟通、平衡和稳定作用。正确处理人民内部矛盾是建设和谐社会的重要基础和维护社会稳定的前提。要建设和谐社会,就必须妥善协调各方面的利益关系,正确处理人民内部矛盾。在改革开放和建立社会主义市场经济体制过程中,许多经济关系、利益关系需要重新调整,许多新的矛盾亟待化解。同时,根据一些国家发展的经验教训,处于人均 GDP1000～3000 美元发展阶段的国家,往往是社会问题多发期,社会稳定面临挑战,而我国发展正处于这一阶段,因此,我国统筹各项发展,协调各个方面关系,妥善解决各种社会矛盾,意义十分重大。这些矛盾都是在改革发展进程中不可避免的人民内部矛盾。解决这些矛盾的方法，毛泽东在《关于正确处理人民内部矛盾的问题》一文中就全面地进行了阐述，就是要用民主的方法、讨论的方法、说服教育的方法和批评与自我批评的方法，即通过思想政治教育加以解决。在新形势下，思想政治教育要不断提高正确处理人民内部矛盾的能力，要引导广大干部群众正确处理个人利益和集体利益、局部利益和整体利益，当前利益和长远利益的关系，增强主人翁意识和社会责任感。①

其次，要树立社会主义荣辱观，培育文明道德风尚。坚持依法治国与以德治国相结合，树立以"八荣八耻"为主要内容的社会主义荣辱观，倡导爱国、敬业、诚信、友善等道德规范，开展社会公德、职业道德、家庭美德教育；在全社会形成知荣辱、讲正气、促和谐的风尚，形成男女平等、尊老爱幼、扶贫济困、礼让宽容的人际关系；普及科学知识，弘扬科学精神，养成健康文明的生活方式；发扬艰苦奋斗精神，提倡勤俭节约，反对拜金主义、享乐主义、极端个人主义；弘扬我国传统文化中有利于社会和谐的内容，形成符合传统美德和时代精神的道德规范和行为规范。着眼于增强公民、企业、各种组织的社会责任，把和谐社区、和谐家庭等和谐创建活动同群众性精神文明创建活动结合起来，突出思想教育内涵，广泛吸引群众参与，推动形成我为人人、人人为我的社会氛围。

（三）促进教育、科学和文化知识的发展是智力支持

首先，要坚持教育优先发展，促进教育公平。大力实施科教兴国战略和人才强国战略，全面实施素质教育，深化教育改革，提高教育质量，建设现代国民教育体系和终身教育体系，保障人民享有接受良好教育的机会。特别是要坚持公共教育资源向农村、中西部地区、贫困地区、边疆地区、民族地区倾斜，逐步缩小城乡、区域教育发展差距，推动公共教育协调发展。明确各级政府提供公共教育服务的职

---

① 郑永廷、张静：《思想政治教育：建设社会主义和谐社会的内在需求》，《思想理论教育》2005年第5期。

责,普及和巩固九年义务教育,落实农村义务教育经费保障机制,在农村并逐步在城市免除义务教育学杂费,全面落实对家庭经济困难学生免费提供课本和补助寄宿生生活费政策,保障农民工子女接受义务教育。引导民办教育健康发展。积极发展继续教育,努力建设学习型社会。通过发展教育,提高公民素质和科学文化水平,增强公民识别和抵制各种政治文明现象、提升政治参与和维护合法政治权利的能力,增强政治文明建设的群众基础。

其次,大力发展社会主义文化,丰富群众文化生活。新闻出版、广播影视、文学艺术、社会科学,要坚持正确导向,唱响主旋律,为改革发展稳定营造良好思想舆论氛围。新闻媒体要增强社会责任感,宣传党的主张,弘扬社会正气,通达社情民意,引导社会热点,疏导公众情绪,搞好舆论监督。加强对互联网等的应用和管理,理顺管理体制,倡导文明办网、文明上网,使各类新兴媒体成为促进社会和谐的重要阵地。大力开展丰富多彩的群众文化活动,加强文化管理,弘扬真善美,打击假恶丑,使群众在健康的文化活动中接受思想政治教育和高尚的情趣的熏陶,从而提高政治素质和其他素质,自觉与政治不文明划清界限,投身于和谐文化的建设中。

三、优化政治文明建设的社会环境

政治文明的发展受社会文明(这里是狭义的概念)的发展水平的制约。社会文明是社会管理、社会发展方面的积极成果。优秀的社会管理水平、社会公共事业的发展与社会人群健康良好的社会关系,都对政治文明建设起促进作用,也是社会和谐的重要体现。因此,要不断加强社会管理,发展社会公共事业,调整好社会关系,保持社会稳定,不断优化政治文明的社会环境。

(一)必须创新社会管理体制,整合社会管理资源,提高社会管理水平

加强社会管理,维护社会稳定,是政治文明建设和构建社会主义

和谐社会的必然要求。要健全党委领导、政府负责、社会协同、公众参与的社会管理格局，在服务中实施管理，在管理中体现服务。要建设服务型政府，强化社会管理和公共服务职能。按照转变职能、权责一致、强化服务、改进管理、提高效能的要求，深化行政管理体制改革，更加注重履行社会管理和公共服务职能。完善公共服务政策体系，提高公共服务质量，增强政府公信力。同时要健全社会组织，增强服务社会功能。发挥行业协会、学会、商会等社会团体的社会功能，完善培育扶持和依法管理社会组织的政策，发挥各类社会组织提供服务、反映诉求、规范行为的作用。

（二）妥善处理社会矛盾，维持社会稳定

要适应我国社会结构和利益格局的发展变化，形成科学有效的利益协调机制、诉求表达机制、矛盾调处机制、权益保障机制。健全社会舆情汇集和分析机制，完善矛盾纠纷排查调处工作制度，综合运用法律、政策、经济、行政等手段和教育、协商、疏导等办法，把矛盾化解在基层、解决在萌芽状态。积极预防和妥善处置人民内部矛盾引发的群体性事件，维护群众利益和社会稳定。加强社会治安综合治理，增强人民群众的安全感。

（三）广泛开展和谐创建活动，形成人人促进和谐的局面

不断增强公民、企业、各种组织的社会责任，推动形成我为人人、人人为我的社会氛围。在全社会形成知荣辱、讲正气、促和谐的风尚，形成男女平等、尊老爱幼、扶贫济困、礼让宽容的人际关系。注重促进人的心理和谐，加强人文关怀和心理疏导，引导人们正确对待自己、他人和社会，正确对待困难、挫折和荣誉。加强心理健康教育和保健，健全心理咨询网络，塑造自尊自信、理性平和、积极向上的社会心态。

参 考 文 献

著作部分

1. 《马克思恩格斯选集》第 1~4 卷，人民出版社 1995 年版。
2. 《马克思恩格斯全集》第 1 卷、第 2 卷、第 4 卷、第 46 卷，人民出版社 1995 年版。
3. 《马克思恩格斯要论精选》，中央编译出版社 2001 年版。
4. 《列宁选集》第 1~4 卷，人民出版社 1995 年版。
5. 《马克思恩格斯列宁斯大林论社会主义文明》，中共中央党校出版社 1982 年版。
6. 《马克思恩格斯列宁毛泽东邓小平江泽民论民主》，中国社会科学出版社 2002 年版。
7. 《孙中山选集》（下），人民出版社 1956 年版。
8. 《毛泽东选集》第 1~4 卷，人民出版社 1991 年版。
9. 《邓小平文选》第 2 卷，人民出版社 1994 年版。
10. 《邓小平文选》第 3 卷，人民出版社 1993 年版。
11. 《江泽民文选》第 1~3 卷，人民出版社 2006 年版。
12. 中共中央宣传部：《毛泽东邓小平江泽民论思想政治工作》，学习出版社 2000 年版。
13. 《中国大百科全书·政治学卷〔2〕》，中国大百科全书出版社 1992 年版。
14. 教育部社会科学研究与思想政治工作司：《思想政治教育学原理》，高等教育出版社 1999 年版。
15. 教育部社会科学研究与思想政治工作司：《思想政治教育方

法论》,高等教育出版社1999年版。

16. 教育部社会科学研究与思想政治工作司:《马克思主义思想政治教育理论基础》,高等教育出版社2002年版。

17. 教育部社会科学研究与思想政治工作司:《政治观教育通论》,高等教育出版社1999年版。

18. 靳诺、郑永廷等:《新时期高校思想政治工作理论与实践》,高等教育出版社2003年版。

19. 郑永廷:《现代思想道德教育理论与方法》,广东高等教育出版社2000年版。

20. 郑永廷等:《社会主义意识形态发展研究》,人民出版社2002年版。

21. 郑永廷等:《人的现代化理论与实践》,人民出版社2006年版。

22. 张耀灿、郑永廷等:《现代思想政治教育学》,人民出版社2001年版。

23. 张耀灿、徐志远:《现代思想政治教育学科论》,湖北人民出版社2003年版。

24. 郑永廷等:《德育发展研究》,人民出版社2006年版。

25. 孙其昂:《社会学视野中的思想政治工作》,中国物价出版社2002年版。

26. 张云:《思想政治教育心理学》,上海人民出版社2001年版。

27. 虞崇胜:《政治文明论》,武汉大学出版社2003年版。

28. 张立文等主编:《政治文明》,河南人民出版社2004年版。

29. 刘钰等:《第三种文明——社会主义政治文明研究》,南京大学出版社2004年版。

30. 林尚立:《上海政治文明发展战略研究》,上海人民出版社2004年版。

31. 程竹汝等:《政治文明》,上海人民出版社2004年版。

32. 李良栋:《社会主义政治文明论》,江苏人民出版社2004年版。

33. 郑慧主编：《社会主义政治文明的若干问题研究》，人民出版社2004年版。

34. 皮均等：《治政论》，新华出版社2004年版。

35. 孙向军、戴木才：《走向中国政治文明》，江西高校出版社2005年版。

36. 张江明等：《论政治文明》，广东社会主义社会辩证法研究会广东省精神文明学会2002年编。

37. 何士青：《政治文明的法学解读》，中国社会科学出版社2004年版。

38. 冯举：《社会主义政治文明》，西南财经大学出版社1990年版。

39. 刘世军：《近代中国政治文明转型研究》，复旦大学出版社2004年版。

40. 杨光斌：《政治文明学原理》，中国人民大学出版社1998年版。

41. 张雷：《政治文明学》，东北大学出版社2002年版。

42. 杨海蛟：《新中国政治学的回顾与展望》，世界知识出版社2000年版。

43. 王金铻等：《中国现代政治思想史》，吉林大学出版社1991年版。

44. 刘建军：《中国现代政治的成长》，天津人民出版社2003年版。

45. 黄卫平：《当代中国政治研究报告》，社会科学文献出版社2002年版。

46. 吴大英、杨海蛟：《政治意识论》，山西教育出版社2001年版。

47. 刘德厚：《广义政治论》，武汉大学出版社2004年版。

48. 肖滨：《中大政治学评论》，广东人民出版社2003年版。

49. 王敏：《江泽民执政党建设理论与实践研究》，山东人民出版社2003年版。

50. 朱正昌：《党的十六大若干理论问题研究》，山东人民出版社 2003 年版。

51. 王仕民等：《中国化马克思主义——"三个代表"重要思想概论》，人民出版社 2005 年版。

52. 贾华强等：《构建社会主义和谐社会》，中国发展出版社 2005 年版。

53. 傅治平：《和谐社会导论》，人民出版社 2005 年版。

54. 秦宣：《构建社会主义和谐社会专辑》，中国人民大学出版社 2005 年版。

55. 熊月之：《和谐社会论》，时事出版社 2005 年版。

56. 赵小鸣等：《中国特色社会主义和谐社会研究》，中央文献出版社 2005 年版。

57. 红旗大参考编写组：《构建社会主义和谐社会大参考》，红旗出版社 2005 年版。

58. ［美］路易斯·亨金等编：《宪政与权利》，郑戈等译，三联书店 1996 年版。

59. ［美］李普塞特著：《一致与冲突》，张华青等译，上海人民出版社 1995 年版。

60. ［美］塞缪尔·亨廷顿著：《变化社会中的政治秩序》，王冠华、刘为等译，生活·读书·新知三联书店 1989 年版。

61. ［美］约翰·罗尔斯著：《正义论》，何怀宏等译，中国社会科学出版社 1988 年版。

62. ［美］戴维·伊斯顿著：《政治生活的系统分析》，王浦劬等译，华夏出版社 1989 年版。

63. ［美］乔·萨托利著：《民主新论》，冯克利、阎克文译，东方出版社 1998 年版。

64. ［美］约翰·罗尔斯著：《政治自由主义》，万俊人译，译林出版社 2000 年版。

65. ［美］科恩著：《论民主》，聂崇信等译，商务印书馆 1988 年版。

66. ［美］约翰·杜威著：《民主主义与教育》，王承绪译，人民教育出版社 1965 年版。

67. ［美］A. 麦金太尔著：《德性之后》，龚群等译，中国社会科学出版社 1665 年版。

68. ［美］哈罗德·D. 拉斯韦尔著：《政治学》，杨昌裕译，商务印书馆 1992 年版。

69. ［英］托马斯·雅诺斯基著：《公民与文明社会》，柯雄译，辽宁教育出版社 2000 年版。

70. ［英］霍布斯著：《论公民》，应星等译，贵州人民出版社 2003 年版。

71. ［英］昆廷·斯金纳著：《自由主义之前的自由》，李宏图译，上海三联书店 2003 年版。

72. ［英］洛克著：《政府论》（下），叶启芳、瞿菊农译，商务印书馆 2007 年版。

73. ［英］戴维·赫尔德著：《民主的模式》，燕继荣等译，中央编译出版社 2004 年版。

74. ［法］孟德斯鸠著：《论法的精神》，张雁深译，商务印书馆 2007 年版。

75. ［法］邦雅曼·贡斯当著：《古代人的自由与现代人的自由》，阎克文、刘满贵译，上海人民出版社 2003 年版。

76. ［日］今田高俊著：《社会阶层与政治》，赵华敏译，经济日报出版社 1991 年版。

77. ［日］加滕节著：《政治与人》，唐士其译，北京大学出版社 2003 年版。

78. ［日］福泽谕吉著：《文明论概略》，北京编译社译，商务印书馆 1959 年版。

79. ［日］蒲岛郁夫著：《政治参与》，解莉莉译，经济日报出版社 1989 年版。

80. ［古希腊］柏拉图著：《理想国》，郭斌、张竹明译，商务印书馆 1986 年版。

81. [古希腊]亚里士多德著：《政治学》，吴寿彭译，商务印书馆1985年版。

82. [古希腊]亚里士多德著：《尼各马克伦理学》，廖申白译，商务印书馆2003年版。

83. [美]约翰·罗尔斯著：《政治自由主义》，万俊人译，译林出版社2000年版。

84. [美]杰克·唐纳利著：《普遍人权的理论与实践》，王浦劬等译，中国社会科学出版社2001年版。

85. [美]托克维尔著：《论美国的民主》（上），董果良译，商务印书馆1988年版。

论文部分

86. 郑永廷：《论小康社会的政治文明建设》，《现代哲学》2002年第4期。

87. 郑永廷、张静：《思想政治教育：建设社会主义和谐社会的内在需求》，《思想理论教育》2005年第5期。

88. 郑永廷、张静：《充分发挥高校德育在人才培养中的作用》，《高等教育研究》2005年第8期。

89. 戴木才：《中国古代政治文明的伦理特征与性质分析》，《伦理学研究》2005年第2期。

90. 杨荣芳：《西方政治文明思想中的"政治文明"概念》，《深圳大学学报》2002年第6期。

91. 胡鞍钢：《腐败造成了多少经济损失》，《中国改革》2002年第5期。

92. 何增科：《中国转型期的腐败与反腐败问题研究》，《马克思主义与现实》1999年第5期。

93. 教军章：《中国传统政治文明内蕴的现代审视》，《社会科学》2003年第6期。

94. 谢俊春：《试论马克思、恩格斯的政治文明思想》，《政治学研究》2003年第2期。

95．康天意：《列宁政治文明思想述论》，《理论学习与探索》2003年第5期。

96．王宝林：《党的三代领导核心对政治文明建设的重大贡献》，《发展论坛》2003年第8期。

97．贺国强：《不断深化干部人事制度改革》，《人民日报》2006年6月20日。

98．社论：《进一步加快干部人事制度改革步伐》，《人民日报》2000年8月21日，第1版。

99．吴江：《政府创新：深化行政管理体制改革的新思路》，《人民论坛》2003年第4期。

100．辛桂辛：《加强对权力的制约和监督》，《前线》2003年第8期。

101．叶剑锋：《肃清封建主义残余影响》，《理论导刊》2003年第1期。

102．俞祖华：《中国古代的和谐思想》，《光明日报》2005年2月28日。

103．蔡林慧：《政治文明的结构要素与功能分析》，《江海学刊》2003年第6期。

104．虞崇胜：《论政治文明的三维结构》，《社会科学》2002年第12期。

105．左同宇：《政治文明结构及其协调发展》，《淮阴师范学院学报》2003年第3期。

106．郭榛树：《政治文明的内涵探析》，《理论与改革》2003年第2期。

107．班荣鼎：《论政治文明的基本架构》，《经济与社会发展》2003年第7期。

108．阮云志：《社会主义政治文明概念辨析及其结构解析》，《前进》2004年第2期。

109．沈晓阳：《政治文明的结构分析》，《广西师范学院学报》2003年第4期。

221

110. 黄颂：《试论政治文明的时代性特征》，《思茅师范高等专科学校学报》2003 年第 4 期。

111. 张灏：《试论政治文明特征与社会主义政治文明的关系》，《广西社会科学》2003 年第 3 期。

112. 王一民：《推进 21 世纪中国政治文明》，《中共杭州市委党校学报》2002 年第 5 期。

英文部分

113. Patricia White. Political Education in the Early Years: the place of civic virtues [J]. Oxford Review of Education, 1999, 25.

114. Lester B. Pearson. Partners In Development [C]. Report of the Commission on International Development, 1970.

115. Kerry J. Kennedy. Citizenship Education and the Modern State [M]. the Falmer Press, 1997.

116. Richard Dagger. Civic Virtues, Rights, Citizenship and Republican Liberalism [M]. Oxford University Press, 1997.

117. Kent E. Calder. The Eastasia Edge [M]. New York Press, 1982.

118. Stephan Haggard. Pathways from the Periphery. The Politics of Growth in the Newly Industrializing Countries [M]. Corneal University Press, 1990.

119. W. Rostow. The stages of Economic Grouth [M]. Cambridge University Press, 1960.

120. Chalmers John. MIT and the Japanese Miracle. The Growth of Industrial Policy, 1925 – 1675 [M]. Stanford University Press, 1982.

121. Heilroner Robert L. The Wordly Philosophers [M]. New York Press, 1961.

122. C. E. Black. the Modernization of Japan and Russia [M]. Free Press 1975.

123. Gilbert. The Modernization of China [M]. Rozman Press, 1981.

后 记

三年前，我带着色彩斑斓的梦想踏入了康乐园。梦想中，我的天空从此只会出现雨后的彩虹或明媚的阳光，我的生活将充满了欢笑与快乐，那，正是一种花样的年华。然而，残酷的现实一次次地撞击着我梦想的翅膀，直到它们都断落在地，当我流着泪，蹲在地上，无奈和无助地望着这些残翅时，我也看见了当初这些梦想的稚嫩和脆弱，意识到我自己的幼稚和不成熟。远离梦想的天堂，面对现实是痛苦的，但也是必须的。擦干泪水，振作起来往前走，是我唯一的选择。

对每一个博士生而言，博士毕业论文的完成无疑是求学历程中一个标志性很强的符号。于我，更是如此。这个论题对我是具有很大的挑战的，它不仅需要具有较强的政治学、社会学、哲学等多学科的理论基础，也需要具有一定的社会阅历和敏锐的政治洞察力。论文撰写过程的艰辛和不易时常清晰地写在我憔悴和疲倦的脸上。记得导师郑永廷教授曾风趣地对我说："希望你在做完政治文明这篇博士毕业论文后，能够变得强大起来。"当时，我是没有听懂的。但在这一年多论文的写作过程中，我渐渐理解了那句话，也体会到了老师的初衷。博士毕业论文完成的过程本身就是对我的知识、意志、毅力、心理、身体等各方面的考验与磨炼，是我逐渐变得坚强和成熟的见证。

我的每一步前行都离不开身边那些曾经给了我帮助和关爱的人们。我以为，世间的人形形色色，但无论什么样的人都应该有一些共同的和不可缺的东西，感恩的心就是其中之一。感谢我的导师郑永廷教授及师母三年来的用心良苦，感谢求学期间关心和帮助过我的老师和16位同班同学，还要特别感谢深爱着我的家人和亲人们对我默默地支持和关爱。老天赐予我一对勤劳善良、朴实和宽容的父母，一个一直追随着我并与我携手共进的勇敢的妹妹，一些总把我放在心中、时刻为我祈福的亲人。无论何时何地，他们都是我疲惫心灵的港湾和催我前进的精神支柱。

二十八年来，我一直在接受家人、亲朋好友的帮助和关爱，每一次，我的心中既装满了幸福又深藏着内疚，我该拿什么来回报你们？我是如此地平凡和渺小，似乎无以回报，唯有在以后的人生中踏踏实实做人、认认真真工作，更加坚强和勇敢地面对生活，让你们少些担忧，多些欣慰……

孟子的话一直并将继续激励着我前行：天将降大任于斯人也，必先苦其心志，劳其筋骨，饿其体肤，空乏其身，行拂乱其所为，所以动心忍性，增益其所不能。

张　静

2007 年 4 月 17 日

于中山大学康乐园

再 后 记

呈现在读者眼前的这本《和谐社会之政治文明建设》，是在我两年前的博士学位论文的基础上进一步修改、完善的成果。

再次读到两年前用心写就的后记时，我已是有两年教龄的广东外语外贸大学政管学院一名政治理论课教师了，看着看着，我顿时陷入了一阵沉思，感慨良多，不由得就多写了这个再后记。两年了，虽然"天"并未将任何"大任"降于"斯人"，但我慢慢地学着去体会在平凡的工作中踏实前行的乐趣。具体的教学过程，实际上也是我继续学习的重要过程，同时也加深了我对于该论文选题的认识和理解。结合这两年国际国内的多元背景，党的十七大的召开，从理论上更加强调了建设有中国特色社会主义的重大历史任务中"和谐社会构建"与"政治文明建设"的重要性。发生在不平凡的2008年的一系列大事要事，席卷全球的金融危机，中华人民共和国成立60周年的辉煌等，都促使我对该选题的继续思考。

我自知以我目前的科研能力和知识底蕴，论著中会留下许多不尽如人意之处，所幸目前的研究成果中以此为主题的著作尚不多，所以希望它的出版能为其他学者的进一步研究提供一些参考。书中参阅和借鉴了有关学者的研究成果，在此深表感谢！武汉大学出版社教育分社社长王雅红编审为本书的出版付出了艰辛的劳动，在此一并表示谢意！

藉此专著出版之际，由衷地感谢我的硕士导师丁成标老师。十几年来，老师在我的人生旅途中实质上扮演了一个慈父的角色，老师为人处世的"真"与"善"和对工作敬业的"美"，直接和间接地教育和引导着我如何做人和做事，一直以来老师是树立在我人生航道中的一个标杆……遗憾的是我与老师相隔万里之遥，每每想到这些，心中很是内疚。唯有好好工作，以藉老师之慰！

张　静
2009 年 4 月 17 日
于白云山麓广东外语外贸大学校园陋室

政治文明与政治发展研究丛书
ZHENGZHI WENMING YU ZHENGZHI FAZHAN YANJIU CONGSHU

已出书目

政党的魂灵
——中国共产党政党文化研究

大众民主
——一种思想史的文本解读与逻辑重构

政治亚文化
——影响当代中国政治发展的特殊因素分析

中国城市政治文明追踪
——唯物历史观视角的一种探索

制度转轨的政治艺术
——当代中国渐进式政治发展研究

和谐社会之政治文明建设